JN075976

刑法概説Ⅰ

［総論］

第2版

山中敬一・山中純子

Strafrecht AT

成文堂

第2版はしがき

　本書初版の出版から13年が経過した。その間、著者以外にも本書を刑法総論の授業で教科書指定してくださる先生がおり、オンデマンドによる増刷で対応してきた。しかし、年数が経つにつれ、刑法改正が行われ、新しい判例が多く出る中で本書を使っていただくのが心苦しくなっていた。そこで、共著者を加え、年月を経ても決して古くなることのない刑法総論の「理論」や「体系的思考」についての元の記述を活かした上で、本書を初学者にも読みやすい概説書へと刷新することにした。

　本書の改訂にあたっては、基本方針を相談の上、相互に意見を出し合って新しい判例等を選別し、検討を加えた。本文については、基本的に初版の著者が改正点や最近の判例について解説を加筆しており、その私見が反映されている。また、各「講」の冒頭に、第2版からの共著者が重要な論点にアクセスするための設問を加えることにより、初学者に問題意識の喚起を図り、学部生が講義を理解する際の助けとなるようにした。また、参照すべき教科書について刷新したほか、初学者の便宜のために「入門書」や「演習書」を掲載するなどした。

　本書は、当初、法科大学院生が司法試験受験の前段階の知識を整理して理解するのに役立つように作ったものである。そのため、刑法総論の初学者にはコンパクト過ぎるとも思われた。今回、本書が初学者にも読みやすいものへと改訂されたことにより、刑法総論に関心を寄せる全ての学生の基本的理解に今後も役立てられれば、喜ばしい限りである。出版を引き受けてくださった成文堂と、今回の改訂作業においても編集に伴う様々な具体的事項の遂行の舵取りをしていただいた編集部の篠崎雄彦氏には、心からお礼を申し上げる。

2021年8月5日

山　中　敬　一
山　中　純　子

はしがき

　本書の執筆の動機は、主として3つある。第1は、法科大学院の入学前指導の参考書の執筆である。いわゆる純粋未修者に刑法の総論・各論について、その概観を与え、しかも、刑法学に興味が湧くように重要論点や最新の問題点について分かりやすく叙述したものを入学前に予め読んで講義に臨んでもらえれば、4月からの講義への円滑な導入となると考えたことである。

　第2に、拙著『刑法総論』[第2版]（2008年・成文堂）および『刑法各論I・II』（2004年・成文堂）も、さらに『ロースクール講義刑法総論』（2005年・成文堂）でもかなりのボリュームがあるので、講義と並行し、あるいは講義の際に使うもっと簡単な教科書がほしいという学生と、とくに日頃接触のある刑法の講義担当者の要望である。その際、刑法総論・各論が、それぞれ2単位で設置されている場合を想定し、講義に合わせて章立てし、それぞれ14講とした。

　第3に、刑法を一通り学んだ学生が、試験の前に知識を呼び起こし、主要な論点を自らまとめるときに用いる刑法総論・各論の骨組みを示す簡潔な概説書を提供しようと考えたことである。

　総論は、なるべく簡単に、しかも新しい論点をも踏まえてすべての重要論点を記し、各論は、3分して、生命・身体・自由・名誉・信用・業務などに対する犯罪は、その概観を記し、財産罪は、比較的丁寧にすべての犯罪類型について論じ、そして、社会的法益・国家的法益については、重要な論点を多く含む犯罪類型を選別して丁寧に論じるという方式をとった。したがって、本書で割愛したテーマについて、より詳しく勉強したい読者は、上記拙著の教科書の当該部分を読んでいただきたい。

　学説については、基本的な対立については記述し、新たな論点を知るためにも、その新しい動向に若干の考慮を払った。判例の引用も、新しい論点を意識していただくために、比較的新しい判例に限定して、引用するようにした。また、体裁としては、各講の目次の代わりに、その節で取り上げる要点

をレジュメのようにして付け、読者がその講の概観を得ることができるよう配慮した。各論の部分については、条文を付けて、犯罪類型を、形式的にも明示した。

　本書の原稿段階で、奈良産業大学専任講師の前嶋匠氏に一読願ってアドヴァイスを頂き、校正のほか、判例引用ならび判例索引のチェックも手伝っていただいた。本書も、また、成文堂にお願いして出版をお引き受けいただいた。編集部の土子三男氏および篠崎雄彦氏には、事項索引・判例索引の作成、レイアウトその他本書の出版全般について今回も大変お世話になった。

　2008年 8 月20日

山 中 敬 一

参照文献

[教科書]

浅田和茂・刑法総論（第 2 版・2019）成文堂

井田　良・講義刑法学・総論（第 2 版・2018）有斐閣

伊東研祐・刑法講義総論（2010）日本評論社

伊藤渉＝小林憲太郎＝鎮目征樹＝成瀬幸典＝安田拓人・アクチュアル刑法総論（2005）弘文堂

今井猛嘉＝小林憲太郎＝島田総一郎＝橋爪隆・刑法総論（第 2 版・2012）有斐閣

内田文昭・改訂刑法 I（総論）（補正版・1997）青林書院

大塚　仁・刑法概説（総論）（第 4 版・2008）有斐閣

大塚裕史＝十河太朗＝塩谷　毅＝豊田兼彦・基本刑法 I 総論（第 3 版・2019）日本評論社

大谷　實・刑法講義総論（新版第 5 版・2019）成文堂

亀井源太郎＝小池信太郎＝佐藤拓磨＝藪中悠＝和田俊憲・刑法 I 総論（2020）日本評論社

川端　博・刑法総論講義（第 3 版・2013）成文堂

木村光江・刑法（第 4 版・2018）東京大学出版会

小林憲太郎・刑法総論（第 2 版・2020）新世社

斎藤信治・刑法総論（第 6 版・2008）有斐閣

斎野彦弥・刑法総論（2007）新世社

佐久間修・刑法講義（総論）（2009）成文堂

鈴木茂嗣・刑法総論（第 2 版）（2011）成文堂

関　哲夫・講義刑法総論（第 2 版・2018）成文堂

曽根威彦・刑法総論（第 4 版・2008）弘文堂

高橋則夫・刑法総論（第 4 版・2018）成文堂

団藤重光・刑法綱要総論（第 3 版・1990）創文社

内藤　謙・刑法講義総論（上）（1983）、（中）（1986）、（下 I）（1991）、（下 II）（2002）有斐閣

中山研一・概説刑法 I（新版・2011）成文堂

西田典之・刑法総論・（橋爪隆補訂・第 3 版・2019）弘文堂

西原春夫・刑法総論（改訂版・1993）成文堂

野村　稔・刑法総論（補正版・1998）成文堂

林　幹人・刑法総論（第 2 版・2008）有斐閣

日高義博・刑法総論（2015）成文堂

平野龍一・刑法総論 I（1972）、II（1975）（有斐閣）

福田　平・全訂刑法総論（第 5 版・2011）（有斐閣）

前田雅英・刑法総論講義（第 7 版・2019）東京大学出版会

町野　朔・刑法総論（2019）信山社

松原芳博・刑法総論（第 2 版・2017）日本評論社

松宮孝明・刑法総論講義（第 5 版補訂版・2018）

山口　厚・刑法総論（第 3 版・2016）有斐閣
　　　　・刑法（第 3 版・2015）有斐閣

山中敬一・刑法総論（第 3 版・2015）成文堂

[**注釈書・判例コンメタール**]
浅田和茂＝井田良編・新基本法コンメンタール刑法（第2版・2017）日本評論社
大塚仁＝河上和雄＝中山善房＝古田佑紀編・大コンメンタール刑法（第3版）全13巻
　（2013-2021）青林書院
川端博＝西田典之＝原田國男＝三浦守＝大島隆明編・裁判例コンメンタール刑法（第1巻
　＝3巻）（2006）立花書房
西田典之＝山口厚＝佐伯仁志編・注釈刑法（第1巻・総論）（2010）有斐閣

[**入門書・演習書**]
（入門書）
井田　良・入門刑法学・総論（第2版・2018）有斐閣
佐伯仁志・刑法総論の考え方・楽しみ方（2013）有斐閣
佐久間修＝橋本正博編・刑法の時間（2021）有斐閣
塩見　淳・刑法の道しるべ（2015）有斐閣
（演習書）
井田良＝大塚裕史＝城下裕二＝髙橋直哉・刑法演習サブノート210問（2020）弘文堂
島田聡一郎＝小林憲太郎・事例から刑法を考える（第3版・2014）有斐閣
高橋則夫編・授業中 刑法演習―われら考える、故にわれらあり（2021）信山社
只木誠＝北川佳世子＝十河太郎＝高橋直哉＝安田拓人＝安廣文夫＝和田俊憲・刑法演習ノ
　ート―刑法を楽しむ21問（第2版・2017）弘文堂

[**論点解説・判例解説**]
（論点解説）
大塚裕史・刑法総論の思考方法（第4版・2012）早稲田経営出版
曽根威彦＝松原芳博編・重点課題刑法総論（2008）成文堂
只木　誠・コンパクト刑法総論（コンパクト法学ライブラリ10）（2018）新世社
西田典之＝山口厚＝佐伯仁志・ジュリスト増刊・刑法の争点（2007）
橋爪　隆・刑法総論の悩みどころ（2020）有斐閣
（判例解説）
井田良＝鈴木彰雄＝髙橋直哉＝只木誠＝曲田統＝安田哲章・刑法ポケット判例集（2019）
　弘文堂
佐伯仁志＝橋爪隆編・刑法判例百選Ⅰ（総論）（第8版・2020）
佐伯仁志＝橋爪隆編・刑法判例百選Ⅱ（各論）（第8版・2020）
十河太朗＝豊田兼彦＝松尾誠紀＝森永真綱・刑法総論判例50!（有斐閣）
西田典之＝山口厚＝佐伯仁志＝橋爪隆・判例刑法総論（第7版・2018）
松原芳博編・刑法の判例・総論（2011）成文堂
山口　厚・新判例から見た刑法（第3版・2015）有斐閣

判例略記法

大審院	大	地方裁判所	地
最高裁判所	最	支部	支
最高裁判所大法廷	最大	判決	判
高等裁判所	高	決定	決
下級裁判所刑事裁判例集	下刑集	裁判所ウェブサイト	裁ウェブ
家庭裁判月報	家裁月報	裁判所時報	時報
刑事裁判資料	刑裁資	大審院刑事判決録	刑録
高等裁判所刑事裁判速報集	高裁速	大審院刑事判例集	刑集
高等裁判所刑事裁判特報	高裁特	大審院判決全集	判決全集
高等裁判所刑事判決特報	高刑特	第1審刑事裁判例集	第1審刑集
高等裁判所刑事判例集	高刑集	東京高等裁判所刑事判決時報	東高刑時報
最高裁判所刑事判例集	刑集	法律新聞	新聞
最高裁判所裁判集刑事	裁判集刑	法律評論	評論

目　次

細目次

第1講

刑法・刑法学とは何か

第1講へのアクセス

【Q1】刑法とは何か。刑法における「要件」と「法律効果」が何かについて、殺人罪（刑法199条）を例に考えてみよう。また、刑法に含められる法律の分類にはどのようなものがあるのだろうか。「六法」を見て、特別刑法と行政刑法の見分け方について考えてみよう。

【Q2】飲酒運転とはどのような罪で、どのような罰が科されるのだろうか。道路交通法から、該当する条文を探してみよう。

【Q3】刑法と刑事訴訟法の違いは何か。殺人を犯した者を処罰するには、どのような刑事手続が必要だろうか。犯罪の発生から起訴に至るまでの捜査手続きの流れおよび判決に至るまでの公判手続の流れについて調べてみよう。

【Q4】刑法にはどのような機能があるのだろうか。国民に向けられた機能と裁判官に向けられた機能について、それぞれ考えてみよう。

【Q5】情報を盗んだ者に窃盗罪（刑法235条）は成立するだろうか。情報が「財物」に該当するかどうか、刑法のさまざまな解釈方法によって考えてみよう。

1　刑法の意義

　刑法とは犯罪と刑罰に関する法である。刑法という名称をもたないが、実質的には刑法といえる法律ないし規定がある。これを広い意味の特別刑法という。これには、狭い意味の特別刑法のほか、行政刑法も含まれる。前者は、その法律の中心が刑罰法規であるのに対し、後者は、行政取締目的を補強するため罰則が設けられている法規である。

1. 形式的意義における刑法・実質的意義における刑法

　刑法とは、犯罪と刑罰に関する法である。法は、一般にその主要部分が**「要件」**と**「効果」**から成り立っているといってもよい。刑法においては、「犯罪」とは、犯罪の「成立要件」を指し、「刑罰」とは、刑罰「効果」を指す。どのような条件を充たしたとき、犯罪といえるのかが、犯罪の「要件」論であり、その要件が充たされたときに、刑罰という「効果」が発生する。

　このようにして犯罪と刑罰について定めた法は、すべて刑法であるといってよい。しかし、わが国には、「刑法」という名称をもった法律（明40法45号）が存在する。そこで、刑法とは、実質的にみて犯罪と刑罰について定めた法はすべてを指す場合と、形式的に「刑法」という名称をもった法律を意味するという場合とがあることになる。前者を**実質的意義における刑法**と呼び、後者を**形式的意義における刑法**と呼ぶ。形式的意義における刑法は、明治40年に公布された「刑法」のみであるが、実質的意義における刑法には、多数のものがある。これには、一つの法律の中の犯罪と刑罰に関する条文の部分を指す場合もある。したがって、軽犯罪法や爆発物取締罰則、公害罪法（昭45法142号）といった法律のみならず、道路交通法（昭35法105号）、国家公務員法（昭22法120号）ないし会社法等の犯罪成立要件と刑罰を定めた部分（会社法960条以下参照）も実質的意義における刑法であるといってよい。

2. 一般刑法と特別刑法・行政刑法

　刑法は、その内容から分類される。形式的意義における刑法は、一般の国民生活における主要な犯罪を取り上げ、それに対する刑罰を定めている。近

代国家においては、国民の基本的な生活秩序ないし国や社会の安全を侵害し危険にさらす行為は、この「刑法」という法律の中で処罰が規定されている。これを「中核刑法」ないし**「一般刑法」**と呼ぶ。これに対して、実質的意義における刑法は、一般刑法では採り上げられなかった軽微な犯罪や、交通・環境・経済などの特殊な生活分野における犯罪ないし特に加重処罰が必要な重大犯罪について処罰規定を置くことが多い。これを**特別刑法**という。

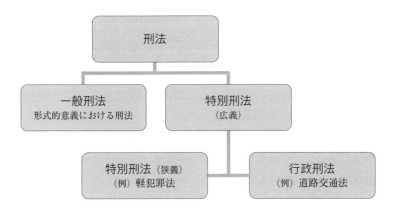

　この意味における特別刑法は、一般刑法に対するものであるが、この**広義における特別刑法**に対して、その中でさらに**特別刑法**と**行政刑法**とに分類される。この意味における特別刑法は、**狭義における特別刑法**である。例えば、軽犯罪法、公害罪法、児童買春、児童ポルノに係る行為等の規制及び処罰並びに児童の保護等に関する法律がその例である。ここで、行政刑法とは、道路交通法や各種租税法のように、行政目的を実現するための法規のうち、重要な禁止・命令事項に対して刑罰によってその目的実現を側面から補強するために処罰規定をもつ法規をいう。狭義の特別刑法と行政刑法との外面からの見分け方は、狭義における特別刑法は、まず、「六法」の「刑法」の後ろに収録されているが、行政刑法は、各所に散らばって収録されている点にあり、また、前者が、要件と効果を一つの条文の中で規定しているのに対し、後者では、まず、要件が「～してはならない」といった行為規範の形で規定され、通常、その法規の末尾に「罰則」と題してそれに対する「刑罰」が規定されていることが多いという点にある。

② 刑法の成立と改正

> 　現行刑法は、明治41年に施行されたが、その後、何回かの部分改正を経
> た。現在、全面改正は棚上げになっている。その特徴は、犯罪の要件が抽
> 象的・広範であり、法定刑の幅も広いことである。

1.　刑法典の成立

　現行刑法は、明治40年に制定され、41年から施行された。その後、幾度か
の改正を経て現在に至っている。したがって、現在の刑法典は、形式的に
は、明治40年の刑法が全面改正されたのではなく、そのまま継続しており、
内容的にも、これに追加・削除も含めて修正を加えながら、多くの部分では
そのまま維持されているといってよい。

　明治維新の後、明治元年に**仮刑律**、明治３年に**新律綱領**、明治６年には、
改定律例が制定されたが、これらは、王政復古の方針にもとづいたわが国古
来の律令等を参考にしたものであった。近代的な刑法が誕生したのは、明治
13年の旧刑法の制定によってであった。この刑法は、フランスから招聘した
ギュスターヴ・ボアソナード（Gustav Boissonade）によって起草された草案を
基礎として刑法草案審査局でそれを審査修正したうえで成立したものであ
る。この刑法は、フランスのいわゆる折衷主義（旧派）の刑法思想にその基
礎を置くものであった。当時の悲願であった治外法権を廃し、平等な条約を
締結すべく**条約改正**をするためには、近代法制度のファサードを装うことが
焦眉の課題であったので、西欧の刑法を継受する必要があったのである。し
かし、旧刑法制定当時、この刑法はあまりにも自由主義的・急進的であると
して、また、当時、激増した犯罪にこの刑法では対処できないと批判され、
その発効（明治15年）の直後からすでに刑法の改正への動きが浮上していた。
そして、明治40年に**現行刑法**が制定され、41年から施行された。

2.　現行刑法の特徴

　このような制定の経緯から、現行刑法は、当時、ドイツで展開された**近代
学派の影響**を強く受けている。近代学派とは、**激増する犯罪**に対処するた

め、犯罪の原因を科学的に探究し、その知見にもとづいて刑事政策を実行するのが刑法であるという刑法観を基礎に、犯罪行為よりもその元となっている行為者の**性格の危険性**に注目すべきだとする刑法学派をいうが、当初、わが国では、犯罪に対する強力な社会防衛を唱える見解と理解されていた。このような刑法思想の影響を受けた現行刑法は、犯罪類型の数が少ないうえに、**各犯罪類型が包括的・一般的**であり、**法定刑の幅も広い**といった特徴をもつ。例えば、殺人罪も、旧刑法や他国の法制と比べても、動機や殺害方法によって区別されず単純で、窃盗罪も財物の価値によって細分化されず、傷害罪も傷害の程度や凶器を用いたか否かなどによって細分化されていない。

3. 刑法の改正

　現行刑法は、幾度かにわたって**部分改正**を経験している。大きな改正は、戦時体制に突入したり、憲法の改正があったり、そして、社会の変化が著しいときに行われる。したがって、昭和16年の改正、昭和22年の改正等が重要であるが、近年では、内容的改正はほとんどなかったものの、平成7年の**「刑法の現代用語化」**のための改正が重要な意味をもつ。

　平成7年以前には、昭和62年にコンピュータ犯罪対策のための改正があり、電磁的記録の保護のための規定、電子計算機使用詐欺罪の規定等が設けられた。また、平成3年には、罰金刑の罰金額が改められた。

　平成7年の改正以降、刑法の改正ラッシュともいうべき改正が相次いでいる。平成13年には、危険運転致死傷罪（旧208条の2）が設けられた。平成15年には、3条の2が追加され、特定の人身犯罪につき、**消極的属人主義**の規定が置かれ、日本人が外国でこれらの犯罪の被害にあった場合に、処罰が可能とされた（☞3講7-3）。平成16年には、**法定刑の見直し**が行われ、平成17年から有期の懲役・禁錮の上限が15年から20年に引き上げられた。その際、殺人罪の法定刑の下限が3年から5年に、傷害罪の法定刑の上限が15年に引き上げられ、強盗致傷罪の法定刑の下限が、7年から6年に引き下げられた。さらに、平成17年に、第33章が「略取、誘拐及び人身売買の罪」と改められ、226条の2に「人身売買罪」が追加されるなどの改正があった。平成18年には、窃盗罪・公務執行妨害罪に罰金刑が付され、平成19年には危険運

転致死傷罪（旧208条の2）の改正があり、自動車運転過失致死傷罪（旧211条2項）が新設された。

　その後の改正をまとめておくと、平成22年には、「刑の時効」の制度の改正があり、死刑の言渡しを受けた者は、時効によりその執行の免除を得ることはなくなった（31条）ほか、無期の懲役又は禁錮の時効については15年から30年に改正されるなどした（32条）。これとともに、「公訴時効」についても改正された（刑訴法250条）。また、平成25年の改正では、「刑の一部執行猶予」の制度（27条の2以下）が新設された（平成28年施行）。同年、「自動車の運転により人を死傷させる行為等の処罰に関する法律」が成立し、同法に**危険運転致死傷罪**（同法2条）および**自動車運転過失致死傷罪**（同法5条）が刑法から移されるなどした。さらに、平成29年には、いわゆる**性刑法の改正**（177条以下等）があった。改正があったのは、①強姦罪の**強制性交等罪**への変更、②性犯罪の非親告罪化、③監護者による性犯罪に関する規定の新設、④強盗強制性交等罪（241条）への変更、⑤性犯罪に関する法定刑の引き上げ等である。現在、性犯罪規定の更なる見直しのほか、懲役と禁錮の区別をなくし、自由刑を単一化して新自由刑を創設し、その名称を「拘禁刑」とする改正の準備が進められている。また、侮辱罪（231条）の法定刑に懲役・禁錮および罰金を加える改正も計画されている。

　刑法の全面改正については、すでに第2次世界大戦以前からその試みは始まっていたが、戦後、昭和31年に改正作業が再開され、昭和36年には「**改正刑法準備草案**」が公表された。昭和49年には、「**改正刑法草案**」が公表された。この草案は、その道徳主義的刑法思想、応報主義、処罰範囲の拡大化傾向、時代遅れの刑事政策、保安処分の採用などの点が人権よりも治安を優先させるものであると批判され、昭和56年には、草案の大幅な修正を織り込んだ「刑法改正作業の当面の方針」が公表されるに至ったが、その後、棚さらしの状態にある。改正刑法草案の発表からすでに50年近くの年月が経過したことにより、社会の変化と犯罪の重要性に関する意識の変化、刑事政策思想の変化に対応しないものとなっており、全面改正のための草案としてはもはや適合性を欠くに至っている。

3 刑法と刑事訴訟法

> 刑法は、犯罪の成立要件とその効果である刑罰について定めるが、それを適用する機関が必要である。その適用の手続について規定するのが刑事訴訟法である。制裁規範としての刑法は、それを適用実現する刑事訴訟法がなければ、絵に描いた餅である。

1. 刑法の実現

　刑法は、国民に犯罪となるような行為をしないように働きかけ、それにもかかわらず、犯罪が行われた場合には、その行為に対して刑罰という制裁を課し、刑法が守られるように間接強制する。その際、犯罪が行われたという事実を認定し、犯人を発見し、その犯人の行為に対してどのような制裁を課するかを決定する必要がある。つまり、刑法に則って犯罪行為に対して刑罰が科せられるには、誰がどのようにして犯罪事実を認定し、犯人をどのようにして発見し、その行為に対してどのような刑罰が妥当であるかを判断することが必要であり、これを行うのが、犯罪の捜査・公判手続であり刑事訴訟（刑事裁判）である。

　刑事訴訟法（昭23法131号）とは、このようにして、具体的に犯罪が行われた場合に国家の刑罰権を実現するための手続を定めた法である。刑法は、たしかにそれ自体で国民の行動を規制する作用はあるが、その違反者に対して刑罰を科するには、それを実現する手続について定めた刑事訴訟法が必要である。そこで、刑法は、刑事訴訟法がなければ「絵に描いた餅」だといわれる。「実体法」である刑法を実現するには、刑事訴訟法という「**手続法**」が不可欠なのである。

　このように、刑事訴訟法によって、犯罪が処理されていく過程では、犯罪が行われても、捜査機関に発覚しない場合も、捜査機関が犯罪を解明できないこともあり、さらに、起訴しないこともある。わが国では起訴するかしないかを検察官の裁量に委ねるいわゆる起訴便宜主義（☞後述3 (5)）を採用しているので、実際に犯罪が行われていても、裁判所に公訴が提起されないでそれが処理されてしまうこともあるのである。また、起訴されても、裁判所

【犯罪の処理過程とディヴァージョン】

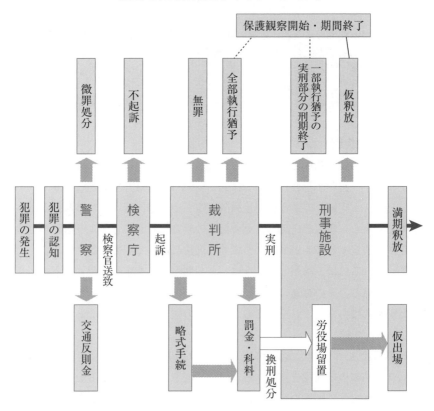

　によって公訴が棄却される場合も、無罪を言い渡される場合もある。このように、犯罪の処理過程において、受刑に至らず、あるいは自由刑の満期釈放にまで至らないで、そこから外れていく過程をディヴァージョン（diversion）と呼ぶ。

2. 刑事訴訟法の目的

　刑事訴訟法第1条には、「この法律は、刑事事件につき、公共の福祉の維持と個人の基本的人権の保障とを全うしつつ、事案の真相を明らかにし、刑罰法令を適正且つ迅速に適用実現することを目的とする」と規定されてい

る。すなわち、刑事訴訟法は、犯罪がその行為者によって行われたかどうか（実体的真実）を明らかにして、刑罰法令を実現することを目的とするが、それは、公共の福祉の維持と個人の基本的人権の保障を全うする限度で行われなければならないというのである。犯罪が行われたかどうかという**実体的真実**を解明することが重要であるが、同時に**公共の福祉と基本的人権を尊重**しなければならないのである。

　このような刑事訴訟法の目的を達成するために、刑事手続の仕組みや原理が刑事訴訟法に具体化されている。**実体的真実の発見**は、刑事訴訟においては重要である。ありもしない事実を認定し、犯罪を行っていない人を処罰することは許されないからである。契約の不履行であれば、裁判において当事者が過去のことは水に流してここで改めて契約をし直すことで合意すれば、過去の真実を掘り起こすことに意味があるわけではない。しかし、刑事事件については、民事事件とは異なり、たとえ当事者が合意しても、それをなかったことにすることはできないのが原則である。この意味で実体的真実を尊重する実体的真実主義を放棄するわけにはいかない。しかし、実体的真実の発見のためにあらゆる手段を尽くしてもよいというわけでもない。拷問を加えれば、真実が話されるかもしれないが、個人の基本的人権の保障がそれを限界づけるのである。

3. 刑法の実現過程（刑事手続）

(1)　刑事訴訟の構造

　刑事手続は、裁判によって事実の解明と刑罰の賦課が行われることを前提とした手続である。訴訟には、歴史的・理念的にみて、裁判官と原告である検察官とが、同一当事者である**糾問訴訟**と、別の人物である**弾劾訴訟**とがある。江戸時代の奉行による裁判は、奉行が裁判官と検察官とを兼ねているので、糾問訴訟型の訴訟である。これに対して、現行刑事訴訟法における裁判は、検察官が公訴を提起し、裁判官がその起訴事実につき判断する構造となっているので、弾劾訴訟型の訴訟である。したがって、訴訟の主体は、原告である検察官、被告である被告人（弁護人）および裁判官である。

【捜査手続の流れ】

犯罪の発生 → 捜査の端緒（通報・告訴・告発等）→ 被疑者の身柄確保（逮捕・検察官送致）→ 証拠の収集（捜索・差押・取調等）→ 勾留手続 → 勾留延長 → 起訴

(2) 捜 査

犯罪が行われたときでも、それが発見されなければ裁判が開かれることも処罰されることもない。そこで、犯罪が行われたとき、それが発見され、捜査機関がそれを認知し、あるいは通報されることが、刑事訴訟の第1歩である。捜査機関は、通報、被害届、犯罪の申告・犯人の訴追を求める意思表示である告訴（刑訴法230条）・告発（同法239条）、ないし犯人自身の自首等によって**捜査の端緒**を得る。捜査機関は、これにより、犯罪が行われたと思料されるとき、捜査を開始する。

犯罪の捜査とは、犯罪事実の有無を探索し、被疑者につき起訴するかどうかを決定し、裁判において、その被疑者によって犯罪が行われたかどうかを認定するために、犯人を発見し、証拠を発見・収集する活動をいう。捜査は、**任意捜査**が原則であるが、強制処分を伴う**強制捜査**は司法官憲の発付する令状にもとづいて行われる必要がある。物に対して行われる強制捜査である捜索・差押え・検証（刑訴法218条）は、令状にもとづいて一定の要件を充たした場合に許される。憲法は、令状によらなければ、捜索・押収を受けない（憲法35条）と規定するが、これは**令状主義**と呼ばれる。令状主義の例外をなすのは、逮捕の現場における捜索・差押え・検証である（刑訴法220条）。

(3) 逮 捕

犯罪を行ったという**相当の嫌疑**がある場合で、逮捕の必要性・相当性がある場合に、通常は、裁判官の発する令状（逮捕状）にもとづいて、被疑者の身柄を短時間拘束することができる。これを**逮捕**という。逮捕の目的は、被疑者の逃亡防止および罪証隠滅の防止である。逮捕の必要性は、逃亡の虞れ

があり、罪証隠滅の虞れがある場合に認められる（刑訴規則143条の３）。逮捕
には、裁判官から逮捕状の発付を受けて、それを呈示して行われる逮捕（刑
訴法199条）のほか、例外として、令状なしに行われる場合とがある。前者を
通常逮捕という。後者には、現行犯逮捕（同法213条）と緊急逮捕（同法210条）
とがある。**現行犯逮捕**は、現に罪を行い、または現に罪を行い終わった者に
対する逮捕である（同法212条１項）。私人による逮捕も認められる（同法213
条）。「罪を行い終ってから間がないと明らかに認められるとき」に現行犯と
みなされるという**準現行犯逮捕**も認められている（同法212条２項）。**緊急逮捕**
（同法210条）は、重大な事件で、罪を犯したことを疑うに足りる充分な理由
がある場合で、緊急性があるときに認められる（同法210条１項）。逮捕後は、
身体を拘束されたときから48時間以内に、書類・証拠物とともに身柄を検察
官に**送致**する（同法203条１項）。検察官は、引き続いて身柄を拘束する理由と
必要性があるときは、24時間以内に裁判官に被疑者の勾留を請求する（同法
205条１項）。一定の時間内に勾留の請求をし、または公訴の提起をしないと
きには、直ちに被疑者を釈放しなければならない（同条４項）。

(4)　勾　留

勾留とは、被疑者・被告人の身柄を拘束することであり、起訴前は起訴・
不起訴の決定をするため、起訴後は被告人の公判への出頭を確保するために
なされる。**勾留の要件**は、勾留の理由（相当な嫌疑）と勾留の必要性（住所不
定・逃亡防止・罪証隠滅の防止）である（同法60条１項）。この要件を充たすとき、
令状が発せられ、執行される。起訴前の勾留期間は、その請求の日から10日
である（同法208条１項）。やむを得ない事由があると認めるときは、通算して
10日を超えない範囲で、勾留の期間を延長できる（同条２項）。

(5)　公訴の提起

検察官は、犯罪の嫌疑があるとき、公訴を提起する。公訴は、検察官が行
う（国家訴追主義＝同法247条）。訴追を必要とするかどうかは、検察官が決定す
る（同法248条）。これを**起訴便宜主義**といい、犯罪が行われたことを知れば
起訴しなければならない**起訴法定主義**に対立する。起訴しない処分のことを
不起訴処分といい、そのうち犯罪が行われたことが認められるにもかかわら
ず起訴しない処分を**起訴猶予処分**という。公訴の提起は、**起訴状**を提出して

行う（同法256条1項）。起訴状には、「被告人の氏名その他被告人を特定するに足りる事項」「公訴事実」「罪名」を記載する（同条2項）。起訴状には、裁判官に事件につき予断を生ぜしめる虞のある書類等を添附・引用してはならない（起訴状一本主義＝同条6項）。

(6)　公　判

公訴の提起によって事件は裁判所に係属する。裁判所は、被告事件につき審判を行う。裁判所の審理は、公判期日に公判廷で行われる。しかし、裁判所および訴訟関係人は、公判期日の前に十分な公判準備を行い、公判期日の手続が円滑に進められるようにしなければならない。平成16年に刑事訴訟法が改正され、新たに**公判前整理手続**（同法316条の2以下・316条の13以下）が導入され、事件の争点と証拠を整理するための公判準備の制度が平成17年11月から発足した。**裁判員裁判**をにらみ、裁判員制度対象事件については、必ず公判前整理手続に付さなければならないとされている（裁判員の参加する刑事裁判に関する法律49条）。公判手続は、冒頭手続（刑訴法291条）、証拠調べ手続（同法292条）、弁論手続（同法293条）、判決の宣告（同法342条）という順に進行する。**証拠調べ手続**において、犯罪事実の立証や情状の立証が行われ、**弁論手続**において論告（求刑）・最終弁論が行われ、判決が言い渡される。

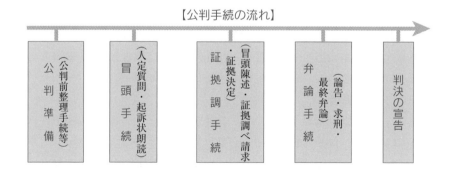

【公判手続の流れ】

公判準備（公判前整理手続等）　→　冒頭手続（人定質問・起訴状朗読）　→　証拠調べ手続（冒頭陳述・証拠決定・証拠調べ請求）　→　弁論手続（論告・求刑・最終弁論）　→　判決の宣告

④　刑法の機能

> 刑法は、国民がその禁止や命令に従う規範（行為規範）であるが、犯罪を行った者に刑罰を科するための規範（制裁規範）でもある。国民の行動を規制し、国民の生命・身体・財産などを保護し、さらに犯罪を行った者の人権をも守る機能をもつ。

1. 行為規範と制裁規範としての刑法

　刑法は、国民に対して「犯罪」を行った者には、「刑罰」を科することを宣言し、国民の安全を守り、国民の行動を犯罪に向かわないよう規制し決定づけるだけではなく、その犯罪を認定し、犯罪を行った者に実際に刑罰を科することを予定し、それを実現することを前提にしている。したがって、刑法という規範には、国民の行為を規制する機能と、犯罪を行った者に刑罰という制裁を課することを命じる機能とがある。刑法規範の前者の機能は、命令や禁止によって国民の行為に働きかけるので、**「行為規範」**といい、後者の機能は、制裁を課する要件と制裁の種類や量を定め、裁判官に適正に制裁を課することを命じているので、これを**「制裁規範」**という。裁判官のマニュアルとしてそれに従って裁判しなければならないという意味で、「裁判規範」といってもよい。

2. 刑法の三つの機能

　行為規範としての刑法は、通常、次の三つの**機能**をもつとされている。

（1）　規制機能

　刑法の国民の行為を規制する機能をいう。これは、例えば、国民が刑法を読んだとき、人を殺したら、死刑、無期または５年以上も懲役を務めなければならないと知り、それをすることを思いとどまるという機能である。もちろん、現実には、多くの国民は刑法を読んだことがなくても、家庭や学校教育によって自ずとそれを知っているのである。刑法は、犯罪として「してはいけない行為」を明示し、それが行われたときに課される制裁を国民に告知して、それを行うことを思いとどまるよう働きかけている。

(2) 保護機能

刑法の、法益を保護する機能をいう。法益とは、法によって守られるべき利益をいう。したがって、生命、身体の安全、自由、財産など（個人的法益）、また、公共の安全、通貨や文書、有価証券などへの信頼（社会的法益）、あるいは、公務や司法作用（国家的法益）なども法益である。規制機能によって、国民の行為を犯罪を行わないように導く刑法の機能は、被害にあう可能性のある国民の側の視点からみると、その法益がそれによって守られていることを意味するから、保護機能は、いわば潜在的被害者の側からみた規制機能の裏面であるということもできよう。

(3) 保障機能

国民のみならず犯罪行為者の**人権を保障する機能**をいう。刑法は、どのような行為が行われたとき、どのような刑罰を科するかを明示している。逆にいうと、刑法に明示されていない行為は、刑罰を科せられないことを意味する。つまり、国家は、刑法上規定し、禁止した行為以外の行為を行った国民は、たとえそれが好ましくなかったとしても処罰しえないのである。その意味では、刑法は、国家の刑罰権を制限する機能を果たし、犯罪を行っていない国民は処罰しないと言っているのみならず、犯罪を行った国民も、あらかじめ書かれた刑罰以外の制裁を課せられることはないと宣言している。これによって、刑法は**「犯罪者のマグナカルタ」**であるとも言われるのである。

3. 制裁規範の機能

行為規範としての刑法の命令・禁止に反して行為した場合、それに対して制裁を課する要件が充たされたことになる。制裁規範は、このように制裁が実現される要件と制裁の実現に関する規定の側面をもつ。

(1) 裁判準則機能

刑法の法適用者に対するマニュアルとしての機能である。近代刑法においては、刑法は行為規範としての機能を有することは疑いないが、わが国の江戸時代の「御定書百箇条」あるいは、明治初期の仮刑律等も公布されたものではなく、法幹部のマニュアルの意味しかもたなかった。

(2)　要件効果確定機能

　制裁を課する要件を定める機能である。犯罪行為者は、行為規範という「禁止命令」に反する行為をする。しかし、それは、同時に制裁を課するための「要件」を充足することを意味する。行為規範は、国民にあらかじめ告知し、結果を予見して行動することを国民に要求するものであるが、行為規範に反した場合の制裁の要件は、犯罪行為後の事情も考慮して定められるので、刑法の行為規範としての国民一般に対する「禁止命令」の側面と、制裁規範を適用するための制裁の「要件」の側面は完全に一致するものではないであろう。要件が充足されると効果としての制裁が加えられるが、制裁規範は、この効果についても定めるものである。

(3)　事後処理機能

　制裁規範は、要件充足行為に対して実際に制裁を課するべく定めるが、制裁が課されたときに発生する機能についても考慮する必要がある。つまり、制裁規範が実現されたときの、犯罪の事後処理機能である。刑罰の実現は、一般国民や当該の犯罪行為者の犯罪を防止する効果をもち、これによって法秩序への信頼が回復・強化される。これは制裁の「社会秩序維持機能」といってもよい。これには、犯罪行為者自身に対する特別予防ないし国民一般に対する消極的一般予防機能と、後者のような国民の刑法規範に対する信頼を回復し、強化する**積極的一般予防**ないし**社会統合機能**（☞2講2-3 (b)）とがある。行為者からみた場合、社会統合とは、責任を清算して社会と宥和することを意味する（責任宥和機能）。

⑤　刑法解釈学

> 　刑法規範は、言語によって書かれているが、その意味は自明というわけではない。「解釈」が必要である。合理的で矛盾のない妥当な解釈を探るのが刑法解釈学である。その解釈の方法には、さまざまなものがある。

1.　刑法学とは何か

刑法学とは、刑法の規範的意味を探求し、刑法を体系的に理解する学問で

ある。刑法学は、その意味で、法学の一分野であって、規範の解釈を任務とする学問の一つである。**解釈学**とは、自然法則・経済の法則などの「法則」を探求する学問とは異なり、規範の内容を合理的に理解するための学問である。刑法は、行為規範として国民に正しく理解されなければならないが、他方、刑法を具体的に発生した事実に適用するにあたっても正しく適用されなければならない。そのためには、刑法規範の意味するところがあらかじめ合理的・体系的に認識され、裁判所が将来下す判決が予測可能でなければならない。刑法解釈学とは、**規範の体系的認識**を任務とする学問である。

2. 刑法総論と刑法各論

刑法学は、刑法総論と刑法各論に分類される。**刑法総論**は、刑法の第1編「総則」を対象とする分野を扱い、犯罪論と刑罰論に分けられる。犯罪と刑罰とは、あらゆる法律の分野に共通する「要件」と「効果」に対応する。**犯罪論**は、主として犯罪の一般的成立要件を論じ、刑罰論は、法律効果としての刑罰について論じる。**刑法各論**は、刑法の第2編「罪」を対象とし、個別の犯罪の成立要件とその限界を論じ、犯罪類型の特徴や体系的関連性を明らかにする。

3. 法の解釈とは何か

刑法解釈学は、すでに述べたように、刑法規範の意味を明らかにすることを任務とする。規範は、行為規範の側面と制裁規範の側面をもつが、制裁規範としての規範は、具体的に行われた人間の行為に適用し、規範の要件を充足した場合、制裁が賦課される。

(1) 規範の適用

したがって、規範は、同様の事象をまとめて抽象化して定立されるが、具体的に適用されることを前提にしているから、抽象的な規範の内容のみでなく、具体的に適用される規範の内容も明らかにされなければならない。例えば、刑法は、Aという人がBという人を殺すことを禁止するのではなく、一般的に人が他人を殺すことを禁止している。この抽象的な規範は、AがBを殺したときに具体的に適用されるのである。

(2)　法の解釈

　法は、制定法においては、立法の後、長く効力を有する。その法を解釈するとき、解釈とは、立法時のその意味を発見・確認することなのだろうか。それとも、解釈をする現在の意味を発見・確認することなのだろうか。前者は、立法者の意思を発見することを意味するので、**主観的解釈**といい、または、立法時の意思の解釈をいうので、**歴史的解釈**という。これに対して、後者は、法の現在の客観的意味の解釈をいうので、**客観的解釈**または同時代的解釈という。後者が通説である。

　法の客観的解釈の正当性は、次の三つの観点から判断される。第1に、日本語の文理的意味に反しないことである。第2に、規範の論理的意味ないし規範の体系の観点から矛盾がないことである。そして、第3に、目的合理性ないし政策的妥当性である。

　第1の観点からは、文理解釈が重要である。**文理解釈**とは、言語学的にみて可能な語義の枠内における意味の通った解釈を意味する。「10年以下の懲役」という規定を「15年の懲役」でもよいと解釈することは文理上不可能である。また、「人」を殺す行為を禁止する規定に、「猿」を殺す行為を含めて解釈することも文理上不可能である。ただし、もちろん、「人」と「猿」のキメラが誕生した場合に、それが「人」に含まれるか「猿」に含まれるかという限界づけの問題はたんなる文理解釈では解決できない。

　第2の観点からは、論理的解釈ないし体系的解釈が重要である。**論理的解釈**とは、論理的に矛盾のない解釈であり、**体系的解釈**とは、ある文言の意味を発見するにあたって規範全体との関連で論理的に整合した意味に解釈することをいう。少なくとも同一の法体系において、相互に矛盾するような解釈はできないということを意味する。例えば、235条の窃盗罪における「財物」に「不動産」が含まれると解釈すると、「窃取」と「侵奪」という行為が、客体の相違によってのみ区別されるという前提のもとでは、不動産侵奪罪の規定は不要となる。このような解釈は、論理的に不合理である。また、殺人罪における他「人」に「胎児」も含むと解釈すると、堕胎罪（212条以下）の規定と矛盾する。論理的解釈の一種として、**勿論解釈**とは、ある事項に対してある命題が成り立つとき、別の事項についてはもちろんそれが成り立つは

ずだといった論証方法をいう。例えば、他人に「暴行を加えた者が傷害する
に至らなかったとき」でも、上限「2年以下の懲役」に処せられる (208条)
が、そうだとすると、暴行を加えた結果、「傷害に至ったとき」は、もちろ
ん、「2年」を超える懲役を法定刑とする規定を適用すべきであって、上限
「30万円以下の罰金」の刑しか科されない過失傷害罪 (209条) を適用するの
は不合理であるといった論証がそうである。これに対して、**反対解釈**とは、
一定の事項の解釈から別の事項については論理的に反対の意味に解釈するこ
とをいう。例えば、横領の罪 (38章) における255条には、「電気は財物とみ
なす」という245条の規定の準用規定がないから、横領罪 (252条・253条) に
ついては、電気は財物とはみなされないという解釈が生じる。

　第3の観点からは、目的論的解釈が重要である。**目的論的解釈**は、法の趣
旨・目的に即した解釈をいうが、刑法においては、法益保護のための刑事政
策的目的を考慮した解釈をいう。これに対しては、とくに刑法の保障機能の
見地からの制約がある。例えば、刑法129条の過失往来危険罪における「汽
車、電車若しくは艦船」の汽車には「ディーゼルカー」が含まれるかという
問題につき、129条は、艦船を除き、軌道上を走行する大量・高速度輸送交
通機関の往来の危険を発生させた場合を処罰する趣旨だから、「汽車」には、
同様の機能を果たす「ディーゼルカー」を含むと解釈するのが、目的論的解
釈である。これに対して、「汽車」とは蒸気機関車によって牽引される列車
をいうのであるから、重油を燃料とする「ディーゼルカー」は含まれないと
文理解釈することもできる。ここでは、刑法の保障機能の観点からは、国民
の行動自由を保障するためには通常予測できないような解釈をして国民に不
意打ち的な処罰をすることは許されないというべきである。このように、目
的論的解釈に対しては、後述する罪刑法定主義 (☞3講) による解釈の制約
が働く。**目的論的解釈**には、その言葉の本来の意味を広げて解釈する**拡張解
釈**と、その本来の国語的意味を狭めて解釈する**縮小解釈**とがある。例えば、
先のディーゼルカーが汽車に含まれるという目的論的解釈は、拡張解釈の例
であるということもできる。これに対して、殺人罪 (199条) における「人」
とは、本人を含まない「他人」をいうと解するのは、縮小解釈の例である。

　刑法の解釈をめぐっては、罪刑法定主義との関係で、ある規定を本来その

規定の文言には含まれないとしても、類似している事実に対して推し及ぼして解釈する「**類推解釈**」が禁止される点が重要であるが、これについては後述する（☞3講3）。

第2講

刑法の基本思想

第2講へのアクセス

【Q1】 新派刑法学と旧派刑法学とは何か。行為刑法と行為者刑法の違いは
どこにあるのだろうか。

【Q2】 刑罰の目的は何か。応報・一般予防・特別予防とは何かについて考
えてみよう。また、刑事施設への収容、罰金刑、執行猶予などの具
体的な措置がどのような機能を果たすのかについて考えてみよう。

【Q3】 刑法における「法益保護の原則」とは何か。「法益」にはどのよう
なものがあるかを考えてみよう。また、現代社会において、法益保
護の早期化が図られているのはどのような場面かについて考えてみ
よう。

【Q4】 刑法の謙抑性とは何だろうか。刑罰を科す以外に、法益を保護し、
犯罪を予防する方法について考えてみよう。

1　学派の争い

> 　刑法には、主として刑罰の意義・目的をめぐる見解の相違に発する旧派と新派の激しい学派の対立があった。刑罰論における応報刑主義と目的刑主義、犯罪論における行為刑法と行為者刑法が対立したが、今日では、折衷主義が通説である。

1. 学派の対立の意義

　刑罰の本質ないし目的が何かという問いに対する答えに応じて、刑法に関する基本的な考え方が異なる。19世紀末から20世紀前半にかけて、刑罰と刑法に関する基本的な考え方の対立が刑法学自体を二分するほど激しく、この対立は刑法における「**学派の争い**」と呼ばれた。対立の一方は、**旧派（古典学派）**であり、他方は、**新派（近代学派）**である。現代では、この対立は緩和・統合され、刑罰に関する基本的な考え方の重点の置き方も変化してきたので、原則的にどちらの要素が強いかといった相対的なものになり、刑法の基本思想の理念型としての意味しかなくなっているといえよう。

2. 応報刑・目的刑
(1) 応報刑

　まず、刑罰の本質は、応報であると考えるのが旧派である。応報とは、因果応報を表し、これによれば、刑罰とは、犯罪という害悪に対する反作用としての**害悪の付加**をいうものと解する。犯罪が他人に苦痛を与えるものであるとすれば、刑罰はそれに対する反動としての苦痛が与えられるものでなければならないというのである。「目には目を、歯には歯を」という同害報復（タリオ）の思想がその典型である。この見解を徹底すると、刑罰は何のために科せられるかというと、それは、何らかの「目的」をもつものではなく、過去の行為に対する反動にすぎないのであって、害悪を加えたという行為に対して同じ害悪が加えられるべきだということにすぎないのである。

(2) 目的刑ないし予防刑

　これに対して、刑罰の目的を、犯罪の予防であると考え、とくに**犯罪の科**

学的原因を探求し、刑事制裁を課するのは、犯罪を行った者が再び犯罪を行うことのないように教育して犯罪を予防するためであると考える立場を新派ないし近代学派という。刑法による犯罪予防は、犯罪を行った者には刑罰が科せられるということを告知し、また、実際に刑罰を科することによって国民一般に対して威嚇するという「**一般予防**」と、実際に犯罪を行った者が再び犯罪を行うことがないように威嚇ないし教育するという「**特別予防**」とがある。もちろん、旧派のいう応報も、犯罪行為者が再び犯罪を行うことのないように苦痛を与えるという意味もあるから、特別予防の意味をももつといえる。新派の特別予防は、犯罪者に苦痛を与えるのではなく、教育を施して改善するという点に特色がある (教育刑・改善刑)。

3. 行為刑法・行為者刑法

　刑罰に関する考え方の相違は、犯罪に対する考え方の相違につながる。旧派の刑罰思想からは、刑罰は、過去に行われた行為に対する反動であるから、犯罪とされるべきは、害悪である法益の侵害をもたらす行為である。刑罰害悪に対応し相応する客観的な法益侵害という害悪をもたらす行為が犯罪であって、犯罪行為時の行為者の意思は、客観的・外部的な法益侵害に対する行為者の責任に対する制約原理でしかない。**旧派**からは、「罰せられるべきは行為者ではなく行為である」というのは、行為者の性格や意思ではなく、外部に現れた**客観的な行為**が重要だということを表している。これに対して、**新派**の考え方からは、犯罪の本質は、外部的に現れた**法益侵害行為**ではなく、行為者ないし**行為者の性格・意思**にある。なぜなら、本来、犯罪は、行為者によって行われるのであり、その性格が犯罪を行う傾向のある性格であり、犯罪は、その性格にもとづいて行為者の意思によって行われるものであるとすれば、刑罰は、行為者の性格や意思に働きかけるのでなければ、犯罪の予防につながらないからである。新派からは、「罰せられるべきは行為ではなく、行為者である」ということになる。犯罪行為の源である悪しき「性格」を直さない限り、犯罪は防止することができないのである。逆にいうと、犯罪行為は、その背後に潜む「性格」の「徴表」であるにすぎず、このような考え方を「**徴表説**」と呼ぶことがある。

② 刑法の思想

> 　応報刑にも、刑罰に目的を認めない絶対的応報刑と、犯罪予防目的を認める相対的応報刑がある。歴史的には、自由主義的・功利主義的な前期旧派と権威主義的で道徳主義的な後期旧派は異なる。新派は、犯罪原因の科学的探究を基礎に犯罪予防を行うのが刑法の目的であるとする。

1. 応報刑思想

(1) 絶対的応報刑・相対的応報刑

　刑罰は、応報であるという考え方にもさまざまなものがあり、歴史的変遷もある。理念的にはともかく、現実に制度として行われる刑罰制度においては、刑罰の本質が応報であるとしても、行為者に苦痛を加えることによって犯罪を予防しようという目的がまったくないわけではない。そこで、応報刑も、純粋な応報刑と犯罪防止目的も追求する応報刑に分けることができる。前者は、その本質を応報のみとみるので、**絶対的応報刑**という。これに対して後者は、**相対的応報刑**である。

　刑法思想としては、カントの応報刑論が絶対的応報刑論である。**カント**は、刑罰は同害報復であるべきであり、犯罪を行った者に同じ刑罰を科することが正義であると考えた。**ヘーゲル**も、その弁証法にもとづいて犯罪が正義の侵害で不正であるとすれば、刑罰はそれに対するアンチテーゼであってその不正を止揚して正義を回復するジンテーゼであるとして絶対的応報刑論をとった。ただし、犯罪と刑罰は、価値的に同等であればよく、質的に同じである必要はないとした（等価的応報刑）。したがって、例えば、傷害行為者に対して自由刑を科することも、犯罪と刑罰は等価であり、応報原理に反するわけではない。

(2) 前期旧派・後期旧派

　旧派の刑法思想は、18世紀末から19世紀初頭にかけてヨーロッパにおいて登場した。当時、社会契約論にもとづき、社会は、自由で理性的な個人によって構成され、刑罰も理性の光に照らして合理的な根拠をもつべきだとの啓蒙思想の影響下にあった。それは、応報思想の犯罪と刑罰の均衡という合理

的側面に光を当てるとともに、刑罰は理性に訴え、犯罪を抑止する機能をも
つべきだと考えられた。

　(a)　**前期旧派の刑法思想**　　アンゼルム・フォン・**フォイエルバッハ**に
よって代表される。フォイエルバッハは、社会契約論と、人間の理性を基礎
とするカントの哲学、それに人間は、不快を避け、快（利）を求めて行動す
るという**功利主義の原理**にもとづいて、その旧派刑法思想を打ち立てた。フ
ォイエルバッハにとっては、刑法は、まず、国民に犯罪と刑罰を告知してお
けば、それによって、国民は、犯罪によって得られる快（利）よりも刑罰に
よって受ける不快（苦痛）の方が大きい場合には、犯罪を行わないというよ
うに合理的・功利的に行動するものであることを基礎とすべきものである。
従来は、刑罰の執行を国民に公開することによって一般予防を図ったが、フ
ォイエルバッハによれば、刑法において犯罪と刑罰をあらかじめ国民に告知
しておくこと（罪刑法定主義☞3講）によって、図られうるものなのである。
これを**心理強制説**という。このように、フォイエルバッハの刑法思想は応報
刑論ではあるが、一般予防の考え方を排除するものではなく、むしろ、その
本質的部分を構成している。一般予防は、心理強制説によれば、犯罪によっ
て得られる快を上回る刑罰による苦痛の付加の告知によってその目的を達成
できる。このように、相対的な応報刑論をとり、犯罪を行った者に対する特
別予防よりも、むしろ、功利主義的な人間観を基礎にして刑法典の公布によ
る一般予防を重視する応報刑論が前期旧派の刑法思想の特徴である。

　(b)　**後期旧派の刑法思想**　　これに対して、19世紀後半以降に新派刑法
思想に対抗して主張される旧派は、絶対的応報刑論である。**国家の道義的優
越性**を説くヘーゲルの法哲学を思想的背景に、資本主義の発達の遅れを民族
と国家の結集によって取り戻そうとする時代精神のもとで、刑罰は、権威主
義的・道徳主義的色彩を帯びる。また、その刑罰論は極めて観念主義的であ
り、刑罰は社会生活に役立つものとされるのではなく、地上において正義を
実現するためのものである。犯罪によって否定された正義、すなわち国家の
権威と道義が刑罰によって回復される。刑罰は、合理的・功利的目的をもつ
ものではなく、むしろ、犯罪者に**道義的な贖罪**を要求するものである。これ
が後期旧派の刑法思想の特徴である。後期旧派を代表するのは、カール・ビ

ンディングの刑法思想である。ビンディングによれば、刑罰は、それによっ
て「法の権威のもとに犯罪者を服せしめる」ものである。

2. 新派（近代学派）の刑法思想

　新派刑法学は、19世紀後半になって、産業革命の進行によって都市に人口
が集中し、都市では失業者が増え、犯罪が激増したという社会的背景のもと
に登場した。犯罪は、自由で理性をもった個人が自らの決断で行う功利主義
的に説明しうる現象ではなく、当時の自然科学や生物学の発達を背景にして
生物学的・社会学的な病理現象であるととらえざるをえなくなったのであ
る。新派刑法学は、このように**犯罪の原因を科学的に探究**し、その法則を把
握し、それに対処するという科学的思考を刑罰政策の中に取り入れて、犯罪
対策に臨もうとする学派であった。代表的な新派の刑法学者は、フランツ・
フォン・**リスト**である。リストは、犯罪の原因は社会にあると解したので、
彼の学説は、**刑事社会学派**とも呼ばれている。犯罪行為者を社会学的観点か
ら類型的に分類し、機会犯人、改善可能な状態犯人、改善不可能な状態犯人
等に分け、それぞれの目的に適した刑罰を科すことを提案した。これを**目的
刑**という。しかし、受刑者に対する刑事政策は、事前の社会政策の不十分性
を補塡するものにすぎない。リストは、**「最良の社会政策は最良の刑事政策
である」**と考える。他方で、刑事政策は、無制限に行われうるものではい。
それに立ちはだかるのが、刑法である。リストによれば、「刑法は刑事政策
の超えることのできない障壁である」とともに、**「犯罪者のマグナカルタ」**
である。リストは、このように、**刑法の自由保障機能**を重視したので、その
犯罪論も、主観主義的ではなく、むしろ客観主義的であった。

3. 統合説（折衷説）

　学派の争いは、第2次世界大戦後にまで及んだが、戦後は、むしろ、刑罰
には、応報的側面のみならず、特別予防的・一般予防的側面もあることが承
認され、両派の統合ないし折衷が図られ始めた。現在では、両派の対立は、
理念型的なものでしかなく、刑罰は、さまざまな機能をもつとされる。
　(a)　**応報的機能**　応報には、犯罪と刑罰の均衡がなぜ正義であり、必

要なのかを積極的に論証できないという不合理な側面と、刑罰の重さは、犯
罪の重さと釣り合わなければならず、少なくともそれを超えることはできな
いという、結果としての合理的な側面とがある。これは応報刑の**罪刑均衡主
義的機能**である。また、刑罰が受刑者にとって快（利益）であってはならず、
ある程度の不快（苦痛）を伴うものでなければ、犯罪抑止力がないことも経
験的事実である。犯罪者が刑事施設において一般人よりも何不自由ない快適
な生活を送れるのであれば、刑罰による犯罪予防は効果をもたないことは明
らかである。快・不快は、時代と状況によって変化する。現在の刑事施設で
の生活は、19世紀の刑務所での生活と比べると天国に近いであろう。しか
し、一般社会における生活と比べると、拘禁自体の不自由のほか、食事、運
動、職業選択、余暇等の生活面において不快の方が大きいといえよう。

　(b)　**一般予防的機能**　　応報的機能においてすでに述べたように、刑罰
が一般国民と犯罪者自身の再犯に対する犯罪抑止力をもつには、刑罰は、あ
る程度、不快なものでなければならない。国民に対する刑罰という**害悪の告
知**によってはじめて**一般威嚇**が成り立つ。国民の行為規範を担保するものと
して刑罰の威嚇力がなければ、刑法に国民の行動を規制する実効的な機能は
ないといってよい。一般予防的機能は、このような刑法による刑罰の告知に
よる国民の行為の前に作用する事前予防機能のみではなく、犯罪が行われた
後に刑罰を科することによっても図られる。これは、事後予防機能である。
いずれもここでは、国民に対して刑罰を示して犯罪を行えば処罰されるとい
って威嚇して犯罪を防止しようとしている。そこで、これを**消極的一般予防**
という。これに対して、最近では、刑罰の実現によって正義が実現され、ま
た、侵害された法秩序が回復されることによって、人々の法に対する信頼が
回復され、強化されるという機能に注目が集っている。刑罰によって直接
人々を威嚇するのではなく、刑罰の実現によって正義は守られたと人々が感
じ、法に対する信頼が固められることにより、社会の統合が図られるという
のである。これを**積極的一般予防**という。ここには、その一部としての被害
者の犯罪行為者に対する憤怒の沈静化機能、行為者の処罰による責任宥恕機
能も含まれる。その意味で刑罰の**社会統合機能**といってもよいであろう。

　(c)　**特別予防的機能**　　刑罰を科することが、刑罰を受ける者にとって

何らの役に立たないものであり、本人が将来再び犯罪を行わないために役立たないものであったとすると、社会にとっても損失であり、また、犯罪行為者もいずれ再び社会に復帰してくることを前提とすると、刑罰は、犯罪者のためにもなるものでなければならない。同害報復の原理を実行して、手足を切り落とした犯人の手足を切り落とす刑罰を実行することは、功利的に考えると社会のためにも本人のためにもならない。したがって、刑罰は、行為者本人が再び犯罪を行わないように作用する**特別予防的機能**をもつ必要がある。特別予防を図るには、刑事施設に収容された受刑者に対して、社会復帰のための準備のための**再社会化・教育**が必要である。再社会化は、受刑者自らが行うものであり、刑事施設はそのための援助を行うのであって、教育の強制は、再社会化の本旨でもなく、効果も望めない。

③　犯罪の基礎理論

> 犯罪の本質を行われた行為とみるか、犯罪を行った行為者の性格とみるかで、旧派と新派が対立した。現在では、旧派の考え方が基礎になっている。また、刑法は、倫理秩序の維持ではなく法益の保護を目的とするが、社会を形成する機能も果たす。最近の危険社会においては、刑法の機能にも変化がみられる。

1. 犯罪観の対立

　刑法は、行為規範として、国民に国民のさまざまな生活利益のうち重要な利益からなる法益侵害を行わないように働きかけ、その違反に対して制裁を課する要件を明らかにする。刑法によって規制される犯罪とは、基本的に、**法益の侵害ないしその危険を発生させる行為**であって、法律によって禁止され、刑罰によって威嚇される行為である。犯罪とは何かについては、先に述べた刑法における新旧両学派の刑罰観によって基本的に異なった考え方がある。

　旧派は、応報刑を基本とするが、その犯罪観は、**客観主義**である。犯罪における客観主義とは、犯罪を外部的に表れた行為であって、法益侵害の危険

をもたらすものと考える。**応報刑の刑罰観**は、「犯罪に相応する刑罰」であるから、刑罰に釣り合うような内実をもつものが、犯罪でなければならない。すなわち、主観の危険性といった量的計測が不可能なものが犯罪ではなく、外部に客観的に表れた客観的な法益侵害・危険とそれをもたらす行為こそが犯罪でなければならないのである。これに対して、**教育刑・目的刑**を標榜する**新派**は、犯罪予防を刑法の目的とするので、犯罪もその観点から反社会的な性格の発露である行為者の意思にもとづく行為である点を重視して定義される。すなわち、新派によると、犯罪とは、**犯罪的意思の社会的危険性**なのである。この後者の犯罪観を**主観主義**という。この見解からは、行為は、性格の徴表であるにすぎない (徴表説)。

　現在では、犯罪とは何かにつき、旧派の見解を原則として、客観主義の枠内で、行為者の主観をも考慮するという**折衷説**が通説であるといってよいであろう。しかし、折衷説に立っても、刑罰観において、犯罪に対する刑罰をどのようなものであるべきだと考えるかに応じて犯罪観も変化することは指摘しておかなければならない。**犯罪予防の観点**からいうと、犯罪はできるだけ効率的に予防されるのが望ましい。そのためには、刑罰の導入もできるだけ早期に犯罪の芽を摘むことが有効であるのかもしれない。そうだとすると、犯罪的意思を抱く傾向のある者、犯罪的意思をもつ者を犯罪者とするのが効率的かもしれない。しかし、国家による刑罰の導入は、国民の自由に対する干渉であり、できるだけ慎重でなければならないという他方の要請も、**自由主義・法治国家の要請**である。法益が具体的に侵害されまたはその危険が明白になったときに、それを犯罪として刑罰の対象とするというのが、バランスのとれた法治国家における犯罪観というべきであろう。

　現在、客観主義と主観主義の対立が先鋭化してとらえられるのではなく、このようなバランス感覚にもとづいて、折衷説の土俵に立って、犯罪とは何かが考察され、その対抗軸も、とくに違法論において、客観か主観かいずれをもって違法行為 (不法) の本質とみるかという点に変化してきている。このような、刑法における**結果無価値**と**行為無価値**の対立については、後述のところに委ねることにする (☞7講1-1 (2))。

2. 謙抑的法益保護の原則

(1) 刑法の任務

　犯罪行為に対する刑法の干渉がどうあるべきかという観点からは、**刑法の任務**に関する論争が重要である。この論争は、かつて、刑法の任務は**法益の保護**か**社会倫理秩序の維持**かをめぐって戦わされた。とくに、性風俗の形成・維持のために、刑法が用いられてよいかどうかが論争の中心に位置した。立法論としては、「**被害者なき犯罪**」の「**非犯罪化**」や「**非刑罰化**」が論じられた。しかし、現在では、刑法が道徳・倫理の実現のための道具でないことは自明である。その意味では、**法益保護の原則**は確立しているといってよい。ただ、道徳・倫理を離れても、国家の刑罰権がどこまで個人の行動の自由に干渉すべきかという問題としてとらえるならば、「保護法益」のカテゴリーにどこまでの抽象的な利益や価値が含まれるかについては、具体的に未解決の問題であることに変わりはない。刑罰によって保護されるべき法益かどうかを決定する際の一つの基準は、ジョン・スチュアート・ミルの「**加害原理**」（harm-principle）である。これは、他人の自由を制限できるのは、他人を加害したときのみであるという原理であり、例えば、ポルノを所持することを罰するのは、本人が道徳的堕落に陥らないためというように、その行為の規制は本人のためだといったパターナリズムと対立する。

(2) 社会形成の手段としての刑法

　いうまでもなく、法は、社会形成のための手段であり、政策目標を実現するための形式的な道具である。その中で、刑法も、国民生活にとっての重要な基本的生活利益である法益を守るための道具であり、社会の根幹をなす利益を守り、価値を実現する手段である。また、とくに行政刑法は、政策目的を実現するための補強手段として刑法が利用される場合である（**刑法の行政法補強機能**）。したがって、環境政策、労働政策、経済政策などの実現を補強するために用いられる手段である。その際、具体的に、例えば、生活環境を守るために、景観保護条例や禁煙条例に罰則を付けた場合、景観や美観は刑罰によって保護すべき法益なのかどうか、刑法がそこまで干渉すべきなのかどうかには争いがあるであろう。このように、刑法は、社会の基本的法益を保護するとともに、**社会形成的機能**をももつのである。

(3) 刑法の謙抑性・第2次性・補充性

法益保護の原則とは、法益侵害ないしその危険がなければ、刑法における犯罪として保護すべきでないという原則であるが、法益侵害・危険が存在すれば必ず刑法の犯罪カタログに取り入れられるべきだというものではない。法益を保護する手段としては、刑法のみならず、法の分野では民法も各種行政法も会社法も、また、道徳や慣習、教育、近隣の目といった**やわらかな**（ソフトな）**社会統制**の手段も活用されうる。刑法は、それによって生命・自由を奪うこともできる刑罰という**「最も峻厳な制裁」**（最大判昭49・11・6刑集28・9・393）を手段とする行為規範であるから、最後の手段としてのみ用いられるべきもの（ultima ratio）である。刑法は、その他の手段の背後に控える第2次的・補充的な手段である。これを**刑法の補充性**ないし**第2次性**という。このような刑法の機能を補充的なものに限局する原則を**謙抑的法益保護の原則**という。

(4) 現代社会と法益保護

現代社会は、情報ネットワーク社会であり、因果関係が複雑で入り組んだ複合的なシステムをもつ**脆弱で危険に充ちた社会**である。法益保護も、複雑で予測困難な因果関係を予測して原因行為を禁止しなければ十分ではない。法益の保護を基本的な価値を目に見える形で図るだけでは大きな法益侵害がいつ起こるとも限らないということは、情報システムの崩壊や日常の生活活動の積み重ねが環境破壊につながる環境保護の問題を考えただけでも明らかである。19世紀ないし20世紀における近代社会においては、人間の行動の自由がその総体として環境や生物系の全体的な侵害につながることがありうるというのは杞憂にすぎなかったといってよい。現代社会は、**危険社会**であり、社会活動・経済活動の自由を無制約に許すことはできない。法益侵害につながる危険のある行為を禁止して、危険の因子をそれが小さなうちに予防しておかなければ、法益の保護を図れないという状況が生まれている。これを**予防社会**ということもできる。それは、刑法が軽微な行政法規違反でしかない行為をも禁止し、法益侵害の抽象的な危険しかない行為をも禁止することによって、**法益保護の早期化**を図る任務をも負わされることにつながる。刑法の任務とそれ以外の規範や対策の役割分担をどのようにしていくかは、

刑罰法体系にとって現在と将来の重要な課題である。

　このような危険社会において、政治的には、テロによる社会への脅威が高まっている。9・11事件以降、**テロとの戦い**が世界の共通の関心事となり、刑事立法においても、対テロ対策的な立法が世界で相次いでいる。その刑事立法の中には、従来の法治国家・市民社会刑法では説明しきれないような人権侵害を伴うものもあり、治安を優先させ、市民的自由と人権を犠牲にする刑法を「**対敵刑法**」（Feindstrafrecht）と呼んで、市民刑法と対立させる考え方が論議を呼んでいる。ドイツで唱えられ、スペイン・イタリアのほか中南米で激しく議論されている概念であるが、友敵思想を展開したカール・シュミットの政治思想を想起させるこのような刑法のカテゴリーをどのように評価すべきかについては、従来の市民刑法の歴史的展開過程からみて慎重に検討すべきであろう。

3. 責任と予防

　刑法の任務は、犯罪の予防のみならず、**犯罪の事後処理**にもある。刑法固有の任務としては、むしろ、この任務の方が重要であるといってもよい。それは、刑法の、犯罪行為を行った個人を割り出し、処罰し、責任を追及し、責任を清算させる機能である。学派の争いの時代における**行為者の責任**とは、新派のいうように、性格の社会的危険性に対する性格責任か、あるいは、旧派のいうように、自由意思にもとづく法益侵害行為に対する反動としての行為に対する非難可能性かであった。しかし、現代では、責任は、その中間に位置づけられる。非難可能性は、社会システムの中で生じた事象に対する**個人の責任の分担**の程度に応じて割り振られる。犯罪を行った責任は、行為者がそれを引き受けることによって社会に与えた動揺を鎮静化させ、法秩序に対する信頼を回復する機能をもつ。責任は、行為者の将来の犯罪の予防のための機能的なものではなく、それを引き受けることによって、動揺させられた**社会の再統合**をもたらすものでなければならないのである。

④　わが国における刑法思想の展開

> 　わが国においては、旧刑法の時代に旧派刑法学が隆盛となり、現行刑法の起草以降、新派が隆盛期に入ったが、第2次世界大戦後にはフェイドアウトした。戦後、目的的行為論の導入、自由主義刑法、刑事政策を重視する機能的考察方法、実務重視の刑法理論などが続出したが、現在は、精緻な解釈と理論枠組みの相関が不分明な時代であるともいえよう。

　わが国においては、明治6年にフランスから来日したボアソナードによってまず**旧派刑法理論**がもたらされ、旧刑法の成立と歩調を合わせて、その影響を受けた刑法理論が展開された。その後、刑法改正の動きとともに、**新派刑法学**が有力となり、明治の末には、旧派と新派の**学派の争い**が生じ、それは、第2次世界大戦後の1960年代まで続いた。しかし、新派と旧派の対立は、徐々に折衷主義に解消されていき、純粋な新派の立場は、1970年代には姿を消したといってよい。

　1960年代には、ドイツの**目的的行為論**の影響を受けた刑法学が展開された一方、刑法改正をめぐって、とくに旧派に属する道徳主義的な刑法学とそれからの解放を主張する刑法学が対立した。後者の刑法学は、旧派の流れを汲むマルクス刑法学からの系統と、機能主義刑法学の系統から唱えられた。**機能的考察方法**を標榜する刑法学は、刑法を**社会統制の手段**としてとらえ、経験科学を基礎として刑法の合理化・機能化を図ろうとする点に狙いがあった。これを**経験科学的機能主義**ということもできよう。他方で、この立場は、刑事政策と刑法理論との有機的関係を基礎視座として、戦後の刑法理論に、体系論よりも**問題思考**を重視する新しい考察方法をもたらした。

　1990年代以降は、違法論における**行為無価値**と**結果無価値**の立場が、いわば犯罪予防モデルの刑法理論か人権擁護モデルの刑法理論かに応じて対立し、理論的検証よりも、背後のイデオロギー対立が学派を二分するかにも思える状態が続いた一方、さまざまな問題についての理論的な精緻化が進展した。

⑤ 刑法理論の展望

> 現在、社会システム論から刑法体系を構築する試みや、犯罪被害の修復
> を考慮する刑法理論など新たな枠組みが模索されている。刑法に突きつけ
> られている新たな課題に対応する現代の理論枠組みとは何なのだろうか。

　今世紀の刑法学は、**積極的一般予防**を重視するシステム論的刑法学や、**修復的司法**の観点を取り込もうとする動きなどが萌芽としてみられるが、わが国の現在の刑法学は、いまだに主として、経験科学的機能主義ないし特別予防的刑法理論と自由主義的刑法理論との対立から脱却していないように思われる。しかし、「現代社会と法益保護」（前掲3-2 (4)）において論じたように、**危険社会における刑法の機能**は変化しつつある。これを踏まえながら、新たな刑法学の方法論を展開し、21世紀に必要な刑法思想を模索する必要がある。以下は、その一つの試みである。

　刑法は、規範の呈示によって人々の行動を規制し、それに違反する行為を事後的に処罰することによって、さらに規範の実効性を高め、人々の行動を規範に従うよう仕向けるシステムである。その際の前提は、行為者の人格および行動の自由とを尊重し、犯罪の処理にあたっても人権の侵害を最小限に抑えながら、社会の再安定化に資するような**犯罪の事後処理**を図る必要があることである。憲法を頂点とする法体系は、どれもこのように紛争を予防するための行為規範を設け、その違反に対しては、制裁を課して、違反者に違反を繰り返させないようにし、社会に対しては規範の有効性を確証させ、社会の安定化を図ることを目的とするが、その際、制裁の賦課の対象も方法も効果も違反者の人格と行動の自由を尊重しつつ行われなければならないことを目指している。規範システムとは、このように人格と行動の自由の尊重を前提とした政策目的達成の指針のシステムなのである。行為規範と制裁規範の機能の分析を前提としつつ、事実の経験的分析を基礎にして規範体系の具体化を図り、刑事政策的目的を実現するために機能的に刑法を運用するための理論体系を提供するのが刑法学の任務である。このような考え方を導きの糸として刑法理論を構築する方法論を **「規範体系的機能主義」** と名づける。

第3講

罪刑法定主義と刑法の適用範囲

第3講へのアクセス

【Q1】罪刑法定主義とは何か。なぜ、近代法治国家では罪刑法定主義が要請されるのかについて考えてみよう。

【Q2】類推解釈の禁止とは何か。鴨を洋弓銃で捕獲しようとする行為は、矢が命中せず捕獲に至らなくても、鳥獣保護法1条の4第3項が禁止する「捕獲」に含むことができるだろうか（最判平8・2・8刑集50・2・221＝百選Ⅰ-1参照）。

【Q3】明確性の原則とは何か。福岡県青少年保護育成条例で禁止される「淫行」がどのような行為かは、明確であるといえるだろうか（最大判昭60・10・23刑集39・6・413＝百選Ⅰ-2参照）。

【Q4】適正処罰の原則とは何か。暴走族の集会等を禁止する広島市暴走族追放条例の規定は、憲法21条1項、31条に違反しないだろうか（最判平19・9・18刑集61・6・601参照）。

【Q5】刑罰法規不遡及の原則とは何か。犯罪後の法律によって、刑が軽く変更された場合、その犯罪を変更後の軽い刑で罰することはできるだろうか。

1　罪刑法定主義の思想

> 　犯罪と刑罰の内容は、あらかじめ法律で規定しておかなければならない。それは、近代法治国家の要請である。その思想的基盤には自由主義と民主主義がある。この罪刑法定主義は、類推解釈の禁止、事後法の禁止などの派生原理を生む。また、明確性の原則や適正処罰の原則もこれに加わる。

1.　罪刑法定主義の意義

　犯罪と刑罰は、処罰されるべき行為が行われる前に、あらかじめ法律によって明示・公表しておかなければならないという原則をいう。**「法律なければ犯罪なし。法律なければ刑罰なし」**（nullum crimen sine lege, nulla poena sine lege）というラテン語で表されるが、その起源は、ローマ法ではなく、19世紀初頭のドイツの刑法学者**フォイエルバッハ**に由来する。どのような行為をすればどのように処罰されるかをあらかじめ国民に示しておかなければ、国民は、不意打ちを受け、自由に行動することを妨げられるというのである。このように、罪刑法定主義は、**自由主義**の思想に裏打ちされている。それのみならず、法律によってあらかじめ規定されていなければならない（法律主義）（☞後述2）という要請は、**民主主義**の思想に根ざしている。というのは、法律は、国民の代表者である議会によって制定されるので、それによる犯罪と刑罰の規定は、国民の意思を反映したものといえるからである。

　わが国においては、罪刑法定主義は、明治13年の**旧刑法**においてはじめて採用された。その**第2条**は、「法律に正条なき者は何等の所為と雖も之を罰することを得ず」と規定し、第3条においても刑罰法規不遡及の原則を掲げて、これを表した。明治22年の**大日本帝国憲法**は、「日本臣民は法律に依るに非ずして逮捕監禁審問処罰を受くることなし」（23条）と規定し、人身の自由と罪刑法定主義につき規定した。現行刑法では、罪刑法定主義の規定はない。第2次世界大戦後、**現行憲法**は、「何人も、法律の定める手続によらなければ、その生命若しくは自由を奪はれ、又はその他の刑罰を科せられない」（31条）と規定する。この規定は、刑事訴訟に関する**適正手続の規定**であるが、同時に、実体法上の罪刑法定主義をも規定するものと解釈されてい

る。その他、憲法は、事後法の禁止の規定（39条）をも置き、73条6号但し書では、「政令には、特にその法律の委任がある場合を除いては、罰則を設けることができない」と規定し、**法律主義**を標榜している。

2. 法律主義

　罪刑法定主義は、三権分立の思想にもとづき、犯罪と刑罰については、国民の意思を反映する国会によって制定される「法律」によって規定されなければならないということを内容とする。それは、慣習法によるものであってはならず、制定法によらなければならないということを意味するのみでなく、形式的意義における「法律」によらなければならないということをも意味している。

(1)　慣習法の排除

　慣習法とは、社会において事実上行われている慣行が共通に規範意識をもって遵守されている場合に、法源性を認められた規範をいう。民事法等では、慣習法も法であるが、刑法においては、国会において制定された法律によるのでなければ罪刑法定主義の要請を充たさない。判例は、実務上の慣習法といえなくはないが、立法者による制定法ではなく、独自の法源性をもつとはいえないであろう。

(2)　委任と罰則

　法は、憲法を最高法規とし、法律が次に位置し、命令がそれに続くという段階的構造をもつ体系をなす。**命令**とは、一般に、**行政機関による形式の立法**をいう。これには、総理大臣の命令である総理府令、各省大臣の命令である省令、各委員会や庁の長官の命令である規則・命令などがある。罪刑法定主義は、法律主義を意味するから、それよりも下位規範である命令によって犯罪と刑罰を規定することは、これに反する。しかし、命令に罰則を設けることを法律が命令に委任した場合にはこの限りではない（憲法73条6号但し書）。政令とは、内閣によって制定される命令である。**法律の委任**は、各法律に具体的な犯罪行為と刑罰について規定する、具体的・個別的な委任を意味する。これを特別委任という。これに対して、**一般的・包括的な委任**（包括的委任）は許されない。

憲法94条は、地方公共団体の権能を定めるが、そこで「法律の範囲内で条例を制定することができる」として**地方公共団体の条例制定権**を認めている。地方自治法14条3項では、「普通地方公共団体は、法令に特別の定めがあるものを除くほか、その条例中に、条例に違反した者に対し、2年以下の懲役若しくは禁錮、100万円以下の罰金、拘留、科料若しくは没収の刑又は5万円以下の過料を科する旨の規定を設けることができる」と規定する。これは、**包括的委任**である。原則として、包括的委任は許されないが、通説・判例によれば、条例における罰則制定権については、これを合憲であるとしている。地方公共団体には、議会が設置され（憲法93条1項）、その議会の議員は、住民の投票によって選ばれ、条例は、この議会によって議決されて制定されるものである（地方自治法96条1項1号）。これによって、条例は、法律と同じように、民主主義の要請を充たしているのである。

② 罪刑法定主義の派生原理

> 罪刑法定主義は、さまざまな次元で現れる。ここでは、絶対的不定期刑の禁止と判例の遡及的変更の禁止を取り上げる。

1. 意 義
罪刑法定主義から派生する原理として、すでに述べた慣習法の排除のほか、①刑罰法規不遡及の原則、②絶対的不定期刑の禁止、③類推解釈の禁止、④明確性の原則、⑤適正処罰の原則、⑥判例の遡及的変更の禁止が挙げられる。最後の二つのものについては、これを派生原理とするかどうかにつき争いがある。

2. 絶対的不定期刑の禁止
不定期刑とは、裁判官が刑を宣告する際に、刑期が特定されておらず、刑の上限・下限の両方ないし片方のみ定め、または両方とも定めずに言い渡す場合をいう。もちろん、宣告刑は、法定刑から得られる処断刑の範囲内で言い渡されるから、法定刑に上限・下限が定められている場合には、それが外

枠をなすことになる。とくに上限の定めのない宣告刑は**絶対的不定期刑**とい
ってよい。これに対して、上限ないし上限・下限の両方が付されている場合
には、**相対的不定期刑**である。この絶対的不定期刑は、実質的には罪刑法定
主義に反するのである。わが国の刑法（形式的意義における刑法）では不定期刑
の制度は採用されていないが、少年法52条では相対的不定期刑の制度が採用
されている（☞14講2-2）。

3. 判例の遡及的変更の禁止

　これは、判例を被告人に不利に変更する場合には、将来の事件に対しての
み適用することとし、当該事件に対しては適用することができないという原
則をいう。判例の法源性は既述のように否定されるが、事実上法規範的性格
をもつことは否めない。国民は、同じような事件については裁判所は同じよ
うな判断を下すであろうという事実上の期待をもつが、判例を変更すること
はこれを裏切ることになる。これに対しては、もちろん、法の解釈の変更
は、法自体の変更ではなく、また、法の解釈は立法者の制定した法律の範囲
内で行われるものにすぎないから、理論的には、判例の変更は、罪刑法定主
義に反しないということもできる。最高裁は、「行為当時の最高裁判所の判
例の示す法解釈に従えば無罪となるべき行為を処罰することが憲法39条に違
反する旨をいう点は、そのような行為であっても、これを処罰すること」は
「憲法の右規定に反しない」とした（最判平8・11・18刑集50・10・745）。

③ 類推解釈の禁止

> 言葉の日常用語としての可能な語義を超える解釈は、拡張解釈ではなく、類推解釈であり、これは罪刑法定主義の見地から禁止される。刑法の解釈は、社会の変化に応じて目的論的になされなければならないが、国民の自由と権利を守るという観点から、無理なく可能な形式的文言の解釈の枠を超えてはならない。類推解釈と拡張解釈はどのように区別されるのかについて、若干の判例をも検討する。

1. 類推解釈の禁止の意義

刑法の解釈の方法についてはすでに述べた（☞1講5-3）。目的論的解釈には、本来の語義を拡張して解釈する拡張解釈と縮小する縮小解釈とがあった。罪刑法定主義の意義が、処罰の範囲を明確化することにあるとすれば、一般に予測できないような解釈を容認することはその意義を没却することになる。そこで、拡張解釈の許容範囲は、文理解釈としての**「可能な語義の範囲内」**の解釈ということになる。例えば、ストーカー行為等の規制等に関する法律は、「住居、勤務先、学校その他その通常所在する場所（住居等）の付近において」する「見張り」（旧2条1項1号）をして不安を覚えさせることを禁止していた（旧3条）が、ここいう見張りとは、「住居等」の付近という一定の場所においてそこでの特定の者等の動静を観察する行為を意味し、別居中の妻が使用する自動車に駐車場でGPS機器をひそかに取り付け、その取付け場所付近において同車の位置情報の探索取得を行わず、また、その場を離れて移動する車の位置情報を取得する行為は、これに当たらない（最判令2・7・30刑集74・4・476）。その解釈は、「住居等の付近において」する「見張り」の「可能な語義の範囲内」で行われる必要がある。なお、同法の令和3年改正により、「位置情報無承諾取得行為等」（同法2条3項）は、ストーカー行為の一つとして禁止されることになった（同法3条）。

可能な語義の範囲を超えた解釈は、類推解釈であって許されない。**類推解釈**とは、法文に規定されていない種類の行為に対して、規定された行為と類似した性質をもつ行為に対して規定した法文を推し及ぼして解釈し、適用す

ることをいう。例えば、秘密漏示罪（134条）において「医師、薬剤師、医薬品販売業者、助産師、弁護士、弁護人、公証人……」が行為の主体として列挙されているが、この条文に「看護師」も含むと解釈することは類推解釈である。ただし、この例では、看護師の守秘義務違反は保健師助産師看護師法で処罰されている（同法44条の4第1項、42条の2）ので類推解釈の実際上の必要性はない。類推解釈の禁止の根拠は、三権分立の思想により、法の解釈は、法適用にあたっての法の具体化であり、立法作用にあたる「法の創造」であってはならないからである。**裁判官の法創造**は司法権の立法権への干渉である。しかし、類推解釈の禁止は、原則として国民の行動の自由を保護し、国家の刑罰権を制限するところにあるのだから、被告人に有利な類推解釈は許される。例えば、緊急避難（37条）は、「自己又は他人の生命、身体、自由又は財産に対する」現在の危難に対して許されるが、「危難」が向けられる対象の中に「名誉」は含まれてないとしても、緊急避難とされることは被告人に有利であるから、類推適用することは許される。

2.　拡張解釈と類推解釈の区別

　類推解釈は禁止されるが、拡張解釈は許される。しかし、その両者はどのように区別されるのであろうか。拡張解釈とは、ある一般命題（上位概念）から特殊命題（下位概念）を演繹的に推論する作業である。これに対して、類推解釈とは、その上位概念の可能な語義の範囲内でその概念を推し広げたものである。しかし、このような形式論理的区別も、実際上どれだけ有効かは問題である。例えば、「包丁」が「刀剣」、「イノシシ」が「豚」、「ロバ」が「馬」に含まれるかどうかも、第1次的には、日常用語的語義や動物学の分類などによるであろうが、具体的に判断するには、その規定の目的や趣旨に依存するであろう。

3.　類推解釈をめぐる判例

　判例において、「電気」が旧刑法366条の「他人の所有物」にあたる（大判明36・5・21刑録9・874）かどうか、「ガソリンカー」の転覆が、129条の過失往来危険罪にいう「汽車」の転覆にあたる（大判昭15・8・22刑集19・540）かどう

か、「立候補しようとする特定人」は、人事院規則14–7「政治的行為」第5項1号にいう「特定の候補者」にあたらない（最判昭30・3・1刑集9・3・381）かどうか、文書のコピーが、155条の公文書偽造罪にいう「文書」にあたる（最判昭51・4・30刑集30・3・453）かどうか、洋弓銃でカルガモを目掛けて発射したが外れたため殺傷せず逃げられたとき、鳥獣保護法1条の4第3項にいう「捕獲」にあたる（最判平8・2・8刑集50・2・221＝百選I–1）かどうか、などが争われた。

④　明確性の原則

　法律によってあらかじめ明確に犯罪と刑罰の内容が規定されていなければ、不明確であるが故にその規定は無効である。しかし、いかなる基準でその規定が不明確だといえるのか。判例は、文言の意味を限定して解釈すれば合憲であるといういわゆる「合憲的限定解釈」の手法を用いて、違憲判決を回避する。

1. 明確性の原則の意義

　罪刑法定主義は、犯罪と刑罰についてとにかく規定があればよいという形式的な原理ではない。国民のさまざまな活動の際に、処罰される行為はどのような行為で、処罰の内容は何かを予告することによって、国民を不必要に委縮させ（萎縮効果）ないようにすることが目的であるから、刑罰法規を読んで禁止と処罰の内容が明確に理解できなければならない。したがって、犯罪と刑罰の内容が具体的かつ明確に規定されていなければならない。その内容が不明確で漠然としており、客観的に理解できない場合には、その規定は、憲法31条の適正手続に違反し、違憲であるという原則を**明確性の原則**という。「明確な法律なければ犯罪も刑罰もない」という原則である。明確性の原則は、国民に対し何が犯罪であるかを事前に適正に告知する機能をもち、捜査機関・裁判所に対して法規の恣意的適用を禁ずる機能をもつ。

2.　明確性の判断基準

　刑罰法規の禁止の内容は、まったく疑いを容れないほどに精確に記述することは不可能であり、ある程度、包括的・抽象的概念、一般条項的価値概念を用いざるをえない。そこで、明確であるかどうかの判断基準は、**国民層の平均人**が理解できるかどうか、裁判官があらゆる合理的な方法を用い、行為者の立場に立って法文を解釈してもなお不明確性が残って法的確実性を害するかどうかであるという見解も唱えられている。判例においては、「通常の判断能力を有する一般人の理解において、具体的場合に当該行為がその適用を受けるものかどうかの判断を可能ならしめるような基準が読みとれるかどうか」（最大判昭50・9・10刑集29・8・489）が判断基準とされている。

3.　判　例

　明確性の原則を論じた判例としては、徳島市公安条例違反事件と福岡県青少年保護育成条例事件が有名である。前者は、徳島市の「集団行進及び集団示威運動に関する条例」3条3号の「交通秩序を維持すること」という規定の明確性が問題となった。最高裁は、結論的にこの文言を不明確ではなく合憲としたが、その際、この文言を「殊更な交通秩序の阻害をもたらすような行為」と通常の理解よりも限定して解釈し、そうであれば合憲であるとした（前掲最大判昭50・9・10）。このように限定的に解釈すれば合憲であるとする判断を**合憲的限定解釈**という。後者は、「何人も、青少年に対し、淫行又はわいせつの行為をしてはならない」と規定する県の条例（10条1号）は、淫行とは青少年に対する性行為一般をいうのではなく、「不当な手段により行う性交又は性交類似行為のほか、青少年を単に自己の性的欲望を満足させるための対象として扱っているとしか認められないような性交又は性交類似行為をいう」と限定的に定義して、これを合憲とした（最大判昭60・10・23刑集39・6・413＝百選Ⅰ-2）。

　最高裁決定（最決平18・2・20刑集60・2・216）は、「児童買春、児童ポルノに係る行為等の処罰及び児童の保護等に関する法律」（平成26年改正前のもの）7条3項に規定する「姿態をとらせ」という文言が所論のように**不明確である**とはいえないとした。なお、この決定では、「上記規定が表現の自由に対す

る過度に広範な規制であるということもできない」とし、適正処罰の原則にも反しないとする。

⑤ 適正処罰の原則

> 罪刑法定主義の実体法上の基礎は、憲法31条の適正手続条項に求められる。この本来訴訟法上の規定は、実体法上の意義をももつのである。刑法によって処罰するにふさわしくない行為等を処罰するのは、この実体的デュープロセス違反である。いかなる場合に、適正処罰の原則に反するのか。

1. 意 義

　刑罰法規適正の原則ないし**実体的デュープロセスの理論**とも呼ばれる。この見解は、憲法に規定された適正手続条項（憲法31条）は、刑事手続の適正のみならず、刑事立法の実体的内容の合理性をも保障するものであるとする。刑罰法規の内容が合理的な根拠にもとづかない場合、憲法違反であるというのである。罪刑法定主義は、犯罪と刑罰がどのようなものでも、法律上規定されていれば充たされているというのではなく、憲法上または刑事政策上適正な内容の犯罪に適正な刑罰が規定されていることを要請する。罪刑法定主義は、実質的に理解されているのである。

　適正処罰の原則は、法の下の平等（憲法14条1項）に反し、表現の自由（憲法21条1項）に反する刑罰法規についても妥当する。しかし、憲法上掲げられた人権を侵害するというのでなくても、行為主義や責任主義、法益保護の原則などの刑事法特有の原則に反する事項についてとくに、憲法31条を援用することが必要となる。

2. 適正処罰をめぐる判例

　判例において、**ストーカー行為等の規制等に関する法律2条1項・2項・13条1項**（現・18条）は、規制の範囲が広きに過ぎ、かつ、規制の手段も相当ではないから、憲法13条・21条1項に違反するかどうかが問題とされた。最高裁は、**その目的の正当性、規制の内容の合理性、相当性**から、これを合

憲とした。ストーカー規制法は、「恋愛感情その他好意の感情等を表明する
などの行為のうち、相手方の身体の安全、住居等の平穏若しくは名誉が害さ
れ、又は行動の自由が著しく害される不安を覚えさせるような方法により行
われる社会的に逸脱したつきまとい等の行為を規制の対象とした上で、その
中でも相手方に対する法益侵害が重大で、刑罰による抑制が必要な場合に限
って、相手方の処罰意思に基づき刑罰を科すこととしたものであり、しか
も、これに違反した者に対する法定刑は、刑法、軽犯罪法等の関係法令と比
較しても特に過酷ではないから、ストーカー規制法による規制の内容は、合
理的で相当なものである」というのである（最判平15・12・11刑集57・11・1147)。

また、**広島市暴走族追放条例違反**に関する判決（最判平19・9・18刑集61・6・
601）も注目すべきである。そこでは、最高裁は、当該条例16条１項による
暴走族の集会等の禁止が、憲法21条１項・31条に反しないかについて、暴走
族およびその類似集団による集会とは、「本条例16条１号、17条所定の場所
及び態様で行われている場合に限定されると解される」と限定解釈し、この
ように限定的に解釈すれば、本条例16条１項１号等の規定による規制は、
「その弊害を防止しようとする規制目的の正当性、弊害防止手段としての合
理性、この規制により得られる利益と失われる利益との均衡の観点に照ら
し、いまだ憲法21条１項、31条に違反するとまではいえない」とし、いわゆ
る**合憲的限定解釈**によって**過度に広範囲ではない**とした。

6 刑法の適用範囲

　国家の主権は、その領土内に及ぶが、刑法の場所的効力はどのように考
えるべきか。一国の刑法は、その国の領土内で通用するのは当然である。
したがって、いわゆる属地主義が基本である。しかし、国外で行われた犯
罪を処罰する必要性も否めない。行為者が国民であるとき、国外犯も処罰
する積極的属人主義のほか、被害者が国民であるときに処罰を認める消極
的属人主義（３条の２）も、限定的ではあるが、導入された。また、事後法
の禁止は、刑法の時間的効力の問題ともいえるが、どのように考えるべき
か。

　刑法とは、国家の刑罰権に関する法であるといってもよい。そうだとすると、刑法は、国家の刑罰権を前提にしている。したがって、刑罰権の及ばないところでは、その国家の刑法は効力をもたない。しかし、グローバル化時代においては、国民ないし外国人が国境を越えて移動するのは日常茶飯になっている。21世紀においては、刑法の効力が及ぶのはどの範囲なのか、ますます重要な問題になってきている。これは、自国の刑法の効力の限界を論じ、どの国の刑法が適用されるかを論じる「**国際刑法**」の分野の問題であるが、さらに、国際公法に属する広義の国際刑法（刑事国際法）の問題もある。戦争犯罪人を「平和に対する罪」や「人道に反する罪」により「国際刑事裁判所」で処罰するという問題は、この領域に属する。また、1998年に、大量虐殺などの人道に対する罪について個人の罪を裁くため、**国際刑事裁判所規程**（ローマ規程）が採択され、100カ国以上がこれを批准し、日本も2007年にこれを批准し、締約国となった。

　他方で、罪刑法定主義の重要な意義は、国民に「あらかじめ」犯罪と刑罰の内容を告知することにあった。行為の後に事後的に刑罰法規が制定され、それを適用してすでに行われた行為を処罰することは、この罪刑法定主義の趣旨に反する。**遡及処罰の禁止**といわれる原則は、刑罰法規の時間的適用範囲を遡らせないものとして、刑法の効力を時間的に限定するものである。

7　刑法の場所的適用範囲

　国家の刑法の効力範囲はどこまで及ぶのか。日本人がアメリカでアメリカ人を殺したとき、日本刑法の適用があるのか。日本人がアメリカで傷害を負わされたときはどうか。また、日本国の通貨が外国で偽造されたとき、日本刑法で処罰できるのか。犯罪が日本国内で行われるというのは、その行為が日本で行われる必要があるのか。

1.　立法主義
　その国の刑法がどこにいる誰に適用されるのかについては、さまざまな観点がある。その観点を決めて刑法において規定する場合の立法主義には、次

のようなものがある。

（i）属地主義

自国の領土内で犯された犯罪については、犯人の国籍を問わず自国の刑法を適用する主義をいう。

（ii）属人主義

自国の国民によってまたは自国の国民に対して犯された犯罪については、その犯罪地を問わず自国の刑法を適用する主義をいう。これには、積極的属人主義と消極的属人主義がある。前者は、自国民が犯罪行為を行ったときに、そして、後者は、自国民が犯罪の被害者になったときに、自国の刑法の適用を認める主義である。

（iii）保護主義

犯人の国籍・犯罪地を問わず、自国または自国民の利益を保護するのに必要な限りで、自国の刑法を適用する主義をいう。例えば、内乱罪や外患罪は、国家の存立が保護法益であり、犯罪地の外国内国のいかん、犯人の国籍のいかんを問わず、保護されるべきであるから、この主義によって外国で外国人によって犯罪が犯されるときも、刑法が適用されるべきことになる。

（iv）世界主義

犯罪地および犯人の国籍のいかんを問わず、世界各国に共通する一定の法益を侵害する犯罪に対して各国がそれぞれ自国の刑法を適用する主義を世界主義または普遍主義という。わが国の「航空機の強取等の処罰に関する法律」（昭45法68号）が、航空機の強取等の罪につき、その5条においてすべての者の国外犯を処罰するものとしているのがその例である。

（v）代理処罰主義

外国で犯罪を犯した者が、自国内で発見されたが、事実上・法律上の理由によって犯人を外国に引き渡すことができない場合に、外国の刑罰権力を代理して、自国の刑法に処罰規定がある限りで自国の刑法を適用して処罰する主義をいう。わが国で犯罪を犯した後、中国やブラジルに逃亡した犯人をそれらの諸国の刑法の適用による代理処罰を要請する例が見られる。代理処罰主義と異なるのが、代理主義である。**代理主義**とは、内国の刑法に処罰規定がない国外犯につき、条約にもとづいてその外国から請求があったときに共

通裁判権が創設され、それにもとづいて処罰する主義であるとされる。

　わが国では、これらの主義のうち**属地主義**を基本とし、属人主義と保護主義および世界主義を補充的に併用する。属人主義のうち積極的属人主義は、刑法3条に、国民が国外で、一定の重大な犯罪を犯したとき、処罰する規定をもつ。これに対して、国民が外国で犯罪の被害者になった場合に、外国人を処罰する**消極的属人主義**の規定は、昭和22年に削除されたが、平成15年に、一定の犯罪につき3条の2においてこれを処罰する規定（平15法122号）を置くこととなった（☞後述3(3)）。

2. 国内犯

(1)　日本国内の意義

　刑法1条1項は、「この法律は、日本国内において罪を犯したすべての者に適用する」と定め、**属地主義**の原則を明らかにしている。日本国の領土・領海および領空内で行われた犯罪にはすべて日本刑法の適用がある。同条2項は、「日本国外にある日本船舶又は日本航空機内において罪を犯した者についても、前項と同様とする」と規定し、属地主義の延長として、いわゆる**旗国主義**を掲げる。したがって、日本国民ないし日本法人の所有する船舶（最決昭58・10・26刑集37・8・1228）や日本の国籍を有する航空機内で行われた犯罪にも日本刑法が適用される。

(2)　遍在説

　犯罪地が日本国内である犯罪を**国内犯**というが、国内犯というには、犯罪行為が日本国内で行われる必要があるのだろうか、あるいは犯罪の結果が日本国内で発生すればよいのだろうか。行為が日本国内で行われればよいとする**行為説**、結果の発生が日本国内であればよいとする**結果説**もあるが、通説は、犯罪構成事実の一部が日本国内にあればよいとする。これを**遍在説**という。これによれば、日本の領海内で過失行為を行い、公海上で死亡結果が発生した事案（大阪高判昭51・11・19刑月8・11＝12・465）でも、外国の空港で日本籍の飛行機に乗る前に毒を飲まされたが、飛行機内で死亡した場合にも、日本刑法の適用がある。その毒を飲まされた（外国）人が、その飛行機で日本の空港に着陸した後、中国に向かい、中国の空港で入国手続をした直後に死

亡したとき、日本刑法の適用はあるだろうか。この場合には、日本が、中間影響地か、たんなる通過地かによって分かれ、中間影響地であれば日本刑法の適用があるが、通過地にすぎないのであれば適用はない。**中間影響地**とは、例えば、先の例で、被害者が日本航空機内で当該の毒物による激しい下痢に襲われた場合をいう。日本の航空機または空港では、何事もなく、中国国内に入ってはじめて毒の作用が発現したような場合、日本は**通過地**であるにすぎない。また、あらかじめアメリカ合衆国内に設置されたサーバーに記録・保存させたわいせつな動画を、アクセスした日本国内にいる顧客の操作を介して、日本国内に設置されたパソコンに送信させる方法により、そのような動画を記録・保存させて再生・閲覧可能な状況を設定した場合（175条1項後段）、犯罪を構成する事実の全部又は一部が日本国内にあり、日本刑法の適用がある（東京高判平25・3・15判タ1407・218）。

(3)　未遂犯・危険犯

　未遂犯・危険犯についても、遍在説に従うが、現実に結果が発生していないので、危険の発生を基準にせざるをえない。アメリカ人が日本にいるアメリカ人を殺害しようとしてアメリカから毒薬を郵送したが、被害者がそれを吐き出したため一命を取り留めた場合、日本刑法の適用がある。最近では、日本国内からわいせつな画像を外国のサイトにアップロードし、日本にいる者がそれを日本からインターネットで見ることができるようにすることが行われている。この場合、遍在説によると、アップロード行為は日本で行われており、日本からのアクセスがあった場合には、危険も日本で発生しているから日本刑法の適用がある（大阪地判平11・3・19判タ1034・283）と解釈できる。先の事例で、外国人がアメリカ合衆国でわいせつ動画を同国のサイトにアップロードし、それを日本人が日本から再生・閲覧できる場合には、陳列されたわいせつ物は日本からも見ることができるので、遍在説によれば、危険結果が日本で発生しているとして日本刑法の適用があることになるが、当該外国（本事例では、アメリカ合衆国）ではそれが処罰されていない場合、それに対する日本刑法の適用には問題がある。

(4)　共　犯

　共犯については、共同正犯の一人が国内で実行行為を行えば、他の共同者

の犯罪地も国内である。国外における教唆・幇助についても、正犯の実行行為が国内で行われた場合、共犯者についても日本刑法の適用がある。**判例**には、台湾人が台湾で覚醒剤輸入の幇助を行った事案で、正犯の実行行為が国内であった場合に、国内犯としたもの（最決平6・12・9刑集48・8・576）がある。教唆・幇助行為が国内で行われたが、正犯者は外国で実行行為を行った場合にも、遍在説によれば、教唆者・幇助者は、国内犯である。正犯者については、国外犯処罰規定がない限り、国内犯としては処罰できない。

3. 国外犯

(1) すべての者の国外犯

犯罪地が日本国外である犯罪を国外犯という。刑法2条は、日本国外で行われた一定の犯罪については、これを行ったすべての者に日本刑法の適用を認める。その一定の犯罪とは、内乱、外患、通貨偽造、公文書偽造、有価証券偽造などの国家や社会の重要な利益を侵害する犯罪である。この規定は、**保護主義**にもとづくものである。

(2) 国民の国外犯

国外で犯罪を行った日本国民を処罰するのが国民の国外犯である。刑法3条は、国外で一定の犯罪を行った日本国民を処罰する。これは、行為地においてその行為が処罰されているかどうかを問わず、日本国民であることを理由に処罰するから属人主義によるものであり、行為者が日本人であることを理由にするから**積極的属人主義**である。3条の各号（1号〜17号）で列挙された犯罪には、現住建造物等放火（108条）、私文書偽造（159条）等の社会的法益に対する罪、国家的法益に対する罪である贈賄罪（198条）のほか、強制わいせつ（176条）、強制性交等（177条）、殺人（199条）、傷害（204条）、名誉毀損（230条）等の個人的法益に対する罪、また、その中でさらに、窃盗（235条）、強盗（236条）、詐欺（246条）等の財産犯も含む。

(3) 国民以外の者の国外犯

日本国外において日本国民が犯罪の被害者となった場合に、その犯罪の行為者を処罰するのが刑法3条の2の意義である。刑法は、もともと3条2項に、一般的な消極的属人主義の規定をもっていたが、昭和22年に削除されて

いた。ところが、日本国民が国外で犯罪被害者となっても処罰できない不合理が問題視され、平成15年法122号により、「この法律は、日本国外において日本国民に対して次に掲げる罪を犯した日本国民以外の者に適用する」（3条の2）という規定が追加され、人身に対する重大な犯罪に限って**消極的属人主義**が復活した。

(4)　公務員の国外犯

刑法4条は、公務員が国外で一定の犯罪を行ったとき日本刑法の適用を認める。日本国の公務の公正性・廉潔性を保護する趣旨の規定であり、保護主義にもとづくものというべきであろう。一定の犯罪とは、看守者等による逃走援助、虚偽公文書作成等、公務員職権濫用、特別公務員暴行陵虐、賄賂、特別公務員職権濫用等致死傷などである（4条1号〜3号）。公務員の定義は、刑法7条1項による。

(5)　条約による国外犯

刑法4条の2は、既述の国外犯処罰を補充して、「日本国外において」「条約により日本国外において犯したときであっても罰すべきものとされている」「第2編の罪」を「犯したすべての者」に日本刑法の適用を認める。この規定は、世界主義の考え方を背景にもつ。例えば、「国際的に保護される者（外交官を含む。）に対する犯罪の防止及び処罰に関する条約」（昭62条約3号）は、刑法2条から4条までの規定によって処罰できない犯罪につき、包括的に刑法の適用を認めるものである。したがって、国家元首や外交官に対して外国で暴行や脅迫が行われたとき、それが条約に掲げられた犯罪である場合には、日本刑法が適用されることになる。

(6)　国外犯の処罰根拠

刑法は属地主義を原則とし、国外犯にまで延長して処罰を認めるが、刑法の効力範囲についてはどのように考えるべきなのであろうか。まず、外国で外国人が外国人を殴ったとき、実体法としての日本刑法の構成要件に該当し、犯罪は成立しているが、処罰条件が欠けるがゆえに、処罰できないのであろうか。または、犯罪の成立と処罰条件には問題はないが、手続法上、裁判権を欠くがゆえに実際上処罰できないだけなのであろうか。あるいは、そもそも刑法上の構成要件は、刑法の場所的・人的処罰範囲を考慮したうえで

その効力は、例えば、上記の事例においては、暴行罪の構成要件は、日本国内で行われる暴行の実行行為に限って該当するのであろうか。これについては、国外犯処罰規定がない犯罪については「国内で」行われたという構成要件要素が欠けるとする**構成要件説**、「国内で」行われたという客観的処罰条件に欠けるとする**処罰条件説**、手続法上の裁判権を欠くとする**訴訟条件説**があり、さらに、国外犯処罰規定は、刑法の適用に関して準拠法を定める法律であると解する**準拠法説**もある。一国の刑法が、国家権力の範囲を超えていかなる場所においてもそれにあてはまる行為につき構成要件該当性があると考えるのは、現実離れしており、構成要件は、その適用の前提として国家の刑罰権の及ぶ範囲内でのみ妥当するのであるから、構成要件説が正当である。

4. 裁判権・国際司法共助・外国判決の効力
(1) 裁判権・国際司法共助

裁判権は、国家の統治権の及ぶ領域内においてのみ妥当する。したがって、国外にいる犯人に対して裁判権は及ばない。国外にいる犯人については、その所在国から犯罪人の引渡しを受けて国内で裁判する必要がある。そのためには、外国にいる犯人の捜査・証拠の提供などについて協力し合う**国際司法共助**が必要である。国際司法共助には、政治犯については共助を行わない、租税犯罪や軍事犯罪についても共助を制限するといった原則があり、また、共助の当事国の双方で処罰される行為についてのみ共助を行うという**双罰性**の原則がとられる。わが国では、**逃亡犯罪人引渡法**（昭28法68号）において国際司法共助が定められ、ロッキード事件を契機として、捜査上の共助を目的とした**国際捜査共助等に関する法律**（昭55法69号）も制定されている。**逃亡犯人引渡法**においては、自国民、政治犯人不引渡の規定がある（同法2条)。判例は、アメリカ合衆国との犯罪人引渡条約ならびに逃亡犯罪人引渡法の適用の要件として「引渡犯罪の嫌疑」が認められなければならないとする（東京高決平16・3・29判時1854・35)。また、日本国民が外国で確定裁判を受け、または外国人が日本国内で受けた懲役または禁錮の確定裁判の執行につき共助を定めた**国際受刑者移送法**（平14法66号）がある。

(2)　外国判決の効力

刑法5条は、「外国において確定裁判を受けた者であっても、同一の行為について更に処罰することを妨げない」と規定する。これは**一事不再理の原則**（憲法39条）に反しないとされている。「ただし、犯人が既に外国において言い渡された刑の全部又は一部の執行を受けたときは、刑の執行を減軽し、又は免除する」（5条但し書）。刑の減免ではなく、その「**執行の減免**」である。これは、必ず減免しなければならないので、**必要的算入主義**といわれる。

⑧　刑法の時間的適用範囲

> 罪刑法定主義の原則から、刑法は犯罪が行われる前に施行されていなければならない。刑法6条には、犯罪後の法律により「刑の変更」があったときは「その軽いものによる」という規定があるが、それはいかなる意味なのか。また、白地刑罰法規を補充する規範の改廃は、遡及処罰の禁止にあたるのか。

1.　刑罰法規不遡及の原則

刑法の時間的適用範囲とは、**刑法の時間的効力**ないし時際刑法ともいう。憲法39条に遡及処罰の禁止条項が置かれているが、罪刑法定主義の派生原理の一つである。刑法の行為規範としての側面からいうと、行為当時に行為者によって侵害された規範が適用されるべきである（犯罪時法主義）。これは、**事後法の禁止**の原則といってもよい。

2.　犯罪後の法律による刑の変更

刑法は、「犯罪後の法律によって刑の変更があったときは、その軽いものによる」（6条）と規定する。これは、憲法39条にいう遡及処罰の禁止ではなく、行為者に不利益な遡及処罰を禁止するものであって、行為時法よりも事後法の方が行為者に有利で軽い場合には事後法の適用を認めるものである。また、憲法39条は、「実行行為の時に適法であつた行為」について刑事上の

責任を問われないとするものであるが、刑法6条が規定しているのは、行為の時に「違法」とされ処罰されていた行為であっても、事後法によってそれよりも軽く処罰されるようになった場合には、軽いものを適用するという原則を定めたものであるから、憲法における罪刑法定主義をより実質化したものである。

3.「犯罪後」「軽いもの」の意義

　刑法6条にいう「犯罪後」とは、**実行行為の終了後**の意味である。結果犯についても、結果発生時ではなく、行為の時を標準とする。共犯については、基準とすべきは、正犯の行為時か共犯行為の時かは争いがあるが、共犯行為の時を基準とすべきであろう。法律には、政令その他の命令をも含む（最判昭24・9・1判例体系30・59）。犯罪時法と裁判時法の間に中間時法が介在する場合には、それをも含めて**最も軽いもの**を適用すべきである。

4.　刑の変更の意義

　刑法6条にいう「刑の変更」における「刑」とは、主刑のみを指すのか、付加刑を含むか、労役場留置の期間の変更（肯定＝大判昭16・7・17刑集20・425）や刑の執行猶予の条件の変更はこれにあたるか（否定＝最判昭23・6・22刑集2・7・694、学説＝反対）が問題である。

　「刑の変更」には、**犯罪成立要件の変更**を含むかも問題である。刑の前提条件である犯罪の成立要件は、「刑」の変更にあたらないとする見解と、少なくとも刑罰法規そのものの構成要件の変更はこれにあたるとする見解とがあるが、後者が妥当である。

　それでは、**刑罰法規以外の法令**（非刑罰法規）に変更が生じたため、犯罪の成立要件に変更が生じた場合は、刑の変更にあたるのであろうか。例えば、民法の旧728条は、継親子の間にも、実親子と同じく親族関係を認めていたが、その当時、継子が継母を殺害したという事件が起こった。当時、刑法には尊属殺規定（200条）があり、直系卑属が尊属を殺した場合には加重処罰された。しかし、その後、民法の改正によって、継親子の間には親族関係がなくなった。このように、行為当時は、直系尊属であった継母を殺害したが、

殺害後、非刑罰法規が改正され、直系尊属ではなくなった場合、「刑の変更」があったことになるのかどうかである。この事案につき、判例は、刑の変更があったとはいえないとした（最判昭27・12・25刑集6・12・1442）。しかし、犯罪の成立要件をなす法規の改正によって、刑に変更が生じたのだから、刑の変更があったというべきである。

　刑事訴訟法337条2号は、「犯罪後の法令により刑が廃止されたとき」は、「判決で免訴の言渡をしなければならない」とする。したがって、**刑の廃止**の場合は、「刑の変更」にはあたらない。刑法の改正により加重規定が削除された場合、刑の変更なのか刑の廃止なのかが問題となる。平成7年6月1日に尊属加重規定がすべて削除されたが、改正前から尊属傷害致死や尊属遺棄ないし尊属逮捕監禁罪とならんで普通の傷害致死・保護責任者遺棄罪は存在したのであるから、傷害致死罪との関係で、当該加重的特別規定の削除により、刑の廃止があった場合であるが、免訴とするのではなく、傷害致死罪に関する旧法を適用すべきという見解（東京高判平7・7・18判タ894・277）と、行為時法では、加重規定にあたった行為が、裁判時法では普通の傷害致死罪等にあたることになったのであるから、刑の変更があったといえるので、新法である逮捕監禁罪や傷害致死罪が適用されるべきだとする見解（名古屋高判平8・1・31判タ908・262、浦和地判平7・6・5判時1546・145）とがある。

5. 限時法・白地刑罰法規

　限時法とは、一定の適用期間を限って制定された法律をいう。有効期間が形式的に定められている場合（形式的限時法）と、実質的に法律の内容から一時的事情に対応するものと解される法律をも含めて限時法という場合（実質的限時法）がある。限時法の問題点は、あらかじめ有効期間が定められているのであるから、失効直前になると、実際上、当該犯罪行為に対する裁判が有効期間内に終了することは望めず、「犯罪後の法令により刑が廃止されたとき」にあたり、処罰できなくなるという点にある。そこで、限時法につき、**追及効**を肯定して失効後も処罰できるようにしようと試みられている。これには、立法による方法として、①個別の刑罰法規に経過規定を設ける方法と、②刑法の規定に一般的な追及効規定を設ける方法とがあり、さらに、

③解釈論上、特段の規定がなくとも有効期間経過後も処罰できるとする**限時法理論**を肯定する方法である。しかし、限時法理論は認めることができない。

とくに行政刑法においては、取締内容と取締の必要性が時代とともに変化することがあるが、刑罰法規においてその変化に迅速に対応する必要がある。その場合、犯罪構成要件の細目を法律ではなく政令・省令・規則などの下位の命令に委ね、国会による法律の改正の手続を省略して構成要件の内容を変更する手法がとられることがある。このように、構成要件の具体的内容の全部または一部を下位規範に委ねる刑罰法規を**白地刑罰法規**（空白刑法）という。問題は、白地刑罰法規において、補充規範が改廃されたときに、刑の廃止や刑の変更にあたるかである。例えば、物価統制令3条で一定の品目を統制額を超える額で売り渡すことが禁止されているが、裁判時には、その品目を列挙する「告示」における統制対象である品目から当該違反行為において売り渡されたリンゴが除外されていたといった場合（最大判昭25・10・11刑集4・10・1972参照）である。この場合に、**補充規範の改廃**によって裁判時には処罰されなくなった場合には、①一般的に「刑の廃止」にあたらないとする見解（**全面処罰説**）、②あたるとする見解（**全面免訴説**）、③それが法的見解の変更か事実関係の変化にすぎないかという改廃の動機によって分ける見解（**動機説**）がある。動機説は、先の物価統制令の事例のように、その違反行為の可罰性に関する価値判断の変更ではなく、構成要件にあたる事実の変更にすぎない場合には刑の廃止にはあたらないとするのである。補充規範の改廃であっても、それによって処罰範囲に変更が生じたのであれば、規範的評価の変更があり、免訴とすべきであろう。

第4講

犯罪論の体系と構成要件論

第4講へのアクセス

【Q1】 犯罪が成立するための要件を三段階に分けて考えてみよう。「人を
殺した」という構成要件を充たした場合、殺人罪が成立するといえ
るだろうか。違法性が阻却される場合、責任が阻却される場合とは
どのような場合か、それぞれ考えてみよう。

【Q2】 争議行為に付随する行為として、管理者の承諾なく建造物侵入を行
なった場合、正当行為として違法性が阻却されることはあるだろう
か（最大判昭48・4・25刑集27・3・418＝百選Ⅰ-16参照）。

【Q3】 被害者の同意は、犯罪成立にどのような意味を持つのだろうか。自
己の身体を傷害されることに同意していた者の身体が傷害された場
合、傷害罪（204条）は成立するだろうか。

【Q4】 侵害犯と危険犯の例を挙げてみよう。放火の罪（108条ないし110条1
項）の保護法益を考えた上で、現住建造物等放火罪が抽象的危険犯
か具体的危険犯かを考えてみよう。

【Q5】 結果的加重犯とは何か。傷害致死罪（205条）の基本的構成要件と加
重結果が何かを考えてみよう。基本的構成要件と加重結果の間に因
果関係が認められない場合、どのような罪が成立するだろうか。

【Q6】 身分犯とは何か。常習犯や営利の目的が身分かどうかを考えてみよ
う。

1　犯罪論の体系

> 犯罪の成立要件を充足するかどうかは、その行為が構成要件該当性を備え、違法であって有責かどうかという順番で検討される。その三段階の検討をクリアしたときに、犯罪が成立する。このように、犯罪の成立要件に関する一般的理論を犯罪論と呼び、その理論システムのことを犯罪論の体系と呼ぶ。この犯罪論が、刑法総論の一本目の柱であり、刑法学の中心に位置するといってよい。まず、その意義を考察した後、そのそれぞれの要件はどのような要素からなり、どのような意味をもつのかを検討する。

1. 犯罪の認定と刑法の適用

　刑法は、一定の禁止された行為を行った者に対して制裁を課するための法律である。そこで、刑法は、どのような要件を充たしたとき、その「一定の禁止された行為」にあたるのかを、そしてそのような行為を行った者にどのような制裁を課するかを定める法律であるといってよい。制裁を課する前提条件を「**要件**」といい、課されるべき制裁を「**法律効果**」（刑罰）という。要件と効果は、どのような法律でも共通の規範の構成要素である。刑法は、「要件」と「効果」を書き表わしたものにすぎないが、その「要件」にあたるようにみえる行為（事実）が発生したときに、その事実が、その要件にあてはまるかどうかを直感で決めるわけにはいかない。そのための準備作業として、二つのことが必要である。

　第1に、「要件」を構成している要素を分析して、個々の要素にあたる事実が発生したかどうかを検討しなければならない。「人を殺した」という要件の要素である「人」かどうかについて、例えば、出産中の妊婦のおなかを蹴って赤ちゃんを殺したとき、「人」を殺したかどうかは、「人」の概念を分析してそのような生まれてくる子が「人」と言えるのかを確定することを前提とする。これが、第1の作業であって、これを「解釈」という。

　第2の作業は、発生した「事実」の分析である。発生した事実は、生の事実であっていわば連綿とつながる事象経過とそれを取り巻く事情の塊にすぎない。そこから当該の規範にあてはまりうる「重要な事実」を抜き出してそ

れに光をあてなければ、何に要件を適用するのかが分からない。そこで例え
ば、先の事例では、「出産中」というのは、厳密にどの時点を指すのかを詳
しくみる必要がある。それは、その子がまだ母体内にいるときなのか、それ
ともおなかを蹴った時点ではすでにその子の頭部が母体外に出ていたのかと
いった事実を認定する必要がある。なぜなら、生まれてくる子の身体の「一
部」が母体外に「露出」していたかどうかが、「胎児」と「人」とを分ける
分水嶺であり（☞各論・1講2-2）、その「事実」を明確にする必要があるか
らである。しかし、このような罪となるべき事実は、「要件」の「解釈」を
通じて示される一定の観点から認定されるべきものである。いわば要件とい
う色眼鏡を通じて事実に色づけされた事実である。これらの作業を済ませた
上で、「事実が要件にあてはまる」という判断が可能になるのである。

　この第1の作業を、思考と経験から抽象レベルで行っておくのが刑法の
「解釈」である。これを**解釈学**ということはすでに述べた（☞1講5）。第2
の作業は、**事実認定論**である。それは刑事訴訟法の実務科目として論じられ
る。第1の要件の解釈を、まず、体系化・理論化することによって、分かり
やすくするというのが、大きくいえば、以下に論じる犯罪論の目的である。

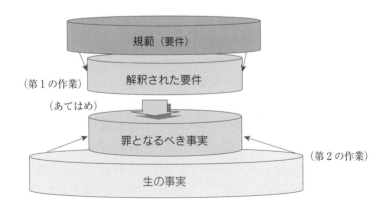

2. 犯罪論体系の構造
　犯罪論とは、各犯罪類型に共通する犯罪の一般的成立要件を体系化して、
刑罰を科するにふさわしい行為を認識し選別していくための理論の総体であ

る。犯罪論とは、このような目的を果たすための**実践的・合理的な理論のシステム**である。

　このような意義をもつ犯罪論体系は、犯罪の成立要件を順序立てて検討できるように段階的構造をもたせ、すべての検討をクリアしたものを犯罪とするという認識システムをとる。現在の通説は、これを**三段階**に分けて順に検討するという体系をとる（犯罪論の段階的構造）。

　これを踏まえると、「**犯罪とは、構成要件に該当する違法かつ有責な（責任のある）行為である**」と定義される。すなわち、犯罪の成立要件は、①構成要件該当性・②違法性・③有責性という三つの要件を充たす「行為」でなければならないのである。犯罪論とは、これを構成要件該当性から順に違法性、責任の有無を検討していくための理論体系なのである。

　しかし、犯罪が成立したとしても、国家の刑罰権が発生し、刑罰を科するには、さらに、一定の条件を充たす必要がある場合があると考えられている。このような条件を**客観的処罰条件**という。例えば、破産法において詐欺破産罪は、「破産手続開始の決定が確定したとき」に処罰されるとしている（破産法265条1項）のがそうである。このような処罰条件は処罰のために積極的にその存在が要求される場合であるが、反対に、一定の条件が存在する場合に刑罰権が妨げられる場合がある。これを**処罰阻却事由**という。例えば、親族間の窃盗は、「その刑を免除する」（244条1項）とされているが、このような人的関係の存在が処罰を妨げる事由（人的処罰阻却事由）となっているのである。

3. 構成要件該当性・違法性・責任

犯罪の成立要件である構成要件該当性とは何であり、違法性・責任とは何なのか。またなぜこの順番に検討していくのであろうか。

(1) 構成要件該当性

構成要件とは、刑法の各則に列挙されている殺人罪（199条）や窃盗罪（235条）といった規定毎の犯罪類型をいう。まず、このように考えるのが分かりやすい。刑法は、このような犯罪類型を体系化して処罰されるべき違法行為のカタログを展示して、何が禁止された行為なのかを分かりやすく明示している。いわば処罰されるべき違法な行為の定型を法典の中に掲げて形式的にその定型にあてはまるかどうかを最初に確定しようというのである。

構成要件は、構成要件を構成する「要素」からなる。これを**構成要件要素**という。例えば、殺人罪（199条）の構成要件は、「人を殺した者」であるが、この構成要件は、「人」「殺す」「者」といった「要素」から成り立つ。一般に、客体、行為、主体などが構成要件要素である。もちろん、「殺した」とあるから、殺す行為によって「死亡」結果が発生することが必要であり、殺そうとする行為によって死亡しなければならないから、行為と結果の間の「因果関係」も構成要件要素である。また、「殺意」をもって行為することが「殺す」行為であるとすると、「故意」も構成要件要素であるともいえる。

構成要件とは、犯罪類型であるが、それは定型的な違法行為（＝不法）類型である。構成要件は、原則的で形式的な行為類型であり、その例外的・具体的事象を捨象した行為類型である。

構成要件と違法性の関係については、構成要件とは、違法行為類型であり、違法と判断される行為を定型化したものとする見解と、構成要件とは、違法かどうかとは無関係にたんに価値中立的な行為の類型にすぎないとする見解とがある。前者の見解を**違法行為類型説**といい、後者の見解を**行為類型説**という。この違いは、前者では、構成要件該当行為は原則として違法であると判断されるが、後者では、構成要件該当行為とは、たんに殺人・窃盗などの行為類型にあてはまる行為であるというにすぎないという点にある。したがって、後者の見解からは、構成要件に該当する行為だからといって、それが違法だと推定されることはない。これに対して、前者の見解からは、構

成要件に該当する行為は、原則として違法であり、違法性を阻却する例外的
事情がない限り、その行為は違法であると推定される。これに加えて、わが
国の学説においては、構成要件に該当する行為は、原則として違法であり、
かつ有責であるとも推定されるとして、構成要件を違法有責行為類型である
と解する見解（**違法有責行為類型説**）も有力である。

(2)　違法性

　第2段階である「違法性」では、構成要件に該当する行為について、それ
が違法かどうかを判断する。構成要件に該当し、原則的に違法だと推定され
る行為が全法秩序の観点からみて本当に違法なのかどうかを検討するのであ
る。違法行為類型説によると、例外的な事情が存在することによって例外的
に推定が覆り、それは、違法とはいえない場合ではないのかが判断される。
構成要件と違法性の関係は、このようにして、原則・例外判断である。原則
的には違法だと判断される定型的な行為が、憲法を頂点とする全法秩序の立
場から判断してなお適法であるかどうかが違法性の段階で判断されるのであ
る。違法性（阻却）の判断の基準については、正当な目的を達成するための
相当な手段である場合には例外的に正当化されるとか、社会的に相当な行為
であった場合に例外的に正当化されるという見解もあるが、最近では、刑法
で保護する利益とその他のそれと対立する社会的利益ないし法的価値とが衝
突する場合に、優越する利益のための行為を正当化するという**利益衡量説**が
有力になっている。例えば、刑法は、個人の身体の安全や自由を暴行罪・逮
捕監禁罪において保護しているが、その暴行ないし逮捕が、言論の自由・集
会の自由という憲法で保障された権利を守るための行為であったとき、両者
の利益を衡量して優越する利益を優先させ、例外的に違法性が阻却されるか
を判断するのである（東大ポポロ事件＝最判昭38・5・22刑集17・4・370参照）。

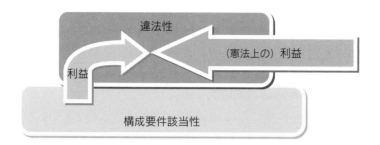

(3) 責任

　この段階では、違法な行為を行った**行為者の主観的・個人的事情**を考慮して、その行為につき非難できるかどうか、処罰の目的に照らして処罰に値する非難をなしうるかを判断する。行為者の個人的能力を超える責任を問うことはできない。例えば、行為者が精神に障害があって違法な行為を行っているということを認識し、その行為をやめるという判断をする能力がない場合には、その行為者の判断で違法行為をしたのではないから、刑罰という制裁を科してその行為を非難することは意味がない。また、行為者に、違法な行為をしないという判断をし、そのような行為をしないことを「期待」できない場合には、非難可能性がなく、責任を問いえない。このように、責任の段階では、規範の呼びかけに対応することができ（＝規範的応答可能性）、規範に従う行為を期待できるかが問われるのである。

4. 行為論

　犯罪とは、構成要件に該当する違法で、有責な「行為」である。したがって、構成要件該当性も、違法性も責任も、いわば「行為」の性質を限定する修飾語にすぎない。犯罪とは、まずもって行為でなければならない。行為でないものは犯罪ではないのである。そこで、犯罪論においては、行為とは何かが論じられている。これを行為論という。行為論において問題となっているのは、行為とは人間の何らかの身体の動静（作為・不作為）であるとしても、その身体の動静が人間の何らかの意思に由来するものであることが必要かどうかである。従来から、**「意思にもとづく身体の動静」**を行為とする見

解（因果的行為論）が有力であったのは、身体の動静（有体性）だけでは行為ではなく、意思によって（有意性）それが惹き起こされなければならないという考えが根強いからである。これをもっと極端に主張し、人間の行為は目的の実現に向けられており、主観的な目的によって指導される目的的行為であると主張した**目的的行為論**は、1950年代〜60年代に有力となったが、現在では支持者は少ない。これに対しては、社会的に意味のある人間の態度は、意思にもとづくか否かとにかかわらず、行為であるとする（純）**社会的行為論**が有力に唱えられている。いずれにしろ、行為論は、「責任」の判断で有意性の判断はなされうるのだから、実務上問題にされることもほとんどなく、立法論上、行為とはいえない思想やたんなる病気を犯罪としてはならないという政策論的意義を除いては、論じる意義は少ないとされている。

② 構成要件論

　犯罪論の第1段階の要件である「構成要件」とは何か。例えば、人を殺した者は、殺人罪の構成要件に該当するが、人を教唆して殺させた者は、どのような構成要件に該当するのか。犯罪が既遂となるのは、法益の侵害がなければならないのか、その危険の発生でよいのか。構成要件の要素とは何か。犯罪の「主体」になりうるのは、誰か。法人は処罰されるのか。また、身分犯とは何か。

1. 総　説

　構成要件とは、犯罪類型であるが、それは基本的には各則における「人を殺した者」等の類型を指す。しかし、犯罪とされる行為には、人を殺すよう教唆し、または人を殺す行為を幇助する行為も含まれる。すなわち、正犯のみならず、共犯も処罰される。また、殺人罪についても、「人を殺した者」だけではなく、人を殺そうとしたが、それを遂げなかった者も処罰される（203条）。これは未遂犯の処罰である（43条・44条）。構成要件の概念は、このように、一人で「人を殺し」てその人を死亡させた行為の類型をいうだけではなく、その殺す行為を教唆・幇助する行為の類型も、殺す行為をしたが、

未遂に終わったという不完全な構成要件の充足の場合の類型も含めて、犯罪の成立要件の意味で使われることがある。

199条の構成要件のように、単独の行為者が一人で犯罪構成要件を完全に実現した**単独正犯既遂類型**を定めた構成要件を「**基本的構成要件**」という。基本的構成要件に該当する行為を「**実行行為**」という。これに対して、共犯が関与し、未遂犯をも処罰する構成要件は、これを拡張的に修正した「**拡張された構成要件**」である（☞9講・10講）。**未遂構成要件**は、既遂に至る以前の未遂の段階にとどまる行為をも処罰する規定を設けて、既遂の前段階にまで処罰を拡張する構成要件である。**共犯構成要件**は、総則に規定（60条〜65条）を設けて、処罰を共同正犯・教唆・幇助といった共犯構成要件にまで拡張したものである。以下では、基本的構成要件を中心に論じるが、共犯や未遂犯の構成要件該当行為も、違法性・責任の判断を経て犯罪として成立することは変わりない。

そのほかに、未遂の段階にも至っていないような「予備」の段階の行為も、「陰謀」だけの場合にも処罰規定が設けられていることがある（**予備構成要件・陰謀構成要件**）。殺人予備罪（201条）、強盗予備罪（237条）ならびに内乱（77条）の予備・陰謀罪（78条）、外患（81条・82条）の予備・陰謀罪（88条）がその例である。

2. 基本的構成要件の諸類型

基本的構成要件は、法益侵害との関係や、行為主体との関係などの観点からさまざまに類型化される。

(1) 実質犯と形式犯

構成要件は、法益保護を目的とする。したがって、法益侵害があったときに犯罪が成立するというのが、基本である。しかし、法益侵害の危険が生じたときにも処罰が拡大され、法益保護の効果を上げる必要がある。このように、法益侵害ないしその危険を考慮して構成要件を定めた犯罪を実質犯という。これに対して、直接的にはそれを考慮せずに構成要件を定めたものを形式犯という。形式犯は、とくに行政刑法において頻繁に用いられる。例えば、各種の届出義務違反（例えば、大気汚染防止法6条1項・34条）などがそうで

ある。

(2) 侵害犯と危険犯

既述のように、実質犯には、法益侵害が伴う場合と法益侵害の危険があれ
ばよい場合とがある。構成要件の充足には法益の現実的侵害を必要とする犯
罪を**「侵害犯」**という。その侵害の危険の発生で足りるものを**「危険犯」**と
いう。殺人罪は、生命を奪い法益を侵害するので、侵害犯であり、遺棄罪
(217条・218条) は、生命・身体を現実に侵害しなくても、その危険があれば
構成要件を充足するので、危険犯である。危険犯は、抽象的危険犯と具体的
危険犯に分けられる。**抽象的危険犯**とは、構成要件そのものが一般的に危険
な行為から成り立っているため、現実に法益侵害の危険の発生が要件とされ
ていない犯罪をいう。例えば、現住建造物等放火罪 (108条) は、不特定また
は多数の生命・身体・財産に対する法益の侵害を避けるために、それらに対
する危険 (公共の危険) を一般的にもたらす行為を禁止している。現に人が存
在し、または現に人が住んでいる建造物を焼損するなら、公共の危険が発生
したものと擬制されているのである。したがって、現実に「公共の危険」が
発生することは要求されていない。これに対して、**具体的危険犯**とは、構成
要件の充足に法益侵害の危険が現実に発生することを要求する犯罪をいう。
例えば、建造物等以外放火罪 (110条1項) は、建造物等以外の物を焼損する
行為を禁止するが、この場合には、構成要件において、その行為によって
「公共の危険」を生じさせることが要求されている。したがって、建造物等
以外放火罪は、具体的危険犯の例である。例えば、自動車やオートバイに放
火をする行為がこの構成要件を充足するのは、それによって、現実に「公共
の危険」が発生した場合、すなわち、現住建造物等に延焼し、不特定または
多数の人の生命・身体・財産に危険が及んだ場合のみである。

(3) 結果犯と挙動犯

結果犯とは、結果が、行為とは場所的・時間的に切り離された法益侵害
(ないし危険) に認められる犯罪である。例えば、殺人罪がそうであり、行為
者のけん銃を撃つ行為と死亡結果の発生は、場所的・時間的に切り離されて
いる。これに対して、**挙動犯**とは、行為と構成要件充足とが切り離されない
犯罪をいう。たんに一定の行為をすれば、それだけで構成要件が充足される

犯罪であるから、**単純行為犯**ともいう。例えば、住居侵入罪は、侵入行為の終了とともに構成要件が充足され、それと切り離された結果は発生しない。

(4) 結果的加重犯

結果的加重犯とは、故意犯である基本的構成要件に該当する行為から加重結果が生じた場合につきとくに重い法定刑を予定した構成要件をもつ犯罪をいう。例えば、傷害致死罪（205条）は、傷害罪（204条）という基本的構成要件に該当する行為から「致死」という加重結果が発生した場合に、とくに重い法定刑を科したものである。結果的加重犯がとくに重い法定刑をもつ理由は、基本犯の行為が重い結果を惹き起こす典型的な危険があり、それが現実化した場合には、重く処罰する必要があるからである。基本犯の故意行為と加重結果の間には、（相当）因果関係（客観的帰属可能性）があるのみならず、行為者にその結果の発生が**予見可能**でなければならないとされている。少なくとも、加重結果につき、過失がなければ責任を問うことができないという責任主義に従うべきだからである。判例は、過失を不要とする（最判昭32・2・26刑集11・2・906＝百選Ⅰ-50）。

(5) 即成犯・継続犯・状態犯

実行行為と法益侵害の関係から分けた構成要件の類型が問題である。**即成犯**とは、一定の法益侵害ないし危険の発生によって犯罪が直ちに完成し、法益の侵害（ないし危険）は終了する犯罪をいう。殺人罪がそうである。**継続犯**とは、構成要件の充足の後も法益侵害状態が継続し、その状態が実行行為によって維持されている犯罪をいう。例えば、住居侵入罪（130条）や逮捕監禁罪（220条）がその例である。人を監禁すれば監禁罪が既遂になるが、その後、監禁状態が続いている限り、監禁の実行行為も終了していない。**状態犯**とは、一定の状態（結果）の惹起によって終了し、実行行為によって維持される必要がない犯罪である。傷害罪は、生理的機能の障害により完成するが、障害状態は継続している。しかし、実行行為はすでに終了している。窃盗罪（235条）も同様である。名誉毀損罪が継続犯か状態犯かについては争いがある（☞各論・3講2-1）。法益侵害状態が続いている犯罪において、新たな法益侵害がない限り、後の行為によって犯罪が成立しない場合がある。例えば、窃盗罪（235条）の客体として占有を奪った物を行為者が損壊した場

合、器物損壊罪（261条）はいわゆる**不可罰的事後行為**（共罰的事後行為）（☞13講3-3(3)）であって、独立の犯罪を構成しない。

3. 構成要件要素論

(1) 客観的構成要件要素・主観的構成要件要素

構成要件要素は、通説によると、客観的構成要件要素と主観的構成要件要素から構成される。**客観的構成要件要素**とは、「者」という主体、「人」「財物」といった客体、「殺す」「窃取する」といった行為、または「因果関係」という関係、「火災の際」といった行為の状況などの客観的要素である。これに対して、**主観的構成要件要素**とは、主観的・心理的な要素であり、「故意」「目的」「違法性の意識」「過失」などの主観的要素のうち、構成要件に位置づけられるものをいう。故意、目的がこれにあたる。客観的構成要件要素は、従来から認められていたが、主観的構成要件要素が構成要件の要素であるとされたのは古くはない。故意などの主観的な要素は、責任に属する要素とされていたからである。それが、主観的違法要素といった概念が生み出され、主観的要素が違法性に影響を及ぼすことが承認され、構成要件該当性の判断にも故意の存否の確定が必要だとされるに至り、主観的構成要件要素が一般に認められるようになったのである。

主観的構成要件要素に属する「故意」については、後に詳しく検討する（☞6講1）。ここでは、「目的」について検討しておこう。

主観的構成要件要素には、目的犯における「目的」のほか、傾向犯における「傾向」、表現犯における「表現」が含まれる。**傾向犯**とは、行為が行為者の主観的傾向の表現として発現し、その犯罪類型を決定づけるものをいう。傾向犯においては、例えば、公然わいせつ罪や強制わいせつ罪などを、行為が性的衝動を刺激する傾向のもとに行われたときにのみ構成要件を充足する犯罪類型であると解する。ただし、強制わいせつ罪については、かつての判例（最判昭45・1・29刑集24・1・1）が性的意図を要求していたのに対し、それを不要とするに至っている（最大判平29・11・29刑集71・9・467＝百選Ⅱ-14）。**表現犯**とは、行為者の内心の経過を示す犯罪をいう。例えば、偽証罪（169条）において主観説によって、行為者がその記憶に反して虚偽の陳述をした

場合に犯罪が成立すると解釈した場合、このような内心の経過を伴わない場合には、犯罪は成立しない。**目的犯**とは、構成要件の要素として、「目的」という主観的要素を要求する構成要件をもつ犯罪をいう。虚偽告訴罪（172条）における「刑事又は懲戒の処分を受けさせる目的」、通貨偽造罪（148条）における「行使の目的」、殺人予備罪（201条）における殺人の「罪を犯す目的」、財産犯における「不法領得の意思」などをいう。例えば、「通貨」を偽造したとき、もし、偽造行為時にそれを行使する目的がなければ、通貨偽造罪の構成要件該当性は否定される。目的犯には、**「結果を目的とする犯罪」**と**「後の行為を目的とする犯罪」**とがある。前者は、例えば、刑事または懲戒の処分を受けさせる目的がそうであり、通貨偽造罪における行使の目的あるいは殺人予備罪における「罪を犯す目的」が後者の例である。

(2)　**行為主体**

構成要件要素のうち、どのような犯罪にも不可欠である行為の主体という要素について検討しておこう。

(a)　**身分犯**　　通例、犯罪行為の主体は、「～した者」という形で「者」として表される。これに対して、主体が限定されている場合がある。例えば、収賄罪（197条1項）において「公務員」とされ、秘密漏示罪（134条）において「医師、薬剤師、医薬品販売業者、助産師、弁護士、弁護人、公証人」とされている主体がそうである。または、業務上横領罪（253条）のように、単純横領罪（252条）と比べて、業務者という身分をもつ者が行為した場合には、重く処罰される場合がある。このように主体が一定の身分をもつ者に限定され、あるいは身分によって重くまたは軽く処罰されている犯罪を**身分犯**という。さらに、形式的意義における刑法にはないが、特別刑法ないし行政刑法の中には、犯罪行為を行った自然人のみならず、**法人**をも処罰するという規定を置いているものがある。そもそも法人は、**犯罪能力**をもつのかが問題である。

まず、**身分犯**については、身分があることによってはじめて処罰されることになる犯罪または身分があることによって重く処罰されたり軽く処罰される犯罪をいう。前者を身分によって犯罪が構成される犯罪であるから、**構成的身分犯**ないし**真正身分犯**といい、後者を身分によって法定刑の加重・減軽

があるので、**加減的身分犯**ないし**不真正身分犯**という。ところで、まず、身分とは、何を意味するかについて定義しておかなければならない。身分とは、「男女の性別、内外国人の別、親族の関係、公務員たるの資格のような関係のみに限らず、総て一定の犯罪行為に関する犯人の人的関係である特殊の地位又は状態を指称する」(最判昭27・9・19刑集6・8・1083)。身分があることによって、なぜそもそも処罰されたり加重処罰されたりするのであろうか。これについては、身分が存在する者に特別な義務が課せられ、その特別の義務を侵害するがゆえに処罰ないし加重処罰されるという義務犯説や、身分のある者のみが法益を侵害しうるとする説などがある。身分の概念については、とくに、ある程度永続的な社会的地位である必要があるのか、それとも一時的な心理状態をも含むのかが問題となっている。それは、例えば、「営利の目的」をもつ者は身分者かどうかという問題として現れる。

　身分犯の問題が、重要な意味をもつのは、**共犯論**においてである。刑法65条では、身分のある者と身分のない者とが共犯関係にあった場合に、その処罰はどのようになされるべきかを規定する。しかし、65条の解釈については争われている。「営利の目的」をもつことが身分であるとすると、身分と共犯に関する65条の適用があり、身分でないとするとその適用がない。これによって、共犯の処罰が変わるのである。この問題については、後述する (☞ 12講2-2)。

　(b)　**法人処罰**　　次に、行為主体としての**法人に犯罪能力があるか**、あるいは**法人は処罰されるか**という問題を論じておこう。ここでは、理論的に法人の犯罪能力の肯否の問題と現行刑法において法人の犯罪は処罰されるかという問題を分けて論じなければならない。

　まず、**法人の犯罪能力**については、**消極説**と**積極説**がある。法人は行為できるのか、法人は道義的責任を負いうるか、法人は懲役刑などの刑罰を受けうるかなどの点で疑問を呈するのが消極説であるが、今日では、法人が社会的活動をし、取引主体となり、社会的責任を負わなければならないという考え方が浸透し、法人も刑事責任を負うべきであると考えるのが通説となっている。

　次に、法人の犯罪行為は、現行の刑法 (形式的意義における刑法) において処

罰されるかという問いについては、否定される。殺人罪にいう「人を殺した者」の「者」には法人は含まれない。このことは、形式的意義における刑法のあらゆる構成要件に妥当する。しかし、**特別刑法・行政刑法**において、自然人である「行為者」のほかに「**法人**」**をも処罰すると規定している**場合が少なくない。例えば、公害罪法（昭45法142号）では、「法人の代表者又は法人若しくは人の代理人、使用人その他の従業者が、その法人又は人の業務に関して前２条の罪を犯したときは、行為者を罰するほか、その法人又は人に対して各本条の罰金刑を科する」（4条）と規定する。このように、従業者である行為者のほか、法人ないし個人の業務主をも処罰する規定を**両罰規定**という（これと並んで、従業者・業務主・法人の機関を処罰する規定を「三罰規定」という）。このような両罰規定をもつ法律については、法人の処罰が実際に行われている。両罰規定をめぐっては、従業者が犯罪行為を行った場合に、なぜその者を雇っている法人（ないし個人）も処罰されるのかという**処罰根拠**の問題が論じられている。従来は、それを業務主が適切な選任を怠り、または従業者を十分に監督しなかったという「過失」責任を負うと説明した。しかし、実際に、業務主が監督を怠ったという過失が立証されることを要する（**純過失説**）とすると、その立証は極めて困難である。また、過失のあったことが擬制され反証を許さない（**過失擬制説**）のも責任主義に反する。そこで、通説は、業務主の過失は推定されており、業務主の反証がなければ過失があったことになるとして、実質的に挙証責任を転換する見解をとる。これを**過失推定説**という。**判例**も、業務主が個人の場合も法人の場合も過失推定説を採用して、その責任を根拠づけた（最大判昭32・11・27刑集11・12・3113、最判昭40・3・26刑集19・2・83＝百選Ⅰ-3）。過失推定説では、過失がなかったという反証を挙げることに成功すれば、推定は破られる。

(3) 被害者の同意（法益保護の放棄）

（ⅰ）**同意の意義**　刑法の任務は、法益の保護である。構成要件は、法益の保護を目的として行為主体・行為客体・行為の態様・結果などの構成要件要素を記述している。刑法の各則では、この法益を個人的法益・社会的法益・国家的法益に三分して体系化している。このうちとくに個人的法益については、何らかの個人が法益の主体であり、その法益を担う。例えば、Aと

いう個人の「生命」「身体」「自由」「財産」が法益として保護されている。そこで、この個人が、何らかの根拠から法益の保護を放棄し、法益侵害を許容したとき、個人的法益については、原則的に当該法益の担い手である、個人がその侵害に同意したとき、自己決定権にもとづき、それを処分することは許されるべきであるから、その法益侵害を少なくとも違法とすることはできない。あるいは、構成要件の目的である法益保護についてその保護が放棄されているのであるから、すでに構成要件該当性がないといってもよい。訪問者に「どうぞお入り下さい」と家人が同意しているのに、法益が侵害されたとはいえず、「人の住居…に侵入し」（130条）たとはいえないからである。

　（ⅱ）**法益の種類と同意の意味**　　被害者が法益侵害に同意している場合の効果については、まず、社会的法益ないし国家的法益でも被害者の同意が問題になるのかどうかが問題である。原則として、これらの法益は、個人の処分可能な法益を保護するものではないので、同意は意味をもたない。しかし、これらの法益の中には、個人的法益をも付随的に保護法益としているものもあり、不特定または多数人が同意するという場合も考ええないわけではない。例えば、虚偽告訴罪（172条）において、虚偽告訴された被害者が、同意していたとき、原則的に国家的法益を保護する虚偽告訴罪は成立するのか、本罪の個人的法益の側面はどの程度考慮されるかが問われる。また、放火罪において、非現住建造物等ないし建造物等以外のものに放火したが、それが自己の所有に係るときは、軽く処罰されている（109条2項・110条2項）。それでは、所有者の同意があったときは、同様に取り扱われないのであろうか。また、公然わいせつ罪（174条）は、例えばストリップ劇場で行われたがすべての観客が同意していても成立するのであろうか。このように、個人的法益に関する犯罪以外においても被害者の同意の意義は議論の余地がないわけではない。

　同意は、後にも述べるように、「公序良俗」に反する内容であってはならいとされてきた。例えば、ベニスの商人におけるシャイロックのように、自分の肉を切り取って引き渡すことに同意したとしてもその同意は無効である。ましてや、殺されることに同意しても、刑法は「同意殺人罪」（202条）を設けて、それが法益保護の完全な放棄として刑法上の保護に値しないとは

考えていない。公序良俗違反が古めかしいとしても、同意の何らかの限界は
認められている。判例においては、Aが、Bらと共謀して保険金を騙し取る
ことを企て、交差点で信号待ちのため一時停車しているXの車に自車を追突
させ、それによって、さらにX車をB車に追突させて、Xらに傷害を負わせた
という事案につき傷害罪の成否が問われたのに対し、最高裁は、「承諾は、
保険金を騙取するという違法な目的に利用するために得られた違法なもの」
であって、これによって傷害行為の違法性を阻却しないとした（最決昭55・
11・13刑集34・6・396＝百選Ⅰ-22）。

　(iii)　同意の効果　　さらに、被害者の同意は、構成要件該当性を阻却す
る場合、違法性を阻却する場合のように、いくつかの効果を生じうる。これ
を類型化すると、次のようになる。被害者の同意が、①**刑法上意味をもたな
い場合**。例えば、13歳未満の者に対する強制わいせつ罪（176条後段）、13歳
未満の者に対する強制性交等罪（177条後段）、未成年者に対する誘拐罪（224
条）においては、事実上有効な同意があったとしても、構成要件該当性に影
響しない。②**派生構成要件の要素となっている場合**。この場合、同意があれ
ばこの派生構成要件に該当する。例えば、同意殺人罪（202条）、同意堕胎罪
（213条・214条）がこれである。③**構成要件該当性が阻却される場合**。例えば、
住居侵入罪（130条）、秘密漏示罪（134条）、13歳以上の者に対する強制性交等
罪（177条前段）、窃盗罪（235条）がそうである。④**違法性阻却事由となる場
合**。例えば、逮捕監禁罪（220条）の場合、被害者の同意があった場合にも、
「逮捕し、又は監禁し」たという構成要件には該当していることには疑いが
ないからである。傷害罪（204条）も同様である。

　(iv)　構成要件阻却か違法性阻却か　　被害者の同意が構成要件阻却を導
くか違法性阻却を導くにすぎないかについては争いがある。とくに傷害罪を
めぐって見解が対立している。傷害の構成要件は、「人の身体を傷害した」
ことを要求しているが、被害者が同意していてもこの要件にいう「傷害」を
したとはいえるからである。傷害罪については、生命に危険の及ぶような重
大な傷害につき、被害者が同意したとしてもそもそもその同意が有効かどう
かについて疑問がある。かつては、このような同意は、「公序良俗」に反し
無効であると考えられた。現在でも、このような同意は、理由は異なるが、

無効であるとされている。医師の手術でさえ、患者の同意があるだけで任意にその臓器を摘出することは許されない。医学的適応があり、手術が医学の技術水準を充たし、患者の同意の前に「説明」がなされていなければならない。結論的には、重大な身体の傷害については、身体の侵襲による優越的利益が守られるという場合でなければ正当化されないというべきであろう。

（ⅴ）**同意の要件**　　被害者が同意したといえるにはどのような要件を充たしていなければならないか。まず、同意者には、同意の内容と意味・効果を理解する能力が必要である。これを同意能力という。したがって、幼児、高度の精神病者のようにこの能力に欠ける者の同意は無効である。同意能力があっても、当該の同意が任意かつ真摯なものでなければその同意は無効である。

同意とは、同意者によって外部に表示されることを要するか、それとも外部に表示されることが必要のない内面的な賛意でよいのかについて見解の対立がある。前者の見解を**意思表示説**という。後者の見解を**意思方向説**という。例えば、店の主人が、店内で万引きをしようとしている人の商品の持ち帰りを内心のみで許容していても、意思表示説からは同意があったことにならない。その同意を外部に向けて表示していることが必要である。これに対して、意思方向説ではそれだけでも同意があることになる。

（ⅵ）**同意と錯誤**　　同意は、真意に出たものでなければならず、任意のものでなければならない。法益主体の**自由な処分意思**が実現されたものでなければならないから、同意には**重要な意思の欠缺**があってはならない。それでは、いかなる瑕疵ある意思が同意を無効とするのかが問題である。

ここでは、基本的に、**本質的錯誤**と**法益関係的錯誤**とが対立している。前者は、もし錯誤がなかったならば同意していなかったであろうというような重大な錯誤、あるいは**本質的な錯誤**がある場合には同意は無効であるとする。これに対して、後者は、原則として法益に関係する錯誤があった場合にのみ無効とするものである。例を挙げると、本質的錯誤説によると、追死するからと騙して自殺させた者は、もし被害者が、行為者が追死しないと分かっていたならば自殺していなかったであろうというときには、錯誤は重大であり同意は無効である（最判昭33・11・21刑集12・15・3519＝百選Ⅱ-1参照）が、

法益関係的錯誤説によれば、被害者は、自殺するとき、死亡という法益の侵害については明らかに認識と認容があるから同意は有効である。これに対して、この薬を飲めば、首を吊って死亡しても蘇生すると騙して自殺させた場合（大判昭8・4・19刑集12・471）には、本質的錯誤説によっても、法益関係的錯誤説によっても、無効である。法益関係的錯誤説によっても、法益である生命の侵害があるという事実について錯誤に陥っているからである。

　一般にどのような場合に法益関係的錯誤といえるのかが問題となる。法益の重要な価値について錯誤があった場合には、法益関係的錯誤説に立っても、同意は無効である。例えば、腎臓が癌に侵されていると誤信して摘出手術に同意したとしても、同意は無効である。反対給付の存在につき錯誤があったとき、傷害罪については、錯誤は重要ではない。例えば、五千円やるから献血してほしいと騙されたが、五千円もらえなかった場合には、献血によって身体が傷害されることについては認識があるので、法益の放棄については、同意は有効である。五千円の反対給付に関する錯誤は、法益とは関係しない。後に追死するからと騙されて自ら薬を飲んで自殺した者は、薬を飲めば死亡することは知っているから、法益関係的錯誤はなく、あとから必ず自分も死ぬからと騙した者は、自殺関与罪（202条）にすぎず、殺人罪ではない。本質的錯誤説によれば、動機の錯誤であっても、もし事実を知り、錯誤に陥っていなければ同意していなかったであろうといえれば錯誤は重要であり、同意は無効である。

第5講

不作為犯・因果関係・過失構成要件論

第5講へのアクセス

【Q1】不作為犯の成立要件にはどのようなものがあるか。作為義務の発生根拠についても考えてみよう。インスリンを投与しなければ死に至る1型糖尿病患者である子に対し、その親が殺意をもってインスリンを投与しないことによって死亡させた場合、親の子に対する作為義務の発生根拠は何か、その場合の作為可能性とは何かを考えてみよう（最決令2・8・24刑集74・5・517参照）。

【Q2】因果関係論にはどのような学説があるだろうか。行為の危険が現実化したかを判断基準とする考え（「危険現実化」論）によれば、被告人があおり運転によって走行する自動車を高速道路上で停止させたところ、後続の大型車両が衝突したことにより、停止させた自動車の運転者と同乗者が死亡した場合、被告人のあおり運転と被害者らの死亡結果には因果関係が認められるだろうか（横浜地判平30・12・14裁ウェブ参照）。

【Q3】過失犯の成立要件について考えてみよう。温泉施設において、メタンガスが漏出したことによって爆発事故が発生した事案において、その建設工事を請け負った建設会社の設計担当者として、同施設の保守管理に関わる設計上の留意事項を施工部門に対して伝達すべき立場にあった者について、メタンガスの爆発事故の発生を防止すべき業務上の注意義務を認めることができるだろうか。予見可能性・結果回避可能性の観点から考えてみよう。また、「信頼の原則」を採用する余地はあるだろうか（最決平28・5・25刑集70・5・117参照）。

1 不作為犯論

> 犯罪とは、「人を殺す」「器物を損壊する」といった行為によってなされるが、「助けない」「器物を損壊するに任せる」といった不作為によってもなされうるのか。そのような不作為が処罰される要件は何なのだろうか。これについては、作為義務があるときにそれに違反することが不作為犯の要件であるとされ、その作為義務の発生根拠が重要である。最近では実質的な根拠が求められているが、まず、類型的に保障人的地位にあることが構成要件該当性の段階で判断される。また、不作為犯が処罰に値するのは、作為犯と同価値である場合だとする「同価値性の要件」の内容・位置づけが問題となる。

1. 不作為犯の意義

構成要件は、例えば、殺人罪 (199条) のように、人を「殺した」者と記述し、殺すという行為をすることを禁止し、処罰の対象とするのが通常である。しかし、構成要件の中には、生存に必要な「保護をしなかった」(保護責任者不保護罪＝218条後段)、あるいは、要求を受けたにもかかわらず住居等の場所から「退去しなかった」行為につき処罰するもの (不退去罪＝130条後段) もある。「～する」のを作為、「～しない」のを不作為という。構成要件上、作為を処罰するのが**作為犯**であり、不作為を処罰するのが**不作為犯**である。しかし、構成要件要素としての行為の記述は、作為の形で書かれていても、不作為によっても、構成要件結果が実現されることがある。例えば、殺人罪は、「殺す」行為を処罰しているが、「殺す」行為は、溺れている者を「助けない」という形で実現することもできるからである。

そこで、不作為が処罰される場合には二つの場合がある。一つは、刑法が「～しない」行為を処罰すると書いている場合である。先の保護責任者不保護罪や不退去罪がこれにあたる。二つ目は、行為の内容は、作為の形で書かれているが、不作為によって構成要件が実現される場合である。救助しないで殺す場合がそうである。前者を**真正不作為犯**といい、後者を**不真正不作為犯**という。真正不作為犯については、理論上問題はない。不真正不作為犯に

ついては、例えば、溺れかけている者を故意に助けないで死亡させたとき
に、「人を殺した」といえるのはどのような場合か、どのような要件を充た
すときかが問題である。なぜなら、水辺を散歩していてたまたま幼児が溺れ
かけているのを見つけた人が、その幼児を救助せずに死なせた場合、道義的
には助けるべきであったとしても、それが直ちに刑法にいう殺人罪にあたる
とはいえないからである。

　不真正不作為犯か作為犯かの区別が困難な場合もある。例えば、父親であ
る入院患者を、医師が生命に危険を生じると警告したにもかかわらず、長男
がグルの行うシャクティ治療を受けさせるために病院から連れ出し、ホテル
でその治療のため生存に必要な保護をせずに死亡させた場合（最決平17・7・4
刑集59・6・403＝百選I-6＝シャクティ事件）（☞11講1-3）、それは、作為なのか
不作為なのかは、一見して明白というわけではない。しかも、この事案で
は、長男の行為とグルの行為が問題となる。その際、長男には、殺人の故意
はなかったが、グルには殺人の故意が認められるのではないか。そうだとす
ると、両者で、保護責任者遺棄致死罪と殺人罪の共同正犯で罪名も異なるこ
とになる。長男の犯罪行為とは、危険を顧みず「連れ出した」作為なのか、
ホテルで「保護をしなかった」不作為なのか。どの時点の行為に着目する
か、またホテルでの「保護をしなかった」時点に注目しても、「治療を受け
させないで室内にとどめている」という作為とも解釈できる。このように、
作為と不作為の区別の時点や基準についても争いがある。ちなみに、最高裁
は、この事案で、グルの行為を生存に必要な措置をなさないで不作為によっ
て被害者を殺害したものとみなした。

2. 不真正不作為犯の成立要件

(1)　不作為犯の問題点

　現在、不真正不作為犯が成立するには、まずもって、行為者（不作為者）
が**保障人的地位**に立ち、**作為義務**を負う者でなければならないとされてい
る。いかなる場合に作為義務が発生するかが、不真正不作為犯の最も重要な
理論上の問題である。作為犯と不作為犯の大きな実質上の相違は、その結果
発生に対する因果力の差である。作為犯の場合、例えば、「刺す」「突く」な

どの積極的な行為が行われ、それが死亡結果を発生させる因果力をもつことは一般によく知られている。これに対して、子供が何らかの原因で池にはまったのを助けなかった親の不作為も原因かどうかは、疑問の余地がないわけではない。なぜなら、池にはまれば、それだけで死亡に至るには十分であり、親の不作為はその因果経過をそのままにしただけだからである。そのような作為犯との因果力の差を埋め、不作為によって「殺した」といえるにはどのような要件が必要なのかが不作為犯の理論上の問題なのである。不作為犯が作為犯と同じように本来作為犯を予定した構成要件該当行為にあてはまるのに必要な要件の指針としては、不作為の作為との**「同価値性」**という原則が考えられている。

(2)　作為義務

不作為犯が成立するには、不作為者が**作為義務**を負うことが必要である。先の水辺の散歩人の不作為は、作為義務を負わないから殺人罪にはあたらないのである。これに対して、散歩人がその幼児の親であったなら、自分の子供を助ける義務があるのではないか、それは、民法において「親権を行う者は、子の監護及び教育をする権利を有し、義務を負う」(民法820条)と規定され、子に対する**親の監護義務**が定められていることからも根拠づけられる。このような作為義務は、類型化され、民法のような法令による場合、契約によって作為義務を負う場合等にまとめられる。被害者との関係で一定の地位に立つ者が作為義務を負う者であると類型的・事実的にみなされるのであり、構成要件判断が形式的・事実的判断だとすると、不作為が構成要件に該当するのは、不作為者がこのような類型的・事実的な地位に立つ場合であり、それを**保障人的地位**と呼ぶ。したがって、不作為犯の構成要件に該当するといえるためには、まず、作為義務が形式的・類型的にあると考えられる保障人が不作為をした場合であるといえる。

(3)　作為義務の発生根拠

作為義務の発生する根拠については、これを形式的に考える立場(形式的法義務説)と実質的に考える立場(実質的法義務説)とがある。**形式的法義務説**は、発生根拠を大きく法令・契約・条理(先行行為)の三つに分類する。まず、法令にもとづく作為義務としては、先の親の監護義務のほか、夫婦の相

互扶助義務（民法752条）が挙げられる。契約にもとづく作為義務には事務管理（民法697条）によるものも含まれる。契約による場合として、例えば、患者と看護師の間の看護契約、親とのベビーシッター契約などが挙げられる。条理には、慣習によるもののほか、先行行為にもとづく場合も含まれる。**先行行為**とは、不作為に先立って、結果発生に因果力のある作為が行われた場合をいう。例えば、老人と水辺で知り合った人が、堤防の上を並んで、散歩中、過失によってその老人を水中に突き落としてしまったが、その後、容易に救助できたにもかかわらず、そのままに放置して老人を死なせた場合、過失の先行行為が、救助の作為義務を根拠づけるというのである。しかし、形式的法義務説は、例えば、法令による作為義務が発生するというが、具体的に当該の法令上の義務がその事案において作為義務を根拠づけるかどうかについては何も語らない。例えば、過失によって自動車で歩行者をはねて負傷させた者は、道路交通法上、救護義務（道交法72条1項）を負うが、それが、保護責任者遺棄罪の責任を負うか、殺人未遂罪の責任を負うのかはそれだけでは判断できない。

　そこで、わが国の学説においては、作為義務の発生に関する実質的な基準を提案するものがある（**実質的法義務説**）。その一つが、法益の維持を事実上引き受けている者に作為義務が発生するという**事実上の引受け説**である。ほかにも、不作為者が結果へと向かう因果の流れを掌中に収めていたこと、すなわち、因果経過を具体的・事実的に支配していたことが必要であるとする**結果因果経過支配説**などがある。

　しかし、実質的法義務を一つの基準にもとづいてすべて説明しても、作為義務の根拠が抽象的すぎて実際には役に立たないか、あるいはその基準では説明できない作為義務が残るかである。そこで、事例類型に応じて機能的に作為義務の発生根拠を分類する方法が考えられるべきである。これを**機能説**ないし**機能的二分説**という。作為義務は、機能的には、法益を保護する義務であっても、それが、第1義的に、危険状態に陥った法益を保護すべき義務であるか（保護義務）、法益を危険にさらす危険源を管理すべき義務であるか（危険源管理義務）によって分類される。危険源管理義務は、危険源が物や動物、設備である場合と、人の危険な行為である場合とに分けられる。人の危

険な行為の管理については、それを監督義務ということができ、とくにそれが犯罪行為であったときには、それを**犯罪阻止義務**ということがある。保護義務と管理義務とは、単独正犯としての不作為犯を根拠づけるに際しては大きな違いはないが、他人の行為を介した場合に、正犯となるか共犯となるかについて一定の役割を果たす（☞12講1-2(3)）。

　判例においては、不作為による放火に関する一連のものがある。喧嘩の際に父親を刺殺したが、父親が投げた燃木尻が藁に燃え移ったのを認識しながら、殺人の罪跡を隠ぺいするために消火しなかったのを既発の火力を利用する意思で放置したとして、危険の発生の防止義務を肯定した大審院判例（大判大7・12・18刑録24・1558）のほか、同様に、火災保険をかけていた自己所有の家屋で神棚に燈明を献じているときに神符に燃え移ることを認識しながら外出したが、既発の火力を利用する意思で放置し、家屋を燃損させた大審院判例（大判昭13・3・11刑集17・237）、また、ある営業所の従業員が残業中、机の下に木製火鉢を置いていたが、嘔吐感を覚えて工務室で仮眠した後、事務室に戻ったとき、ボール箱入りの原符に引火しているのを発見したが、そのまま玄関から立ち去って営業所ほかを焼損した事案に不作為による放火罪を肯定した最高裁判例（最判昭33・9・9刑集12・13・2882＝百選Ⅰ-5）がある。

(4)　作為可能性と作為義務

　作為犯とは異なり、不作為犯は、作為義務がある場合の不作為でなければ構成要件には該当しない。しかし、作為義務があるというためには、作為可能であることが前提となる。「不可能は義務を負わさない」からである。したがって、水辺で池にはまって溺れかけている子供の母親は、つねに作為義務を負うわけではなく、母親が具体的に溺れかけた子供を助けることができた場合でなければ、具体的作為義務は発生しない。例えば、淀川で溺れかけている子供を、たまたまテレビ中継で映ったのを見た霞ヶ浦にいる母親は救助できないから、作為可能性がなく、具体的な作為義務も生じない。このように**作為可能性**の要件は、作為義務の前提である。作為可能性の概念は、作為能力を指すのか、結果の回避可能性をも含むのかなど明確に定義されているわけではない。**作為能力**とは、作為をする能力をいう。例えば、母親が溺れかけた子供を助けるには泳がなければならないとして、水泳のできない母

親には、作為能力はない。**結果回避可能性**とは、例えば、母親が泳いで助け
ようと海に飛び込んだとしても、海が荒れていて助けることができず、作為
しても死亡の結果を回避する可能性がない場合をいう。ここでいう結果回避
可能性とは、不作為の時点での判断によるから、危険の回避可能性といって
もよい。

　少なくとも、このような作為可能性や事前的結果回避可能性がなければ、
不作為犯の未遂の構成要件該当性もない。後述するように、犯罪の未遂が認
められるには、実行の着手が必要である（☞9講）が、作為可能性・事前の
結果回避可能性がなければ、実行の着手があったとはいえないからである。

(5)　不作為の因果関係

　不作為と結果の間に、因果関係がなければ、不作為者に既遂の責任を負わ
せることはできない。作為の場合、因果関係は、「その作為がなければ結果
は発生しなかったであろう」という関係があれば肯定されるが、不作為の場
合には、「もし義務を果たして作為に出ていれば結果は発生しなかったであ
ろう」という関係があれば肯定される。したがって、例えば、暴力団員が、
13歳の少女に覚醒剤を注射して錯乱状態に陥らせたとき、もし救急車を呼ん
で医師のもとに運んでいれば、「10中8、9」救命が可能であっただろうと
いう場合、不作為と結果との間の刑法上の因果関係が肯定される（最決平
元・12・15刑集43・13・879＝百選Ⅰ-4）。不作為による幇助については、この蓋
然性の程度が緩和されるとする判例もある（☞12講1-2（3）・(4))。

②　因果関係論と客観的帰属論

　　犯罪が既遂となるためには、「死亡」といった結果が発生するだけではな
　く、行為と結果の間に「因果関係」がなければならない。しかも、それ以
　上に、その結果が、その行為の危険が実現したといえるのでなければなら
　ない。これは、行為と結果の相当因果関係ともいわれたが、最近では客観
　的帰属と言われる理論が発展してきた。最近の判例も、相当因果関係説で
　はなく、実質的には、客観的帰属論の思考方法を採っており、その「因果
　関係」論は、「危険現実化」論であるといってよい。

1. 因果関係の意義

　例えば、殺人罪においては、構成要件は、「人を殺した」と記述されている。これは「殺す」という行為だけではなく、「死亡」の結果が発生することを意味し、しかも、殺す行為と死亡の結果の間に「因果関係」がなければ、殺人罪の構成要件を充足し、行為者に殺人既遂の責任を負わせることはできないことを意味している。例えば、人を殺す行為をしたが、死亡の結果は、まったく別の殺人行為以前に被害者の飲んだ毒薬が原因であった場合には、死亡の結果の発生については、行為者は、責任を負わないのである。このように、因果関係は、結果犯において結果が発生したとしても、行為との間にそれがなければその結果の惹起については行為者のせいではないことを確認し、未遂の責任にとどめるための概念でもある。このような因果関係の概念は、本来の因果関係の問題と、それが存在してもなおそれを限定すべき場合があるという因果関係の限定原理の問題との両者に用いられる。

2. 条件関係論

　因果関係とは、原因と結果の関係をいう。条件関係とは、結果に対して条件となる関係をいう。その条件関係の発見は、「**その行為がなければ結果はなかっただろう**」といえるかどうかを検討して決める。この検討によってその命題が肯定される場合には、条件関係は肯定される。この**条件関係論**は、条件は、すべて平等に結果に対する原因であるという見解を基礎にしているから、**等価説**（平等条件説）ともいう。条件説は、「あれなければこれなし」という**条件公式**によって因果関係の有無が発見されるとする。次頁の図において、条件①から⑥までの条件ないしその他の条件は、その条件を取り除いて考えると、結果は存在しなかったであろうというとき、すべての条件は、結果に対して平等に原因であるというのである。すべての条件は結果の発生に対してそれぞれに**必要条件**であり、一つの条件がなかったとしたなら、結果の発生はなかったといえるからである。これに対して、**個別原因説**は、これらの条件の特定のものを、最も有力な条件（最有力条件説＝条件⑥）ないし最終の条件（最終条件説）としてこれらのみを原因とする。

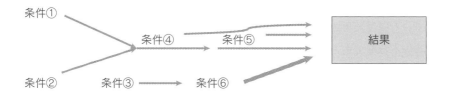

（1）　条件公式の問題点

　しかし、この公式の適用には問題がある。「あれなければこれなし」の公式にあてはめて、「あれなくてもこれあり」という場合には因果関係は否定される。しかし、例えば、死刑執行の直前に死刑執行人を押しのけて執行ボタンを押した者は、自分が「押さなくても」、どうせ死刑執行人が押していたから、「死んでいたであろう」（死刑執行人事例）として、因果関係が否定されるのであろうか。それなら、AがBの心臓を突き刺さなくても、Bには寿命というものがあるから、いつかはどうせ「死んでいたであろう」から、因果関係が否定されるのだろうか。このように、「仮定された条件が実現していたなら」と問うのを**仮定的因果経過**の問題という。しかし、「いつか死ぬだろう」という結果と、「心臓を突き刺したことによるその時その場所での死の結果」とは、**具体的な結果**は異なるのであり、仮定的因果経過を考慮しても、当該の具体的なその時その場所における死は発生しなかったといえ、心臓の突き刺しと死亡との条件関係は否定されない。ただ、死刑執行人事例では、具体的な結果が異なるとはいえないであろう。そのほかに、条件公式によれば因果関係が否定されてしまい、不当な結論が導かれるのではないかとされている問題に、**択一的因果関係**（択一的競合）の問題がある。これは、例えば、AとBとが同時に、お互いに独立してXのコーヒーに致死量の毒薬を入れ、それを飲んだXが死亡したという場合、Aの行為がなかったとしても、Bの入れた毒によって、逆に、Bの行為がなかったとしても、Aの入れた毒によってXはどうせ死んでいたとして、Aの行為もBの行為も両者ともに結果に対する因果関係がないという結論が導かれる例によって説明される。この場合に、結果回避可能性がないとして、因果関係を否定してしまう見解や、AとBとの両方の行為を一緒に取り除いて考えれば、結果は発生し

ていないのだから、両者ともに結果に対する因果関係があるとする見解はいずれも説得的ではない。この問題は、原因を結果の必要条件と考える限り、解決不可能であろう。最近では、最小の十分条件が原因であるという見解（**最小十分条件の理論**）も唱えられている。

　条件公式は、行為と結果の間の因果法則自体がよく分らない未知の事故の場合には適用が不可能である。例えば、インフルエンザの治療薬であるタミフルの服用と精神的錯乱による飛び降り自殺との間に経験的に立証された因果法則がなければ、タミフルを飲まなかったとしたら死亡していなかったであろうかどうかは判断できないのである。したがって、条件公式は、因果法則を前提とするのであり、むしろ因果法則が重要であるとする見解が唱えられている。このような因果関係に関する見解を**合法則的条件の理論**という。とくに公害事件や薬害等の現代型の事故については、因果法則が立証されていない場合も多く、因果的なメカニズムの解明ではなくても、統計的な意味で、経験則上、合法則的な連関があれば、因果関係は肯定できるという見解（**疫学的因果関係**）も主張されている。

　「条件説」は、発生した結果につきそれを客観的に行われた行為に帰属するにつき、この条件公式における条件関係があれば十分であって、それをさらに限定することは不要であるとする。判例はかつて、致死の原因となる行為は、それが「死亡の唯一の原因または直接の原因であることを要するものではない」として個別原因説を排除していたことから、条件説を採用していたとも解釈されている。

(2)　相当因果関係

　たとえ条件関係が肯定されても、それだけでその行為が結果を発生させたものとして、行為者に結果惹起の責任を負わせてよいかどうかは問題である。なぜなら、「あれなければこれなし」の関係というのは、「風が吹けば桶屋が儲かる」式に無限につながりうるからである。そこで、これまでいくつかの**因果関係限定論**が提案されている。その一つが、現在まで通説となっている**相当因果関係説**である。相当因果関係説は、その行為からその結果が**日常生活経験上通常生じるかどうか、それが相当かどうかを基準として、それ**が肯定される場合に相当因果関係があり、否定される場合にそれがないとす

る理論である。その際、相当性の判断は、判断資料を限定して行われるが、どのような判断資料を用いるかによって、**三つの説**に分かれる。

第1は、**主観説**である。もっぱら行為者が行為当時に認識・予見していた（認識・予見しえた）事情を判断資料として相当かどうかを判断する。第2は、**客観説**である。行為時に存在するすべての事情および行為後に展開する事情であって一般人の予見可能な事情を判断資料とする。第3は、**折衷説**である。一般人が認識・予見しえた事情と本人がとくに認識・予見していた事情を判断資料とする。

【相当因果関係説の判断とその資料】

	判断資料	相当性判断
主観説	行為者に認識・予見し（え）た事情	一般人基準
客観説	①行為時に存在したすべての事情 ②行為後に展開する一般人に予見可能な事情	①一般人 または ②科学的一般人
折衷説	①行為者が認識・予見していた事情 ②一般人が認識・予見しえた事情	一般人基準

例えば、頭蓋骨が薄くなっていて少しの打撲で陥没する状態であった通行人の背後から、無関係な第三者である行為者がその通行人を追い抜きざまにげんこつで軽く頭を殴ったところ、頭蓋骨陥没で死亡したという場合（事例1）に、暴行と死亡との間に相当因果関係があるかにつき、この三つの説をあてはめてみよう。**主観説**からは、行為者は、頭蓋骨の薄い事実を知らないし知りえないので、判断の資料として用いることはできない。そこで、普通の頭蓋骨の持ち主を軽く殴ったとき、日常生活経験上死亡するのが通常かどうかが問われ、通常でないという結論が導かれる。したがって、相当因果関係は否定される。**客観説**からは、この事実は行為当時に存在する事情だから

すべて判断資料に入れられ、相当性は肯定される。**折衷説**からは、一般人は
その事実を知りえないと考えられるし、その通行人の家族か主治医であれば
ともかく、行為者はとくにその事情を知っているわけではないので、それを
判断資料にできず、相当性は否定される。これに対して、Aが、通行中、他
人Xから頭を軽く殴られたが、こぶができているので、医師に診察してもら
おうと医院を訪れたところ、院長に恨みをもった元患者が院長に向かって発
砲し、その流れ弾に当たってAが死亡した場合（事例2）、Xの暴行とAの死
亡との間に相当因果関係があるかという事例は、行為後に事態が展開してい
く場合であり、主観説からは、流れ弾に当たることを予見できないので、判
断資料とできない。客観説によれば、一般人が予見できないので、これも判
断資料にはできない。折衷説からも、前の両説と同じということになる。し
たがって、すべての説において相当性は否定される。ただ、Aが同じく通行
中軽く殴られたが、その際、よろめいて路肩の石に頭をぶつけて脳挫傷し、
瀕死の状態で医院に運び込まれたが、そこで流れ弾に当たって死亡した場合
（事例3）には、すべての説で、相当性の判断は一義的ではなくなるであろ
う。

　判例では、アメリカ兵の運転する自動車を運転していて自転車に衝突し、
被害者をはねて自車の屋根の上にはね上げ、約4キロメートル離れた場所で
気づいた助手席に乗っていた同乗者が被害者をアスファルト道路に引きずり
降ろし転落させて死亡させた事案で、このような結果の発生は、「経験則上
当然予測しえられるところであるとは到底いえない」として因果関係を否定
した最高裁判例（最決昭42・10・24刑集21・8・1116＝**米兵轢き逃げ事件**＝百選Ⅰ-9）
がある。

　この決定の後、行為時に存在する事情が介在した事例について、それが予
見可能な事情かどうかを問わないとした最高裁判例がある。事案は、被害者
をあおむけに倒して左手で頸部を絞めつけ、右手で口部を押さえるなどして
死に至らしめたというものであるが、被害者の重篤な心臓疾患という特殊事
情が相俟って致死の結果を生ぜしめた場合、その暴行と致死の結果との間に
因果関係を認める余地があるとする（最判昭46・6・17刑集25・4・567＝百選Ⅰ-
8）。この判決の第1審は、結果の発生は、「通常予想できる」として、相当

因果関係を肯定したのに対し、控訴審は、被害者が心臓に病的素因をもつことを被告人が知りえないとして、行為時に存在する病的素因を判断材料とする客観説を否定し、折衷説の立場から因果関係を否定した。しかし、最高裁は、致死の原因たる暴行は、必ずしもそれが死亡の唯一の原因または直接の原因であることを要するものではないとする従来の判例を引用して、控訴審の判決を破棄し、因果関係を肯定した。この最高裁判例が、条件説に立つのか、相当因果関係説の客観説に立つのかは、解釈が分かれる。

(3)　客観的帰属論

　相当因果関係説と同様、条件的な**因果関係の範囲を限定する理論**として、客観的帰属論が唱えられている。この理論は、相当因果関係説では明確な基準が得られず、行為者の行為に客観的に帰属できる結果の範囲を決めるには別の基準が必要であると主張する。例えば、先に掲げた事例3では、相当因果関係説に従い、判断資料の限定と相当性の判断を用いるのみでは一義的な解答は得られないので、事後に展開する事情の介在による帰属の限界を画する別の視点が必要だというのである。客観的帰属論では、一般的な結果に対する行為自体の**事前の危険性**（危険創出）とその危険の具体的結果への**事後的な実現**（危険実現）の判断に分けて、とくに危険実現という事後的判断においては、創出された危険の大きさや、介入する危険の種類、その危険からの結果の「誘発」の態様、介入する別系列の自己答責的な危険の惹起者の「答責性の範囲」などを勘案して、危険実現連関の有無が判断されるのである。したがって、**客観的帰属論**とは、行為の事前的危険性の判断による「**危険創出連関**」とその危険が具体的に発生した結果へと事後的に実現したかどうかという判断による「**危険実現連関**」の判断を中心とする**因果関係の限定理論**である。相当因果関係説と異なり、因果事象に介在する事情の社会的機能・役割、法的な制度や介在者に課せられた義務などについて、たんなる事実的つながりを検討するのではなく、「**規範的な観点**」から評価して検討し、その帰属可能性の有無を類型化し判断する。

　　下図において、危険創出連関は、事前の結果危険（抽象的にそもそも死亡結果が発生する危険）の存在によって肯定され、危険実現連関は、その行為によって創出された危険が、具体的に発生した結果に実現したとき肯定される。下図の「発生結果①」は、事前の危険の実現であるが、「発生結果②」は、事前の典型的な危険から外れており、当該危険の現実化したものではない。

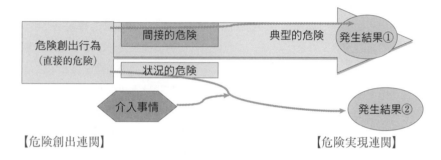

【危険創出連関】　　　　　　　　　　　　　　　　　　【危険実現連関】

　　最高裁の決定（最決平18・3・27刑集60・3・382＝百選Ⅰ-11）において「因果関係」（客観的帰属）が肯定された事案を検討しておこう。Aが、共犯者2名と共謀の上、普通乗用車の後部トランク内に被害者Xを押しこみ、発進させた後、路上で停車したところ、数分後、後方から走行してきた普通乗用車が時速約60キロメートルで後部に衝突し、トランクの中の被害者は傷害を負って死亡した事案（**トランク監禁致死事件**）において、監禁行為と死亡との間の因果関係が争われたが、最高裁はこれを肯定し、監禁致死罪の成立を認めた。行為者の危険創出行為は、トランクに監禁し、路上で停車して追突の危険のある状況を創出し、数分後にその危険が実現したという点にある。乗用車のトランクに監禁し、一定量の交通がある路上で停車すれば、そこに追突する乗用車があることは予測できる危険状況であるから、危険状況創出があることは疑いえない。危険実現連関については、追突した乗用車の追突が、故意によるものないし創出された危険の重要性を排除するほどの過失によるものであるかどうかが重要である。本件は、監禁罪の結果的加重犯の加重結果の危険実現という特殊な論点をも含む事案である。路上での停車の根拠、停車

位置、交通事情など、そして介在者の過失の程度などを規範的に評価して危険の現実化の有無を判断すべきである。創出された危険の典型的な結果が実現したといえる場合には帰属は肯定される。

客観的帰属論の詳細をここで展開する余裕はないが、事前判断としての危険創出連関と事後判断としての危険実現連関の類型を組み合わせ、危険判断における事実的要素と規範的要素を考慮しながら、帰属判断を行うべきである。基本的には、創出された危険に別の因果力因子が介入する類型は、まず、創出された危険の類型に応じて、①結果発生に対する直接的危険を創出する**直接的危険創出類型**と②その創出された直接的危険がある程度平常化・平準化したが危険がなお継続する**間接的危険創出類型**および③危険な状況は創出されたが、外部から誘発された因果力なくしてはもともと結果の発生はないような**状況的危険創出類型**とに分類できる。

このような創出された危険の類型に、それに誘発されたり、または別個の因果系列から物理的なまたは他人の行為などが介入したりして結果の発生に至った場合に、どのような基準で危険実現連関が認められるかが、危険実現連関の判断の問題である。

まず、**直接的危険創出類型**において、介在事情が、新たな因果系列が開始されたとはいえない危険の軽微な修正をもたらしたにすぎない場合には、たとえ第三者の故意行為が介入したとしても、危険実現連関は肯定される。三重県の飯場における暴行によって致命傷が与えられたが、大阪南港の資材置場まで運ばれ、そこで資材によって第三者に殴られた可能性があって、被害者が死亡したといういわゆる**大阪南港事件** (**資材置場事件**) (最決平2・11・20刑集44・8・837＝百選Ⅰ-10) につき、「犯人の暴行により被害者の死因となった傷害が形成された」として、「因果関係」を肯定したが、危険実現連関の思想を用いても、創出された直接的危険が介在した危険を圧倒する場合であり、これを肯定できる。

次に、**間接的危険創出類型**ないし**状況的危険創出類型**においては、介在事情が、その創出された危険にどのように「誘発」されたのか、「別の因果系列」に由来するのかが検討されなければならない。とくに重要なのは、人 (第三者・被害者・行為者自身) の**不合理な行為の介入**する事案である。例えば、

長時間にわたって激しい暴行を受け、逃げ出したが、極度の恐怖心を抱き追跡を逃れるため、危険を賭して高速道路に入って横断しようとして車にはねられ死亡したという**高速道路逃走事件**（最決平15・7・16刑集57・7・950＝百選Ⅰ-13）では、暴行の死亡に至る直接的危険は間接的危険に転化しているが、追跡の危険はいまだ継続しており、高速道路を横断するという被害者の不合理な行動が創出された危険を中断するわけではない。高速道路の追越車線上でまだ夜明け前の早朝にトレーラーを停車させ、運転手を運転席から引きずり出し、暴行を加えて、キーをとられまいと隠した運転手がそのキーを探しているうちに、乗用車が追突して、それに乗っていた者が死亡したという高速道路停車事件（最決平16・10・19刑集58・7・645）においても、トレーラーの運転手および追突車の運転者の過失があるとしても、停車させた行為者の創出した危険は、完全に平常化しておらず追突の危険を内部的に誘発しているから、危険は実現している。また、いわゆる**夜間潜水事件**では、スキューバダイビングの潜水指導者が、夜間潜水の講習訓練中に水中でパニックに陥った受講生を死亡させた事案につき、指導者が受講生から離れ、同人らを見失った行為は、それ自体が、適切な措置を講じることができないおそれがあった被害者を溺死させる「結果を引き起こしかねない危険性」をもつものであり、被害者に適切を欠く行動があったとしても、因果関係を肯定できるとする（最決平4・12・17刑集46・9・683＝百選Ⅰ-12）。

　さらに、状況的危険に**誘発**された介入行為が行われる類型に属する事例には、過失で傷害を負わせた後、発覚するのを恐れて故意で殺害した事案も含められる。判例には、人を熊と間違えて同人目がけて銃弾を発射した過失により、同人に銃創を負わせた後、さらにその銃創により苦悶していた同人を確認するや、その至近距離から銃弾を発射して同人を死亡させた事案につき、業務上過失傷害罪と殺人罪の併合罪を認めたものがある（最決昭53・3・22刑集32・2・381＝百選Ⅰ-14）。しかし、この類型では、発覚の隠蔽の動機が本人の過失行為から誘発されているので、死亡に対して過失行為の危険実現が肯定されるとも考える余地がある。

　創出された間接的危険や状況的危険が、準平常化し、そこに**新たな因果系列の開始**とみられるような人の危険を意識した**意識的な自己危殆化行為の介**

在があった場合には、危険実現連関は否定される。例えば、放火された家に取り残された弟を救助するために、兄が危険を顧みず、燃え盛る家に飛び込んで弟を助けようとしたところ、弟は助かったが、兄が煙に巻かれて死亡したという事例では、兄は、もともと自らの生命の危険はまったくなかったにもかかわらず、意識的に自己危殆化行為を行ったのであるから、放火者は、この死亡に対しては責任を負わない。ガス自殺者が、室内に目張りをしてガス自殺を図ったが、救出に来た訓練を受け、法的に救助の義務を負った警察官が、室内で不注意にも蛍光灯のヒモを引いたためにガスが引火爆発して、同僚警察官等が負傷したという場合（名古屋地判昭56・6・30刑月13・6＝7・467）も、警察官の危険行為が、ガス自殺者の創出した危険の範囲を限界づけるのであり、危険は実現していないというべきである。

　さらに、過失犯において、被害者が自ら危険を引き受け、**危険に対して同意**していた場合にも、危険実現が否定される場合がある。**ダートトライアル事件**がその例である。事案は、ダートトライアル競技の練習走行に同乗した者が、ダートトライアルの危険性について知識を有していた場合に、運転者の過失により防護柵に車を衝突させたことによって死亡したというものである。判例は、危険を自己の危険として引き受けたとし、危険が現実化した事態については社会相当性を欠くものではなく違法性の阻却を認める余地があるとした（千葉地判平7・12・13判時1565・144＝百選Ⅰ–59）。しかし、被害者が危険を引き受けた（＝危険引受け原理）とき、なぜ社会相当で違法性が阻却されるのか、理論的に合理的に説明できない。ここでは、違法性の阻却や社会相当性が問題なのではなく、被害者の危険の引受け（自己を危殆化する行為）によって、その結果に行為者の創出した危険が実現したとは言えないのであって、客観的帰属における危険実現連関が否定されるのである。

　最近の判例は、「**危険の現実化**」という文言を用いて因果関係の有無を判断しているものが多い（最決平24・2・8刑集66・4・200、長野地松本支判平14・4・1刑集57・7・973〔＝前掲高速道路逃走事件の第1審〕、東京高判平15・5・26刑集58・7・670〔＝前掲高速道路停車事件の控訴審〕など）。これを「**危険現実化論**」と呼ぶことにする。その後の下級審判例でも、「危険の現実化」基準は、唯一・直接の原因でなくてよいという基準、ないし経験上通常かどうかといった基準に

代えて、多く用いられている（例えば、東京高判平27・5・29判時2296・141、大阪地判平29・3・1判時2355・111など）。これは、類型毎の明確な下位基準を示してはいないが、大枠として客観的帰属論の危険実現判断を用いたものと解釈することができる。

　客観的帰属論は、従来の相当因果関係論を超える射程をもつ。それは、とくに、過失構成要件該当性の判断において果たす役割である。それは、新過失論の過失犯の理論構成に代わるものである。以下で、詳しく解説しよう。

③　過失構成要件論

> 　犯罪が成立するには、客観的構成要件に該当するだけではなく、犯罪の故意がなければならない。しかし、故意がなくても、例外的に、過失があれば処罰する規定が置かれている。その過失犯の場合にも、結果が客観的に行為に帰属できなければ、過失構成要件に該当しない。従来の新過失犯論でいわれた「客観的注意義務違反」とは、実は、帰属論でいう「危険創出連関」を意味するにすぎず、さらに「危険実現連関」が判例のいう「過失の因果関係」の意味ではないのかが重要である。

1. 過失の意義

　過失犯は、**故意犯処罰を原則とする**刑法においては「法律に特別の規定がある場合」に**例外的に処罰**される（38条1項但し書）（最決昭57・4・2刑集36・4・503）。刑法では、過失致死罪（210条）、過失傷害罪（209条）のほか、失火罪（116条）、過失往来危険罪（129条）などの特別の規定がある。

　過失とは、一般に、不注意、つまり、**注意義務違反**をいう。注意義務違反は、結果予見義務と結果回避義務からなる。**結果予見義務**は、結果予見可能性を前提にし、**結果回避義務**は、結果回避可能性を前提にする。過失犯においては、予見や回避が可能であるにもかかわらず、漫然と注意力を散漫にして、**意思の緊張を欠いた**がゆえに結果を予見し回避する義務を怠り、結果の発生をみたことが非難されるのである。意思を緊張させていれば予見可能であったという結果予見可能性の判断は、行為者の**「内面的心理状態」**（主観）

に着目するものであり、結果回避可能性の判断は、結果の発生を回避するには現実的には回避行動をとらなければ回避できないので、**「外部的行為」**（客観）に着目するものである。

　このような結果予見可能性・回避可能性の判断基準として、行為者本人を標準にする（本人標準説）か、平均人を標準にする（平均人標準説）かによって見解が分かれる。前者は**主観的過失**と呼ばれ、後者は**客観的過失**と呼ばれる。最近では、後述するように、この両者を構成要件論ないし違法論と責任論とで二重に認める**二重の過失論**が有力である。

　なお、過失犯の構成要件には、「業務上過失」が構成要件要素とされている場合がある。業務上過失致死傷罪（211条前段）や業務上失火罪（117条の2前段）がそうである。「業務」とは、一般に一定の社会的地位にもとづいて反復継続して行われる人の活動であるが、「人の生命・身体の危険を防止することを義務内容とする業務」（最決昭60・10・21刑集39・6・362＝百選Ⅰ-60）に就いている者には特に重い注意義務が課される。業務上過失とは、危険防止に対する特に重い注意義務違反をいい、通常の過失に比べて加重処罰される。なお、業務にあたらない過失犯の加重構成要件として、「重過失」致死傷罪（211条後段）や「重過失」失火罪（117条の2後段）がある。

2.　過失犯理論

　過失犯の理論においては、旧過失犯論、新過失犯論、危惧感説、修正旧過失犯論の対立がある。**旧過失犯論**は、過失の犯罪体系上の地位を**責任**にあるものとする。過失とは、意思の緊張の欠如であり、結果予見可能性が中心で、それがあれば予見義務が生じ、さらに、回避可能性があれば回避義務も生じ、それらの違反によって過失責任が確定する。したがって、本説からは、過失構成要件該当性は、過失の有無と無関係に決定される。これに対して、**新過失犯論**は、**交通事故**の多発を背景に唱えられ、過失の体系的地位を構成要件（違法性）にもあるとし、客観的過失は、**「社会生活上必要な注意」**に違反するかどうかで決定されるとする。それは、行為者の内面的な意思の緊張とはひとまず切り離された**客観的義務違反**であり、例えば、交通法規上の規定に反して赤信号であるにもかかわらず、交差点に進入し、事故を起こ

して他人を死傷させた場合には、その交通法規違反は、通例、社会生活上必要な注意である。したがって、それに違反して回避行動をとらなかった点に客観的過失がある。その結果はもちろん予見可能なものでなければならないが、回避義務、つまり、**外部的行為**がまず問題とされる点で、旧過失犯論と異なる。**危惧感説**は、公害事故、都市災害事故などの**現代型過失**の登場を背景に唱えられ、新過失犯論を推し進めたものである（新々過失犯論）が、その特徴は、結果予見可能性の概念を極度に薄めて、何事かは特定できないが発生することが絶無であるといえない程度の危惧感・不安感があれば予見可能性は肯定されるとし、交通法規違反等の行為準則を守らず、客観的に**落度のある行為**が行われれば過失があるとした点にある。これに対して、責任主義を空洞化する等の強い批判があり、現在は極めて少数説である。これらに対する批判として、過失の体系的地位を責任に置きながら、構成要件段階での過失限定を企て、過失を「**実質的で許されない危険**」であるとした**修正旧過失犯論**も唱えられたが、それを推し進めると、次のようにいうことができよう。

　修正旧過失犯論では、結局、実質的で許されない危険の判断とは、危険創出判断と危険実現判断の総体である。また、新過失犯論で、社会生活上必要な注意義務違反として客観的過失と呼ばれたものは、危険創出判断を意味していたにすぎないのか、危険実現判断をも含んでいたのかというところの理解の差によって、予見可能性概念の理解の広狭が生じたのである。

【旧過失犯論】

結果予見可能性（結果予見義務）
結果回避可能性（結果回避義務）　→　因果関係　→　結果

【帰属論による修正旧過失犯論】

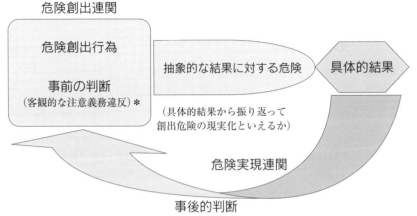

(＊新過失犯論にいう「社会生活上必要な注意」ないし「行為準則違反」)

　旧過失犯論は、予見可能性の概念によって過失犯処罰の限定を図ろうとするが、その予見可能性の概念自体が伸縮性のある概念であり、その概念内容のみならず認定方法も具体的な分析が十分とはいえなかった。自車の後部荷台にひそかに乗っていたAとBに気づかず運転していた者が制限時速に反して走行中、対向車を認めて狼狽し衝突を避けようとしてハンドル操作を誤り、荷台の二人を死亡させた事案においては、荷台に乗車している事実を認識していなかったとしても、予見可能性があるとした（最決平元・3・14刑集43・3・262＝百選Ⅰ-52）。生駒トンネル火災事件においても、近鉄線生駒トンネル内のケーブルの接続工事に際し、接地銅版を付けるのを怠ったため、誘起電流が大地に流れず、長期間にわたって分岐接続器に流れて、炭化導電路を形成し、火災を発生させたため、トンネル内を通行中の乗客らが火災によって発生した有毒ガスを吸引し、1名が死亡し、42名が傷害を負ったという事案に対し、第1審は、**因果経過の基本的部分の予見可能性**が必要だとして、本件においてそれを否定したのに対し、第2審および最高裁は、これを肯定した（最決平12・12・20刑集54・9・1095＝百選Ⅰ-53）。

　客観的帰属論によって、過失犯を説明すると、まず、行為時の**事前の立場**からは、例えば、黄色点滅信号を無視して徐行せずに交差点に進入する行為

は、死亡という抽象的結果に対して危険創出行為である。しかし、結果が発生した時点での**事後の立場**からは、その創出された危険が、具体的な当該結果の発生へと実現しなかった場合、危険実現連関が否定される。例えば、前例で、被害車両が猛スピードで疾走してきたので、徐行していたとしても結果を回避できなかったという場合、交通信号無視による抽象的結果に対する危険創出はあったけれども、事後的には、許された行為である徐行を行っていたとしても、同じ結果が発生していたのであるから、その危険創出は、発生した結果に実現しておらず、危険実現連関は否定される。ここでは、客観的過失の概念は必要ではない。もちろん、これを規範的観点（**規範の保護目的の観点**）から説明することもできる。交差点での事故を回避するための交通信号を守るという客観的注意義務は、この事件については、注意義務違反がなくても、同じ結果が発生したのであるから、結果の発生を防止するという目的を果たしてはいない。結局、過失犯論は、客観的帰属論に解消され、注意義務違反という危険創出に加えて、その注意義務違反が結果に実現したかどうかが、なお危険実現連関として問われるべきなのである。

　ここで掲げた事例の参考とした**最高裁の事案**を挙げてもう少し詳しくみておこう。自動車を運転していた被告人が、交差点に進入する際に徐行義務に反し、時速30キロメートルほどの速度で進行を続けたが、そこへ、被害者が酒気を帯び制限時速である時速30キロメートルを大幅に超える時速約70キロメートルで、赤色信号機が点滅しているにもかかわらずそのまま進入してきた。その際、被告人は、自車を被害者の乗用車と衝突させ、その乗用車の同乗者を死亡させた。最高裁は、この事案に対し、「被告人が時速10ないし15キロメートルに減速して交差点内に進入していたとしても…衝突を回避することができたものと断定することは、困難である」として、無罪を言い渡した（最判平15・1・24判時1806・157＝百選Ⅰ-7）。この判例は、**結果回避可能性**を否定したものと解されている。ここでは、客観的過失としての客観的結果回避義務違反が否定されていると考えられる。判例の中には、過失（義務違反）と結果の「因果関係」の問題とするものもある（大判昭4・4・11新聞3006・15、東京高判昭45・5・6高刑集23・2・374）。これらは、結果が発生したあとで、その具体的結果が徐行義務違反という注意義務違反に依拠せず、危険創出行為で

ある注意義務違反が事後的に結果に実現しなかったといっているのである。

　この注意義務を守っていたとしても結果が発生していたであろうという場合に危険実現を否定する分野を、とくに、**危険増加連関**の分野と特徴づけることができる。前例においては、事前的には危険を創出したとみられる注意義務違反は、事後的には、注意義務違反がなくても結果は発生していたのであるから、その違反によって注意義務を守っていた場合に比べてその具体的結果発生の危険を高めているわけではない。事前の形式的には許されない危険な違反行為は、事後的・実質的には、その**許されない危険を高め、許された危険以上に増加させる**ことはなかった。許されない危険創出を、許された危険以上に実質的に増加させない場合には、危険増加が否定され、実現連関が否定される。これは、危険実現連関の一分野であり、これをとくに危険増加連関の分野というのである。

　一般に、修正旧過失犯論を前提にし、客観的帰属論によって過失の帰属を検討すると、予見可能性の問題と思われたものは、とくに、危険実現連関の判断に置き換えることができる。過失犯における危険実現の判断の基準は、故意犯と同様に事後の因果系列にどのような事情が介在したか、創出された危険が準平常化したか否かなどによって、あるいは、被害者の危険引き受けがあり、自己危殆化行為として危険実現が否定されるかなどによって類型化される（千葉地判平7・12・13判時1565・144＝百選Ⅰ-59）。

3. 信頼の原則・管理監督過失・製造物過失

(1) 信頼の原則

　交通の発達とともに激増した交通事故は、過失犯理論において新過失犯論を生み出し、死傷の結果が発生しても、**「許された危険」**として過失犯が成立しない場合があることを理論的に説明する必要が生じた。結果が発生したとしても、相手方の予見できないような違法異常な行動によってそれが発生した場合には、相手方の適法な行為を信頼して行動すれば過失責任を負わず、違法な行為ともいえないとするのが、**信頼の原則**である。昭和30年代から下級審の判例によって、この原則が採用され、昭和41年には、最高裁によって認められた（最判昭41・12・20刑集20・10・1212）。その後、行為者自身に道

交法違反がある場合にも、その違反と結果の発生に一定の関係のない限り、信頼の原則は適用されるとして、**クリーンハンドの原則**を否定した（最判昭42・10・13刑集21・8・1097＝百選Ⅰ-54）。信頼の原則は、加害者が被害者の適法な行動を信頼してよいかという問題（**個人モデルの信頼の原則**）のみならず、共同作業に従事する加害者間相互で相手方の適法な行為を信頼してよいかという問題（**複数人モデルの信頼の原則**）にも用いられるようになった（北大電気メス事件＝札幌高判昭51・3・18高刑集29・1・78＝百選Ⅰ-51）。

　北大電気メス事件では、チーム医療として、執刀医、麻酔医、看護師のチームで、電気メスを使った子供の手術の際に、看護師が電気メスの電極を誤接続したため、子供の脚につけた対極板に電気抵抗が起き、やけどを負わせた事案における執刀医の過失責任が問題になったが、判例は、執刀医は、看護師の適切な行動である正常な接続を信頼して行為したのだから、過失はないとした。執刀医には、チームの長としての監督責任はないとしたのである。その後、**さいたま医科大学事件**において、最高裁は、有効な治療方法が確立していない治療行為につき、主治医を監督する立場にある科長に、主治医に対する事前指導を含む注意義務を肯定した（最決平17・11・15刑集59・9・1558＝百選Ⅰ-55）。

(2)　管理監督過失

　管理監督過失論は、直接の行為者のみならず、その行為者の行為を監督する立場の者にも過失責任を負わせる根拠に関する理論である。**監督責任**は、人の選任・監督に関する責任であり、人の行為に対するコントロールの責任をいうが、これに加えて、物・動物や施設・設備ないし組織の危険に対する**管理責任**も、危険源からの危険の発生を防止する義務が問題とされる点で、同じく取り扱われる。

　管理監督過失は、大規模火災や公害・薬害事故、都市災害などの**現代型の過失事故**において経営のトップの過失責任を問う際に問題となる。最高裁には、**大規模火災事故**の過失犯の成立について、消防法（8条1項）上の**管理権原者**や**防火管理者**の責任が問われた事案に関する判例（札幌高判昭56・1・22刑月13・1＝2・12、最決平2・11・16刑集44・8・744、最決平2・11・29刑集44・8・871、最決平3・11・14刑集45・8・221、最決平5・11・25刑集47・9・242＝百選Ⅰ-58）があ

る。さらに、経営のトップの業務上過失責任が問題となった事案として、**福知山線脱線事故**強制起訴事件がある。最高裁は、同事故以前の法令上、曲線に自動列車停止装置（ATS）を整備する義務は認められず、大半の鉄道事業者は曲線にATSを整備していなかったなどとして、歴代社長には、本件曲線を脱線転覆事故発生の危険性が高い曲線として認識できたとは認められず、鉄道本部長に対しATSを本件曲線に整備するよう指示すべき業務上の注意義務があったとはいえないとした（最決平29・6・12刑集71・5・315＝百選 I –57）。

管理監督過失においては、例えば、実際に防火設備の不備な施設において火災が発生するなどの具体的な危険状態が発生した後の、施設の管理者たる防火管理者の適切な誘導・消火作業の過失（具体的危険状態における管理監督責任）ではなく、そのような不備で危険な設備の使用自体の危険性（危険状況創出に対する管理監督責任）が問題になることが多い。**ホテルニュージャパン事件**では、管理権原者が、消防署から指導を受けながら防火シャッターをつけずにホテルを営業していたところ、客の寝たばこにより、ホテル内に煙が充満し他の宿泊客等が一酸化炭素中毒死したといった場合のホテルの経営者たる管理権原者の管理監督過失が問われた（前掲百選 I –58）。これは、施設・設備・組織における**安全システム**の不備に関する過失であり、**安全体制確立義務違反**といわれることがある。

(3) 製造物過失

瑕疵のある製造物の製造・販売によって死傷事故が発生した場合の過失を製造物過失という。わが国の**薬害エイズ刑事事件**も、製造物過失の事例である。この事件では、HIVに汚染された非加熱濃縮血液凝固因子製剤を患者に投与して死亡させた大学病附属院の医師（帝京大ルート）、その非加熱製剤を販売した製薬会社の社長・副社長・専務（ミドリ十字ルート）および監督官庁たる厚生省生物製剤課長（厚生省ルート）につきそれぞれ業務上過失致死罪の成否が問われた。その結果、医師には予見可能性がなかったとして業務上過失致死罪の成立が否定され（東京地判平13・3・28判時1763・17）、製薬会社社長・副社長・専務のそれは肯定された（大阪地判平12・2・24判時1728・163）。その販売を中止・回収させ、投与を控えさせる行政上の監督義務を負った厚生省の生物製剤課長の過失については、第1審・2審では、二人の被害者に関

する二件のうち、エイズに対する認識に進展があった後の時期に、止血剤の投与を受けた患者が死亡した件につき、予見可能性・回避可能性を認め、過失責任が肯定された（東京地判平13・9・28刑集62・4・791、東京高判平17・3・25刑集62・4・1187）。最高裁も、この件につき、被告人は「厚生省における同製剤に係るエイズ対策に関して中心的な立場にあったものであり、厚生大臣を補佐して、薬品による危害の防止という薬務行政を一体的に遂行すべき立場にあったのであるから、被告人には、必要に応じて他の部局等と協議して所要の措置を採ることを促すことを含め、薬務行政上必要かつ十分な対応を図るべき義務があった」として、過失責任を肯定した（最決平20・3・3刑集62・4・567＝百選Ⅰ-56）。

　欠陥自動車の人身事故に対する自動車メーカーの製造物過失が問われた判例もある。**三菱自動車の一連の欠陥車問題**について、横浜簡裁で、大型車のタイヤ脱落の原因とみられるタイヤと車軸をつなぐハブの欠陥をめぐる虚偽報告事件につきデータの隠ぺいは認めたものの、三菱自動車、同元会長ら元役員3名に無罪を言い渡した（横浜簡判平18・12・13判時2028・159）が、検察側は控訴し東京高裁は一転して有罪とした（東京高判平20・7・15判時2028・145）。同じく、三菱自工社製の走行中のトラックのハブが輪切り破損し、脱落した重量130キログラムものタイヤが路上の歩行者らに激突して、歩行者らを死傷させた事案で、同社で品質保証業務を担当していた者において、同種ハブを装備した車両につきリコール等の改善措置の実施のために必要な措置を採るべき業務上の注意義務があったとされ、注意義務違反と結果との因果関係を認め、**「危険の現実化」** を認めて因果関係を肯定した最高裁判例がある（最決平24・2・8刑集66・4・200〔反対意見あり〕）。

　製造物過失においては、①製品の設計、②製造過程における欠陥製品の製造、③その製品の販売、④その欠陥を知った後の製造・販売の中止、⑤その製品の回収のそれぞれの段階における過失が問題となる。ここでもそれぞれの段階における意思決定の責任者は誰か、合議体における意思決定、ないし指揮命令系統において誰がどのような責任を負うかの特定基準が理論的に問題となる。欠陥車の死傷事故のように、例えば、運転者の乱暴な運転のような人の行為が介在している場合の被害者の死傷結果の予見可能性ないし客観

的帰属をどのような基準で判断するかについても分析しなければならないで
あろう。

第6講

故意論・錯誤論

第6講へのアクセス

【Q1】故意の認識対象は何だろうか。被告人が、性的描写があることを知りつつも、わいせつ文書でないと信じて文書の翻訳出版をした事案において、わいせつ文書販売罪（現・わいせつ文書頒布罪）の故意を認めるためには、どのような認識が必要とされるか考えてみよう。

【Q2】未必の故意とは何だろうか。被告人が、盗品である衣類を買い受けたことが贓物故買罪（現・有償盗品譲受罪）に問われた事案において、被告人が買受け時に当該衣類が盗品であることを確定的には知らなかった場合、どの程度の認識と認容があれば、未必の故意は認められるだろうか（最判昭23・3・16刑集2・3・227＝百選Ⅰ-41参照）。

【Q3】具体的事実の錯誤の事例において、具体的符合説と法定的符合説のどちらの説が適当かを考えてみよう。被告人が、Aからけん銃を強取する目的で、Aを狙って背後約1メートルからびょう打銃のびょうを発射したところ、Aの身体を貫通し、約30メートル前方にいたBにも命中させ、両名に重傷を負わせた場合、AとBそれぞれに対し、何罪が成立するだろうか。故意の個数にも着目して考えてみよう（最判昭53・7・28刑集32・5・1068＝百選Ⅰ-42参照）。

【Q4】抽象的事実の錯誤とは何か。被告人が、法定の除外事由がないのに、覚醒剤を含有する粉末を麻薬であるコカインと誤認して所持していた事案において、客観的に所持していたものは覚醒剤であるにもかかわらず、覚醒剤所持罪ではなく麻薬所持罪を成立させることはできるだろうか（最決昭61・6・9刑集40・4・269＝百選Ⅰ-43参照）。

① 故意論

> 故意とは、罪を犯す意思である。それは、事実の認識と結果発生の意欲である。事実とは、構成要件要素にあたる事実のほか、正当化の前提となる事実も含む。違法性の意識（の可能性）については、故意の対象かどうかにつき争いがある。未必の故意と認識ある過失をどのように区別するかも重要な論点である。

1. 故意の意義

刑法38条1項は、「罪を犯す意思がない行為は、罰しない」と規定する。この**「罪を犯す意思」**が故意である。そこで、罪を犯す意思とは何かが問題となる。故意は、知的要素と意欲的要素からなるが、どちらに重点を置くかで定義が変化しうる。いずれにせよ、罪であることを認識し、または（かつ）それを犯すことを意欲している心理状態をいう。これをもっと厳密に定義していく必要がある。まず、罪の認識とは、構成要件要素にあたる事実を認識することを意味することは疑いない。例えば、「人を殺す」という事実を認識していることが必要である。しかし、構成要件上用いられている概念を詳細に知らなくても、それが明らかに除外されるといった事情を知っているのでなければ、故意は否定されない。例えば、構成要件要素に「覚醒剤」の密輸入・所持を禁止すると書かれているが、薬物に詳しくなく、それが、「アヘン」か「覚醒剤」かを確定的に知らなくても、覚醒剤を含む「身体に有害で違法な薬物類であるとの認識」があれば、覚醒剤かもしれないとの認識はあったことになり、故意は肯定される（最決平2・2・9判時1341・157＝百選Ⅰ-40）。さらに「罪」であること、すなわち、それが「違法な行為であること」（違法性）を認識している必要があるかどうかが問題である。このように、故意の認識対象が何なのかがまず問われなければならない。次に、故意とは、「認識」ないし「表象」があればいいのか、それとも一定の結果を実現したいという「意欲」ないし「意思」が必要なのであろうか。さらに、故意は、主観的な心理状態であるから、従来、責任の要素とされてきたが、構成要件に位置づけることはできるのであろうか。また、故意は、**違法性を加重する**

機能をもつのであろうか。

2. 故意の体系的地位

　故意は、主観的要素であるから、責任に位置づけられるというのが、古典的な考え方である。しかし、1960年代以降、目的的行為論の立場から、行為の本質は目的的行為であり、行為を導くものは目的であるとされ、構成要件該当行為においても、違法と評価される行為においても、主観的要素である「目的」、すなわち、「故意」は不可欠の要素であると考えられるようになり、構成要件においても違法性においても故意は重要な役割を果たすとされるようになった。故意は、**主観的構成要件要素**であり、また、**主観的違法要素で**もあると認識されるようになった。故意が違法性に影響を及ぼすかどうか、すなわち主観的違法要素かどうかについては争いがある。しかし、構成要件該当性を判断する際に大きな意味をもつことは、故意が違法性を基礎づけたり加重したりする主観的違法要素の考え方に反対する立場からも支持されている。

　このようにして、故意は、①責任の要素であるという古典的な立場と、②故意は主観的違法要素であって、違法論ないし構成要件論に位置づけられるという見解、さらに、③主観的違法要素ではないが、どの構成要件にあてはまるかを決定する重要な要素であり構成要件要素であるとする見解が基本的に対立している。

　故意の認識対象について、それが構成要件事実に関する認識であるとする見解は、構成要件的故意のみを認めることで足りるが、構成要件の次に位置づけられる違法性阻却事由に関する事実については、前の段階の構成要件的故意の認識対象とはできないという問題がある。そこで、故意の体系的地位を構成要件のみならず、責任にも残し、**二重の故意**を求める見解も有力である。「違法性」そのものについては、故意の認識対象かどうかは、学説によって分かれる。

3. 事実の認識・違法性の認識

　故意の認識対象は、規範的構成要件要素をも含む（最大判昭32・3・13刑集

11・3・997＝百選Ⅰ-47）構成要件的事実（人、財物等）のみならず、通説による
と、違法性阻却事由の事実的前提（例えば、正当防衛における「急迫不正の侵害」
という事実）も含む。しかし、違法性阻却事由の事実的前提については、こ
れを故意の対象ではないとする見解も唱えられている。この説は、違法性阻
却事由に関する事実は、違法性に関する事実であって、故意の対象ではな
く、故意とは区別され責任に位置づけられる「違法性の意識」の問題である
とする。

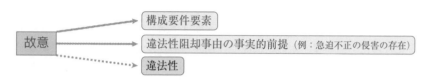

構成要件要素

故意 ── 違法性阻却事由の事実的前提（例：急迫不正の侵害の存在）

違法性

　違法性の意識とは、行為者が自らの行為が違法であることの認識をいう。
例えば、窃盗犯人が、窃盗を違法で悪い行為だと意識していなければ、故意
があるとはいえないのか。故意の存在は、窃盗行為を行っているとは思って
いるので、否定できないが、それとは独立の責任要素としての違法性の意識
の可能性がないので処罰されないと考えるかについて争いがある。**違法性の
意識の可能性**とは、違法性の意識を現実にはもっていないが、もつ可能性が
あることをいう。
　故意と違法性の意識（の可能性）については、基本的に、違法性の意識（の
可能性）は故意に含まれるという**故意説**と、違法性の意識の可能性はそれと
は別個の責任の要素であるとする**責任説**とが対立する。故意説にも、違法性
の意識自体が必要だとする**厳格故意説**と、その可能性があれば故意があると
する**制限故意説**が対立している。責任説は、違法性の意識の可能性は故意の
要素ではなく、責任の要素であるとするが、その中で、違法性阻却事由の事
実的前提の認識は、故意の問題とする**制限責任説**と、それを違法性の意識の
可能性の問題とする**厳格責任説**が対立している。
　刑法は、「法律を知らなかったとしても、そのことによって、罪を犯す意
思がなかったとすることはできない。ただし、情状により、その刑を減軽す
ることができる」（38条3項）と規定する。これは、一見、違法性の意識がな

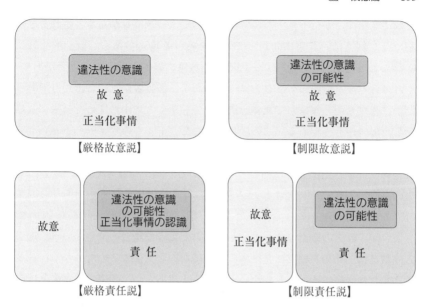

【厳格故意説】　　【制限故意説】　　【厳格責任説】　　【制限責任説】

くても故意は否定されないと規定していると読めるが、先に挙げた見解により、この解釈は異なる。違法性の意識は犯罪の成立要件としては不要であるという**違法性の意識不要論**からは、違法性の意識がなくても処罰できると読むが、厳格故意説からは、「法律を知らなかった」とは、個々の条文を知らないこと、つまり**法律の不知**をいうと解釈する。条文の存在や詳しい内容を知らなくても故意はあると規定したものと読むのである。責任説からは、違法性の意識は故意とは無関係だと規定するものと解釈する。

　故意と違法性の意識の区別の問題は、事実の錯誤と法律の錯誤の問題として後に論じる（☞8講3-4）。

4.　故意の種類

　故意には、犯罪の実現を確実なものとして表象する**確定的故意**と、不確実なものとして表象する**不確定的故意**がある。不確定的故意には、概括的故意、択一的故意、未必の故意、条件付き故意がある。**概括的故意**とは、一定の範囲内の客体のどれかに結果が発生することは確実であるが、その個数や

どれに発生するかは不確実な場合でもすべてにつき故意があるとされる場合をいう。例えば、群衆に向かって爆弾を投げる場合である。概括的故意には、これと区別して**ウェーバーの概括的故意の事例**と呼ばれる場合がある。それは、バットで段って撲殺しようとしたが、被害者が気絶しただけであったのに死亡したと誤信して死体を遺棄して隠そうと地中に埋めた結果、窒息死した場合がそうである。この場合、かつて、ドイツのウェーバーという実務家が第1行為の殺人の故意による行為は第2の過失行為の死体遺棄の故意も含めて「概括的故意」があると考えたことから、これをそのように呼ぶ。この場合の問題点は、発生した結果が第1行為に帰属されるかであり、因果経過の錯誤が問題（☞後述2-4）となる。**択一的故意**とは、AとBのいずれでもよいが、片方のみを殺害しようとしていたような場合の故意をいう。**未必の故意**とは、結果が確実に発生すると認識ないし意欲するのではなく、ひょっとすれば発生するかもしれないという表象はあるが、**認識ある過失**とはいえないものをいう（最判昭23・3・16刑集2・3・227＝百選Ⅰ-41）。**未必の故意と認識ある過失との区別**が重要であるが、ここで故意の本質について、主観的要素のうち**知的要素**と**意欲的要素**のどちらを重視するかにより、見解が分かれる。かつては、知的要素を重視する**表象説**と意欲的要素を重視する**意思説**が対立していた。現在では、この対立は、結果発生の蓋然性の程度の認識により故意の有無を決める**蓋然性説**と、結果の発生を認識し認容したかを基準にして故意の有無を決定する**認容説**の対立に変化した。蓋然性説によると、結果が発生する確率が高いと表象していれば故意があり、認容説によれば、結果が発生するかもしれないが、発生したとしても仕方がない (**消極的認容**)、あるいは構わない (**積極的認容**) と思ったとき、故意がある。判例（前掲百選Ⅰ-41）は、認容説によっている。**条件付き故意**とは、行為を一定の条件に係らせる場合をいう。AとBが強盗を計画し、Aのみが実行に出ることにしたいわゆる共謀共同正犯の事例において、Bが、Aとの共謀において、もし被害者が抵抗したら殺害しようと共謀していたとき、抵抗があったので、Aが被害者を殺害したとすると、Bは、強盗殺人罪に関する条件付き故意をもつ。

② 錯誤論

> 錯誤とは、認識と事実の齟齬であるが、重要な錯誤があれば故意がなくなる。どのような場合に故意が阻却されるのであろうか。事実の錯誤にも、①具体的事実の錯誤、②抽象的事実の錯誤、③因果経過の錯誤等があり、それぞれの場合に、故意が認められるのかが問題である。Xを殺害しようとして、Yを殺した場合が①、犬を殺そうとして人を殺してしまった場合が②、橋から突き落として溺死させようとしたが、被害者が橋桁に頭をぶつけて死んだ場合が③の例である。

1. 錯誤論の意義

　錯誤とは、**認識・表象と事実との齟齬**をいう。重要な事実について錯誤がある場合、故意はなくなる。例えば、「犬」を殺そうと思って、「犬」に向かってけん銃を発射したところ、それは「犬」ではなく、「人」だったという場合、「人」を殺そうという意思はないので、殺人の故意は否定される。錯誤がある場合には故意がなくなることがあるが、それはどのような場合かというのが、錯誤論の論点である。

　このようにして、錯誤論は、故意論の裏面である。錯誤は、構成要件要素の認識を誤った**構成要件的事実の錯誤**のみではなく、急迫不正の侵害がなかったにもかかわらず、あると誤信したような**違法性阻却事由の事実的前提に対する錯誤**も、違法な行為なのに正当だと誤信した**違法性の錯誤**もありうる。違法性の錯誤については、前述の故意説を採らない限り、その錯誤が故意を阻却することはないのは当然である。

2. 具体的事実の錯誤

　構成要件的錯誤には、**具体的事実の錯誤**と**抽象的事実の錯誤**とがある。前者は、同じ構成要件内部の錯誤であり、後者は、異なった構成要件にまたがる錯誤である。例えば、Aという人を殺そうとしてBという人を殺してしまった場合、Aを殺してもBを殺してもそれぞれ故意があった場合には、殺人罪で同じ構成要件であるから、具体的事実の錯誤である。これに対して、先

に掲げた犬を殺そうと思って人を殺した場合には、故意で行ったとき、構成要件が器物損壊罪（261条）と殺人罪（199条）というように異なるから、抽象的事実の錯誤である。さらに、錯誤には、**客体の錯誤**と**方法の錯誤**の区別がある。前者は、「A」という人を「B」であると誤信して行為に出た場合であり、後者は、「A」を殺害しようとして行為に出たが、結果は「B」に発生したという場合である。例えば、そこに立っているAを殺害しようとして発砲したところ、それが実はBだったという場合が客体の錯誤であり、Aを殺害しようとして発砲したが、弾丸が逸れてBに命中して死亡させたとき、方法の錯誤である。

具体的事実の錯誤について、狙っていなかった行為客体について故意があるか阻却されるかについて、**具体的符合説**と**法定的符合説**とが対立している。前者は、狙っていた方の客体には故意が認められるが、狙っていなかった方の客体には故意がないという。後者は、狙っていなかった客体に対しても故意はあるとする。法定的符合説は、同じ構成要件の内部の錯誤の場合、AであってもBであっても法的には同じく人であるので、同じ法的価値をもった客体間の錯誤は重要ではなく、したがって、故意はなくならないというのである。これに対して、具体的符合説は、AとBとでは具体的に客体が異なり、行為者は、Aを殺そうとは思っていたが、Bを殺そうと思っていたわけではないから、Bに対しては、故意はないというのである。ただし、これは**方法の錯誤**についていえることで、**客体の錯誤**については、Bに対しても故意はあるという。なぜなら、客体の錯誤においては、Aだと思っていたところ実はそれはBだったという場合であって、もともと行為者が殺人行為を行ったのは、Bに対してであって、行為者の眼前にはもともとBしかいないのであるから、Bを狙ってBが死亡しているのであり、客体には重要な錯誤はないからである。

	法定的符合説		具体的符合説
	一故意犯説	数故意犯説	
客体の錯誤	Bに対する殺人既遂	Aに対する殺人未遂？ （不能犯？） Bに対する殺人既遂	Bに対する殺人既遂
方法の錯誤	Bに対する殺人既遂	Aに対する殺人未遂 Bに対する殺人既遂 （両者の観念的競合）	Aに対する殺人未遂 Bに対する過失致死 （両者の観念的競合）

　法定的符合説をとって、XがAを狙ったがAに当たらずBに当たってBを殺してしまった場合、Bに対する殺人罪が成立する。しかし、Aに対しては、殺人罪は成立しないのであろうか。Xの撃った弾丸がAに重傷を与え、Bを死亡させた場合、Aに対しても殺人未遂は成立しているのではないか。ここで問題となるのが、故意の個数である。もともとXの故意は一個でBに対する殺人既遂を認めるなら、Aに対しては、故意は残っていないので、Aに対しては殺人未遂罪は成立しないとする（**一故意犯説**）か、Aに対しても殺人未遂罪の成立を認める（**数故意犯説**）かが対立する。一故意犯説に対しては、AかBかいずれにどのような根拠から故意を認めるかの基準に難があり、数故意犯説に対しては、BのほかにC、D、Eなどにも結果発生の可能性があった場合、どこまで故意を認めるのかという点に問題があると批判されている。判例は、Xが、母親Aが女児Bを抱いているのに気づかずAを日本刀で背後から突き刺したが、女児Bにも刺さり、両者ともに死亡させた事案で、両者に対する殺人既遂を認めた（大判昭8・8・30刑集12・1445）。また、Xが改造銃で警察官Aを撃ったところ、弾丸が警察官の腕を貫通し、通行人Bをも負傷させた事案でも、両者に対する強盗殺人未遂罪を認め（最判昭53・7・28刑集32・5・1068＝百選Ⅰ-42）、数故意犯説に立った。

　なお、**法定的符合説**に立つと、客体が法定的に同価値であると、方法の錯誤のあらゆる場合に、行為者は規範に直面しているという理由で、故意の阻却を認めないとする見解が学生の間で流布しているので一言しておく。行為者が、例えば殺人行為に出るとき、抽象的に「人」を殺そうという故意をもっているわけではない。具体的なその「人」を殺そうとしてそれを実現する

に相当な危険をもった行為を行うのである。その相当な危険の範囲内で発生した方法の錯誤による客体の離齬は、錯誤論において同価値として扱うというのが、法定的符合説の基本的な考え方である。たしかに、行為規範としての刑法は、すべての者に「人を殺すべからず」という規範（一般的行為規範）を与えている。しかし、行為者が具体的に規範に直面するのは、行為に出ようとするとき（具体的行為規範）である。その時、行為者は、具体的に今殺そうとしている「そのAを殺すという行為」に対して、「殺すべからず」という**具体的規範**を定立しているのであり、その規範の及ぶ範囲には一定の幅があるというのである。したがって、具体的事実の錯誤の事例において、「人Aを殺そうとして」「人Bが死亡した」から「B」に対しても故意があるというのは、**行為の及ぶ相当な危険内**にBがいるときに限られるべきである。

　具体的符合説をとった場合には、前例のような方法の錯誤の事案では、Aに対する殺人未遂とBに対する過失致死罪が成立し、両罪の観念的競合（54条1項）となる。客体の錯誤の事案では、Bに対する故意が認められる。この説によれば、狙っていた客体に対しては故意が肯定され、狙っていなかった客体に対しては否定されるという明確な答えが保証される。しかし、具体的符合説に対しては、**被害者が行為者の眼前にいない場合**には、方法の錯誤か客体の錯誤かの区別が困難であるという批判がある。例えば、①XがAを暗殺しようとして翌朝Aが乗る予定の自動車に爆弾を仕掛けたが、翌朝、Aの代わりにその妻Bが乗り爆死した場合、②XがYに、「明晩、N公園のベンチに座っている40代の男Aを殺せ」と教唆したところ、Yが客体の錯誤によって、その時刻その場所に座っていた別人Bを殺害した場合等のXの錯誤が方法の錯誤か客体の錯誤かは、具体的符合説の内部でも争いがある。③甲が乙を電話で脅迫しようとし、電話を架けたが、あやまって他人丙に架けてしまったことに気づかず、そのまま丙を脅迫した場合、方法の錯誤か客体の錯誤かはどのように決めるのだろうか。この事例で、錯誤の種類を決定する時点は、**実行の着手の時点**であるとして、プッシュボタンを押す時点ではまだ予備であり、電話がつながって害悪の告知を開始した時点に脅迫罪の実行の着手があるとすると、その時点では、電話の相手を丙なのに乙と錯誤していることになり、客体の錯誤であるということができる。これを共犯のからむ

第②事例に適用すれば、正犯者Yの実行行為の時点での錯誤が重要となり、Xの錯誤も客体の錯誤となろう。しかし、具体的符合説をとる論者の中では方法の錯誤説も有力である。方法の錯誤であるとすると、Xは、Bに対する過失致死罪にしか問われず、狙われていたAに対しては、不能犯であって殺人未遂にもならないであろう。法定的符合説からは、客体の錯誤であろうが、方法の錯誤であろうが、被害者に対して故意は肯定される。

3. 抽象的事実の錯誤

　異なる構成要件にまたがる錯誤の場合には、法的評価の異なる客体間の錯誤が問題となるので、法定的符合説によれば、狙っていなかった客体に対しては、原則的に故意は阻却される。この点は、具体的事実の錯誤において具体的符合説をとる見解も、異なる構成要件にまたがる錯誤なので、同じである。したがって、人だと思ってその殺意をもって発砲したが、それが犬だったという場合（第1例）には、過失器物損壊罪は処罰されていないので、不能犯（☞9講4）にならなければ、殺人未遂罪のみが成立する。犬だと誤信して人を殺害した場合（第2例）には、器物損壊罪の未遂は処罰されないので、過失致死罪のみが成立する。これが法定的符合説の帰結である。第2例については、刑法は、「重い罪に当たるべき行為をしたのに、行為の時にその重い罪に当たることとなる事実を知らなかった者は、その重い罪によって処断することはできない」（38条2項）と規定する。

【第1例】
(主観) ┈┈┈┈┈┈┈▶ 人 (重い罪)

【第2例】（38条2項の規定）
(主観) ┈┈┈┈┈┈┈▶ 犬 (軽い罪)

(客観) ─────▶ 犬 (軽い罪)

(客観) ─────▶ 人 (重い罪)

　抽象的事実の錯誤において問題は、構成要件に**重なり合い**がある場合の処理である。単純横領罪を実行するつもりで、業務上横領を行っていた場合、単純横領の未遂（不可罰）と過失の業務上横領（不可罰）で不可罰という結論は不合理だからである。この場合、客観的に行った業務上横領は、単純横領の加重類型であり、単純横領と重なり合っている。そこで、単純横領罪も含

めて実行されていると解することも可能である。そこで、厳格な法定的符合説を修正して、「重なり合い」がある構成要件間の錯誤の場合には、軽い罪の限度で故意を肯定してもよいとされている（**構成要件的符合説**）のである。

軽い犯罪

重い犯罪

構成要件が重なり、包含関係にある場合、錯誤があっても、軽い罪の故意は阻却されない。

　問題は、どのような範囲で重なり合いが認められるかである。ここでは、通説・判例によれば、単純横領と業務上横領のような基本・派生という論理的包含関係にある場合だけではなく、**法益保護と構成要件的行為の共通性が**あり、**実質的に重なり合っていればよい**とされている。したがって、殺人罪と傷害罪のみならず、財産犯において、強盗と恐喝、詐欺と恐喝、窃盗と遺失物横領などにも実質的重なり合いが認められている。判例によれば、法定刑が同じである、覚醒剤取締法違反にあたる覚醒剤の輸入と麻薬取締法違反にあたる麻薬の輸入の間には重なり合いがある（最決昭54・3・27刑集33・2・140）。また、覚醒剤を麻薬であるコカインと誤信して所持した事案につき軽い麻薬所持罪と重い覚醒剤所持罪の「構成要件が実質的に重なり合う限度で軽い麻薬所持罪の故意が成立し同罪が成立する」（最決昭61・6・9刑集40・4・269＝百選Ⅰ-43）。

4. 因果経過の錯誤

　構成要件的事実の錯誤には、さらに、**因果経過の錯誤**ないし**因果関係の錯誤**と呼ばれる事例がある。行為客体に錯誤はないが、その侵害に至る因果経過に錯誤がある場合をいう。例えば、橋の上からXがAを殺意をもって溺死させようとして突き落としたところ、Aは、橋脚に頭をぶつけて頭蓋骨骨折により死亡したという場合には、因果経過につき表象と現実の間に離隔が生じている。この事例については、通常、この故意は、錯誤があることによって阻却されるものではないとされている。なぜなら、重大な錯誤はないからである。重大な錯誤かどうかの基準は、**相当因果関係の範囲内にある錯誤か**

どうかであるとされている。この事案では、橋の上から突き落とせば、橋脚に頭をぶつけて死亡することは相当因果関係の範囲内にあるといえる。したがって、因果経過の錯誤は重要でないということになる。しかし、例えば、Xが橋の上からAを殺意をもって突き落としたところ、Aが失神したまま川を流れていき、岸部に流れ着いたところを、YがAの首をつかんで川に沈め、殺害したという事例では、日常生活経験上予想しえない経過をたどり、一般人が予見できない事情が介在しており、相当因果関係が否定される。そうすると、錯誤は重要であるということになり、Xは、殺人未遂の責任を負うのみである。

(1)　因果経過の錯誤の意味

　この因果経過の錯誤の問題点は、相当因果関係が否定されると、錯誤は重要であるから故意が阻却されるが、故意がなくなるとはどういう意味かである。因果関係の錯誤という問題は、そもそも仮象問題であり、故意がなくなれば過失の有無を検討するということになるのであって、殺人未遂となるのは、故意が阻却されるからではなく、そもそも相当因果関係が否定されたからにほかならないという。これを**因果関係の錯誤無用論**という。これに対して、通説は、故意がなくなったが故に未遂となるのは、既遂結果については故意が否定されるが、未遂までの故意は否定されないので、未遂になると主張する。また、無用論は、既遂・未遂を決定するのは、主観的要件である故意の有無ではなく、客観的要件である相当因果関係ないし客観的帰属が肯定されるか否定されるかによるのであるから、後者が肯定されるが、故意が否定されるから未遂になるという論理は不合理であると主張するが、これに対しては、通説から、故意が否定されて未遂となる場合は存在すると反論する。例えば、相当因果関係説の客観説をとると、崖の上に立っているAを崖の上とは知らず、Xが発砲して殺害しようとけん銃を発射したところ、銃声に驚いて身をそらしたためバランスを失したAが崖から転落して死亡した場合、崖の存在は、行為時にすでに存在する事情であるから、判断資料に入れられ、相当因果関係は肯定される。しかし、因果経過については、重大な錯誤があったから、既遂の故意は否定され、未遂だというのである。

(2)　ウェーバーの概括的故意の事例

先に述べた事例、すなわち、バットで殴って撲殺しようとした（第1行為）が、被害者が気絶しただけであったのに死亡したと誤信して死体を遺棄して隠そうと地中に埋めた（第2行為）結果、窒息死したという事例がその例である（大判大12・4・30刑集2・378＝百選Ⅰ-15参照）。

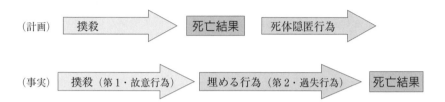

ここでは、第1行為は故意の殺人行為、第2行為は、過失致死行為である。ウェーバーの概括的故意の事例と呼ばれるゆえんは、これを殺害の故意とか死体遺棄の故意とかいった犯罪毎の特殊的故意ではなく、第1行為・第2行為を通じて「概括的故意」が認められるものとして、第2行為段階においてもこの故意を認め、全体として殺人既遂を肯定するという見解をドイツのウェーバーという19世紀初頭の実務家が唱えたからである。その後、このような故意は否定されたが、事例の名称だけは残ったのである。その後、第1行為と第2行為とを分けて、殺人未遂と過失致死罪であるという見解も唱えられたが、最近の通説は、これを因果経過の錯誤の問題ととらえる。すなわち、第2行為は、故意の第1行為に介入する過失介在行為にすぎず、第1行為が殺人の実行行為であるが、自身の過失行為が介在した場合に、それが相当因果関係の範囲内であれば錯誤は重要でなく、そうでないのであれば重要であるとするのである。殺害の後、死体を埋めて隠蔽を図るのは日常生活経験上通常であるから、通常は相当因果関係は肯定され、錯誤は重要でなく既遂であるとする。ここで、行為者が当初から死体の隠蔽を計画していたか等によって区別する見解も唱えられている。

(3)　早すぎた構成要件実現

早すぎた結果発生とも呼ばれる事例は、実行の着手（☞9講3）が肯定される事例かどうかによって、解決方法が異なる。最高裁の次の事例は、これ

にあたるのであろうか。Aは、夫のXを事故死に見せかけて殺害し生命保険金を詐取しようと考え、被告人Bに殺害の実行を依頼し、Bがこれを引き受け、その仲間（「実行犯３名」）に実行させようとした。Bは、３名に指示し、３名は、計画どおり、多量のクロロホルムを染み込ませてあるタオルをXの鼻口部に押し当て、クロロホルムの吸引を続けさせてXを昏倒させた（「第１行為」）。これによって、Xは死亡した可能性がある。その後、３名は、Xを約２キロメートル離れた工業港まで運び、Bを呼び寄せた上でXを海中に転落させることとした。その約２時間後、Bおよび実行犯３名は、XをX使用車の運転席に運び入れた上、同車を岸壁から海中に転落させて沈めた（「第２行為」）（最決平16・3・22刑集58・3・187＝百選Ⅰ–64）。これを**クロロホルム事件**と呼ぶ。

　最高裁は、この事案につき、「被告人B及び実行犯３名は、第１行為自体によってXが死亡する可能性があるとの認識を有していなかった。しかし、**客観的**にみれば、第１行為は、人を死に至らしめる危険性の相当高い行為であった」とした上、さらに、「第１行為は第２行為を確実かつ容易に行うために必要不可欠なものであったといえること、第１行為に成功した場合、それ以降の殺害計画を遂行する上で障害となるような特段の事情が存しなかったと認められることや、第１行為と第２行為との間の時間的場所的近接性などに照らすと、第１行為は**第２行為に密接な行為**であり、実行犯３名が第１行為を開始した時点で既に殺人に至る客観的な危険性が明らかに認められる**から、その時点において殺人罪の**実行の着手**があった」とした。また、**殺人の故意**については、「実行犯３名は、クロロホルムを吸引させてXを失神させた上自動車ごと海中に転落させるという一連の殺人行為に着手して、その目的を遂げたのであるから、たとえ、実行犯３名の認識と異なり、第２行為の前の時点でXが第１行為により死亡していたとしても、殺人の故意に欠けるところはなく、実行犯３名については殺人既遂の共同正犯が成立するもの

と認められる」とする。

　早すぎた結果発生とは、ウェーバーの概括的故意の場合とは逆に、第1行
為によってすでに結果が発生しているのを、発生していないと錯誤している
場合なのであるから、本事案において、クロロホルムを嗅がせたときに故意
があるとすると、因果経過の錯誤の一事例ではないかとも思われる。問題
は、結果発生の原因となったクロロホルムを嗅がせる行為に行為者の殺人の
実行の着手が認められるかである。例えば、妻が夫が帰宅したときに飲ませ
ようと毒入りのコーヒーカップにインスタントコーヒーを入れ、帰宅の後お
湯を注いで差し出す手はずになっていたが、たまたま夫が妻の留守中に帰宅
し、そのコーヒーを自ら飲んだため死亡したといった事例（コーヒー準備事
例）のように、殺人予備行為から死亡結果が発生してしまった場合は、**過失
致死罪**にすぎない。したがって、クロロホルムを嗅がせる行為がいまだ予備
行為であれば、本事案でも**過失致死罪と殺人予備罪**が成立するにすぎなくな
る。そこで、クロロホルムを嗅がせる行為に**実行の着手**が認められるかがそ
の区別基準となる（☞9講3-2(5)）。その際、故意が肯定できるかについて
は、故意は、実行行為性が肯定されれば、いずれ殺害しようとは思っている
のであるから容易に肯定できよう。実行の着手があり、その時に故意も存在
するのであれば、因果経過の帰属可能性の問題が残されるのみである。因果
経過の錯誤の考慮は不要である。

第7講

違法性阻却事由

第7講へのアクセス

【Q1】 違法性阻却の原理について、行為無価値論と結果無価値論の各立場から考えてみよう。

【Q2】 可罰的違法性とは何だろうか。通話料金を免れる装置である「マジックホン」を取り付けたことが偽計業務妨害罪（233条）に問われた事案において、取り付けた期間が二日未満であり、ただ一回通話を試みただけで取り外していた場合、可罰的違法性は認められるだろうか（最決昭61・6・24刑集40・4・292＝百選Ⅰ-17参照）。

【Q3】 正当防衛が成立するための要件は何か。当然又はほとんど確実に侵害が予期された場合、侵害の急迫性は失われるだろうか。単に予期された侵害を避けなかったというにとどまらず、その機会を利用し積極的に相手に対して加害行為をする意思で侵害に臨んだときは、どうだろうか。被告人らが、対立する団体からの再襲撃を当然に予想し、バリケードを築き、闘争用の道具を準備するなどした上で待ち構え、実際の再襲来に応戦した場合、侵害の急迫性は認められるか考えてみよう（最決昭52・7・21刑集31・4・747参照）。

【Q4】 緊急避難が成立するための要件は何か。緊急避難状況における「やむを得ずにした行為」は、正当防衛状況における「やむを得ずにした行為」とは異なるのだろうか。被告人が、ある宗教団体の施設内で手錠をかけられるなどし、Aの生命を奪わなければ被告人も殺すと脅された事案において、被告人がAを殺害した場合、補充性の要件を充たすだろうか（東京地判平8・6・26判タ921・93参照）。

1　違法性阻却事由の意義

　構成要件該当性が認められると、違法性を阻却する事由について検討される。この判断は、原則的に、全法秩序に照らして利益の衝突を調整し、優越する利益を守る法益侵害は違法ではないとするものである。それには、刑法35条の法令行為・正当業務行為のほか、正当防衛、緊急避難などの他の事由がある。

1.　違法性阻却事由
(1)　違法性阻却の原理

　違法性阻却事由ないし**正当化事由**とは、構成要件に該当するが、**利益ないし価値衝突の状態**において、憲法を頂点とする全法秩序の観点からみて許容され、正当化されるべきとされる事由である。違法性阻却は、したがって、利益衝突状態において、利益衡量により優越するべき利益を守る行為について生じるものである。違法性の判断の段階では、これにならんで、さらに、違法性そのものを阻却するものではないが、刑法の謙抑性の観点からみて、その法益侵害の軽微性や憲法上の価値の実現に付随する**軽微な違法**のゆえに、あるいは、全法秩序の立場からは違法であっても刑事法の目的からして処罰に値する程度の違法性はないがゆえに、いわゆる**可罰的違法性**を阻却することがある。

　違法性阻却ないし正当化事由の基本的原理は、優越的利益の原則である。これは、**利益衡量説**の帰結である。しかし、違法性阻却事由の一般原理として、正当な目的のための相当な手段であれば正当化されるという**目的説**や、そこから派生して、歴史的に形成されてきた社会倫理秩序の枠内にある行為は違法ではないとする**社会相当性説**も唱えられ、違法性阻却事由を法益侵害と結びつけてその衝突の場面における**調整・衡量原理**と解する利益衡量説と対立している。目的説・社会相当性説は、行為無価値論の立場と結びつき、利益衡量説は、結果無価値論の立場と結びつく。

(2)　行為無価値と結果無価値

　両者の区別は、違法性判断の対象を行為とするか結果とするかであり、**行**

為者の行為そのものが不法であるとする考えを行為無価値論といい、**法的に否認された事態の惹起**が不法であるとする考えを結果無価値論という。行為無価値は、行為とそれに伴う目的性・故意・意図などの主観的要素を含めて違法判断の対象とする。すでに述べたように、刑法は、法益保護を任務とするが、そうだとすると、違法とは、原則的に法益侵害をいうことになる。しかし、行為規範としての法が禁止するのは人間の行為である。そうだとすると、行為が違法性判断の対象にならなければ意味がないということになる。そこで、法益侵害の結果が違法論では重要であるとする**結果無価値論**と行為こそがその対象であり**行為無価値論**が重要だという二つの立場が対立している。しかし、結果無価値論だけでも、例えば、未遂の違法性は説明できず、結果発生の「危険」にまで拡張される必要があり、また、意図や目的をもつだけで違法なのかにも疑問がある。すなわち、行為の意図や目的といった主観的要素を含む行為そのものが、法益侵害と無関係に、それが法益侵害の意図・目的をもった行為であるがゆえに不法ということが正当かどうかである。法益侵害と行為とは、主観的に志向されているがゆえにのみ関係づけられるのではなく、むしろ、その間に客観的関連性がなければならない。それは、法益侵害の危険のある行為であり、「危険性」概念によって行為と結果とが結び付けられなければならない。行為無価値は、法益侵害の危険を伴ってはじめて刑法上重要な意味をもつ。

　このようにして、行為無価値概念は、違法論において客観的危険概念と切り離されて用いられたために疑問を払拭できない概念であった。行為無価値は、法益侵害の客観的危険という性質をもたないならば、意味がないのである。そうだとすると、行為の意図・目的の無価値ではなく、法益侵害の危険状態を惹起することが無価値であるとするべきである。これを**危険無価値**という。

(3)　正当化事由の多元的原理

　正当化事由は、一元的に統一されているのか、それとも多元的にいくつかの正当化原理がありうるのかがここでの問題である。**正当化事由の主要な原理**は、利益衡量原理であるといえる。しかし、正当化事由には、正当防衛、緊急避難、被害者の同意、法令に根拠をもつ死刑執行等の刑の執行、逮捕状

による逮捕、その他、推定的同意、自救行為、義務衝突などさまざまな類型のものがある。それをすべて優越的利益の原則で説明することは難しい。例えば、被害者の同意は、大きくは利益衡量原理の中に位置づけられるが、**利益不存在の原則**という優越的利益の原則とは異なる原理によって正当化される。被害者の同意があった場合、同意によって法益の主体の側で法益の法的保護が放棄されており、保護すべき利益がないから違法性が阻却されるのである。これは、広い意味で、刑法による法益の保護の要求と被害者の法益の自由な処分権の尊重とが衝突する場面において、処分権・自己決定権を優越させるものだと説明できないわけではない。しかし、厳密にいえば、被害者の同意そのものは、対立する利益の衡量というよりむしろ利益の不存在を理由にする。また、正当防衛についても、厳密には利益の衡量による均衡は要求されておらず、むしろ、緊急状態における不法に対する正義との対立の場で正義を回復する機能が重視されている。このようにして、正当化事由の主要な原理は、利益衡量における**優越的利益の原則**であるが、その個別の正当化事由においては、それぞれの正当化事由をより適切に特徴づける**補助的な正当化原理**が働いているのである。

2. 可罰的違法性

(1)　可罰的違法性の意義

　可罰的違法性とは、実質的違法論を基礎として、刑法上の違法性は、刑罰という強力な制裁手段を必要とし、それに適した質と量を備えたものでなければならないということを意味する。刑法の謙抑性の思想を背景とする違法観である。可罰的違法性の思想は、**構成要件の形成**（立法）の次元で、そもそもそのような犯罪類型を各則における「罪」として取り上げるべきかどうかにおいても考慮され、また、構成要件ないし**構成要件要素の解釈**の次元においても、指針となる。例えば、「暴行」（208条）、「傷害」（204条）ないし「財物」（235条）などの構成要件要素の解釈において、あまりにも軽微な有形力の行使や身体の完全性の毀損ないしあまりにも財産的価値の低い客体に対する侵害行為ついては、解釈上、構成要件的行為にあたらないと解釈することがそうである。これらの二つの次元とならんで、**違法性阻却事由**の次元に

おいても、正当化はされないが、可罰的違法性は阻却されるという場合もあるという形で問題となる。

(2)　可罰的違法性の類型

これには、①不法の量的・質的軽微性の類型、②憲法上の権利行使に付随する軽微な過剰の類型、および③規範的評価の質的相違の類型がある。

第1類型は、政府に納入すべき煙草7分を消費した行為が、当時の煙草専売法48条1項に違反するかどうかが争われた**一厘事件**（大判明43・10・11刑録16・1620）やマジックホン事件（最決昭61・6・24刑集40・4・292＝百選Ⅰ-17）が示すように、その違法行為の量的軽微性のゆえに刑事罰を加える必要があるかどうかを問題にする類型である。前者では不処罰となり、後者では刑事罰を加える必要があるとされた。さらに、刑罰制度の目的に照らして軽微な不法に対する禁止規定に加えて、刑罰規定を加えるという手段が質的に相当かどうかを問う類型でもある。例えば、**夫婦喧嘩**において、軽微な傷害を与えた場合に、これを罰するのが適切かどうかが問われ、刑法上の違法性が阻却された（大阪地判昭37・12・24判時326・14）。また、別居中の妻が養育している2歳の長男を歩道上で自動車で連れ去った事案において、**未成年者略取罪**につき、実質的違法性を欠くかどうかが争われた事例（最決平17・12・6刑集59・10・1901）もこの類型にあたる。**滝井繁男裁判官の反対意見**においては、「その行為をどのように評価するかは子の福祉の観点から見る家庭裁判所の判断にゆだねるべきであって、その領域に刑事手続が踏み込むことは謙抑的でなければならない」とする。**第2類型**は、憲法上の権利行使が若干行き過ぎたにすぎない場合には、可罰的違法性が阻却されるというものである。例えば、自衛隊の**イラク派兵**に反対するビラを配るために自衛隊の宿舎の敷地内に侵入する行為が、住居侵入罪の構成要件にあたるとされた事案につき、ビラの投函自体は、憲法21条1項の保障する政治的表現活動の一態様であるとし、「刑事罰に処するに値する程度の違法性」を備えるに至っていないとして、処罰を否定した判例がある（東京地八王子支判平16・12・16判時1892・150、第2審＝反対：東京高判平17・12・9判時1947・169、最判平20・4・11刑集62・5・1217）。**第3の規範的評価の質的相違の類型**としては、**違法性の相対性**が問題になる事例群が挙げられる。例えば、公共企業体等労働関係法は、**争議行為**を禁止

しているが、それに対する罰則を設けていないにもかかわらず、郵便法には、郵便の取扱いをしないことを罰する規定があるとき、争議行為の一環として郵便物の取扱いをしないように教唆する行為につき、たんなる罷業または怠業等の不作為であって、暴力の行使その他の不当性を伴わない場合、刑事制裁の対象とならないとした判例（全逓中郵事件＝最大判昭41・10・26刑集20・8・901）は、この意味の可罰的違法性を否定したものである。

　その後、刑法上の違法性阻却事由の有無を判断するには、諸般の事情を考慮し、法秩序全体の見地から刑法上の違法性を判断すべきだとした判例（最大判昭48・4・25刑集27・3・418＝百選 I –16）においても、可罰的違法性によるその阻却を肯定する例は少なくなっていった。

2　法令行為・正当業務行為

　刑法35条は、「法令又は正当な業務による行為は、罰しない」と定める。この規定における「正当業務行為」における「業務」の概念は、広く解されるのか、限定はあるのか。具体的には、どのような行為がそれに属するのか。

1.　35条の適用範囲と超法規的違法性阻却事由

　刑法35条は、「法令又は正当な業務による行為は、罰しない」と規定する。法令行為および正当業務行為は、これによって正当化事由であることが示されている。35条が規定しているのは、法令行為と正当業務行為である。**法令行為**とは、法律、命令その他成文法規にもとづいて職権として、権利または義務として行われる行為、あるいは、要件を定めて許容された行為である。法令にもとづいて一定の公務員の職務行為として行われる場合、法令にもとづき私人の権利行為として許容される場合等がある。**正当業務行為**については、「業務」の概念をどのようなものと解するかに応じて、その意味するところが異なる。業務概念は、ほぼ、一定の社会的地位にもとづいて継続または反復して行われる人の事務であると定義されるが、これを広く解すれば、業務はほぼ無意味となるほどに広くなり、あらゆる正当化事由を包括的に含

むことになるが、狭く解すると、特定の活動に限定されることになる。

　正当化事由には、先に掲げたように、さまざまな態様のものがある。とくに、推定的同意、自救行為（最判昭30・11・11刑集9・12・2438＝百選Ⅰ-19）、義務衝突などの**正当化事由の実定法上の根拠条文**は何であろうか。刑法は、正当化事由としては、35条の法令・正当業務行為と36条の正当防衛および37条の緊急避難のみを規定し、総則における正当化事由に関してはその他に規定はない。正当防衛および緊急避難の要件は内容的に明確である。そうだとすると、これらの正当化事由が実定法上の根拠をもつかどうかは、正当業務行為に含まれると解釈できるかそうでないかによることになる。しかし、例えば、推定的同意や義務衝突を正当「業務」行為と解するのは困難である。そうだとすると、推定的同意は、35条に含まれない正当化事由ということになる。

　その場合、推定的同意は、刑法上の規定はないが、正当化ないし違法性阻却事由である。このような正当化事由を**超法規的違法性阻却事由**と呼ぶ。一般に、刑法上の根拠条文がなくても正当化される場合を超法規的違法性阻却事由と呼ぶので、例えば、優越的利益原則にあてはまるが、実体法上の根拠がない場合には、超法規的違法性阻却事由を主張することになる。判例においては、**東大ポポロ事件**の第１審・第２審の判決は超法規的違法性阻却事由の理論を肯定し、最高裁はこれを認めなかった（最大判昭38・5・22刑集17・4・370）。舞鶴事件における第１審は、これを肯定し、第２審および最高裁はこれを否定した（最決昭39・12・3刑集18・10・698）。

2. 法令行為

　法令にもとづく職権行為には、死刑・自由刑の執行、被疑者・被告人の逮捕・勾引・勾留、住居内の捜索などがある。殺人、逮捕監禁、住居侵入等が正当化される。**法令にもとづく権利行為**には、私人による現行犯逮捕（刑訴法213条）、親権者による子に対する懲戒行為（民法822条）、労働争議行為（労組法1条2項）が属する。その他、法令によって一定の技術的要件のもとに適法性を明示された行為として、母体保護法による人工妊娠中絶（同法14条）、精神保健福祉法による措置入院（同法29条）、臓器移植法による臓器移植（同

法 6 条）などがある。

3. 正当業務行為

　正当業務行為に属するのは、傷害罪との関係における医師の手術、名誉毀損罪との関係での弁護士の弁護活動、公務員の秘密漏示罪（国公法109条12号、100条 1 項）との関係での新聞記者の報道・取材活動（最決昭53・5・31刑集32・3・457＝百選 I –18）、暴行罪・傷害罪との関係における格闘技などのスポーツ活動などである。

　ここでは、とくに、**医師の治療行為**について触れておこう。治療行為とは、治療の目的で医学上一般に承認された方法により患者の身体に対して施される医療的措置をいう。治療行為が刑法上問題になるのは、手術などの患者の身体に対する医的侵襲が、**傷害罪の構成要件に該当する**と考えられる（通説）からである。もちろん、学説の中には、治療行為は、傷害の構成要件に該当しないとするものもある。この問題は、傷害罪における被害者の同意の問題と関係する。そもそも同意のある傷害は、被害者が身体の完全性・生理的機能に対する法的保護を不要として放棄したものであるがゆえに、侵害法益が存在せず、構成要件該当性そのものが否定されるとすれば、患者の同意のある治療行為（医的侵襲）もそもそも傷害の構成要件に該当しない。しかし、同意による傷害は、あらゆる場合に傷害罪の構成要件に該当しないのではなく、人としての機能に重大な障害を及ぼすような傷害は、個人が任意に処分できないと解すべきである。したがって、手術についても、例えば、臓器を摘出したり脚を切断するといった**重大な傷害**を残す場合には、構成要件該当性はあり、別の根拠から正当化事由がある場合には、正当化されると解すべきである。治療行為においては、それは、例えば、臓器の摘出というような重大な傷害を伴うから、患者の同意のみでは正当化されない。したがって、同意があることに加えて、医療行為という正当業務行為にあてはまってはじめて正当化可能である。それには、治療行為の要件を充たすことが必要である。患者の同意は、**医師の説明義務**が尽くされたことを前提とする。すなわち、医療に関する知識の乏しい患者に対しては、医的侵襲それ自体、治療の種類・目的・代替手段・緊迫度、侵襲の結果についての**医師の説明**

（インフォームド・コンセント）が必要である。患者は、治療方法についても選択することができるが、医師から説明を受けることによって治療行為に関する**患者の自己決定権**が保障されるべきである。治療行為の要件は、治療の目的で、**医術的正当性**をもって行われることを要求する。**治療の目的**は、主観的なものではなく、**医学的適応**から客観的に徴表されるものである。**医術的正当性**とは、医学上一般に承認された方法によって行われることをいう。

③　正当防衛

> 　正当防衛は、急迫不正の侵害に対してやむを得ずに防衛した行為は、正当化されるというものである（36条）。それは緊急状態において、個人の法益を保全するという意味とならんで、攻撃された「法」を擁護し、確証するという意味をももつ。その要件とは何かを具体的に検討する。

1.　正当防衛の正当化根拠

　刑法36条 1 項は、「急迫不正の侵害に対して、自己又は他人の権利を防衛するため、やむを得ずにした行為は、罰しない」と規定し、正当防衛は違法性阻却事由であることを示している。

　正当防衛は、なぜ正当化されるのか。優越的利益の原則からすると、法益衝突の場面において優越する利益を守るための行為は正当化される。正当防衛も典型的な法益衝突の一場面である。したがって、防衛する利益が防衛行為によって侵害される利益に比べて優越するときは、これによって説明可能である。これを防衛行為者個人の利益を保全する行為であるから正当化されるといってもよい。すなわち、**「個人保全の原理」**である。しかし、これだけでは、防衛しようとする利益と同等の法益を防衛行為によって侵害する行為がなぜ正当化されるかを説明できない。正当防衛については、「正は不正に譲歩する必要がない」という考え方が背後にあるといわれる。それは、不正な攻撃に対して争いを避けて逃げる必要はないということを意味するが、不正な攻撃をそのまま放置してはならないということをも意味する。そうだとすると、攻撃された個人の利益を保全するためにやむを得ない行為である

から正当化されるというにとどまらず、それ以上に、不正な攻撃を見逃して
はならず、むしろ、侵害されようとする正義ないし法を擁護するために反撃
すべきだとしていることを意味すると解釈できる。これは、正当防衛は、攻
撃された法益を守るためだけではなく、それを超えて法秩序に対する不正な
侵害に対して、それを守るために行われるべきだということを意味してい
る。これは、攻撃者に対して、「法」と「正義」を思い知らせ、確証させる
ということである。これを**「法確証の原理」**という。法確証の原理は、法益
衡量の原則における一方の側の要素となるというだけのものではない。むし
ろ、退避義務を否定するには、利益衡量の原則に加えて、法確証の原理をも
考慮しないと説明できない。

2. 正当防衛の要件

　正当防衛が成立するためには、①急迫不正の侵害があり、②自己または他
人の権利を防衛するために、③やむを得ずにした行為でなければならない。

(1) 急迫不正の侵害

　「急迫」とは、法益侵害の危険が間近に迫っている状況またはいまだ継続
している状況をいう。過去の侵害または将来の侵害に対する正当防衛は成立
しない。侵害の終了は、既遂に達したかどうかではなく、実質的に終了した
かどうかによる。したがって、窃盗犯人が財物を窃取して逃走しようとした
が、現場付近で取り押さえて取り戻したときは、いまだ「急迫性」が認めら
れる。**侵害が予期される場合**も、急迫性は否定されない。判例は、かつて相
手方の侵害について十分の予期をもち、十分の用意を整えて進んで相手と対
面すべく赴いた場合、急迫性はないとしていた（最判昭24・11・17刑集3・11・
1801、最判昭30・10・25刑集9・11・2295）。しかし、その後の判例によれば、侵
害が予期されただけでは退避義務はない。ただ、たんに予期しているのみな
らず、その機会を利用して相手方に対して積極的に加害する意思 **(＝積極的
加害意思)** をもっていた場合には、急迫性が否定される。「単に予期された侵
害を避けなかったというにとどまらず、その機会を利用し積極的に相手に対
して加害行為をする意思で侵害に臨んだときは、もはや侵害の急迫性の要件
を充たさない」（最決昭52・7・21刑集31・4・747）というのである。これを支持

する学説ないしこれを被侵害者の対応関係によっても重大な影響を受けると
して、積極的加害意思が客観的な迎撃態勢に現実化されているような場合に
は急迫性がないと解して支持する学説もある。しかし、急迫性とは、防衛行
為者の主観にも客観的な迎撃態勢にも影響されない客観的なものである。

さらに、最近の判例では、総合判断が唱えられ、「行為者が侵害を予期し
た上で対抗行為に及んだ場合、侵害の急迫性の要件については」、「対抗行為
に先行する事情を含めた行為全般の状況に照らして検討すべきであ」ると
し、「事案に応じ、行為者と相手方との従前の関係、予期された侵害の内容、
侵害の予期の程度、侵害回避の容易性、侵害場所に出向く必要性、侵害場所
にとどまる相当性、対抗行為の準備の状況」などを考慮すべきものとする
（最判平29・4・26刑集71・4・275＝百選Ⅰ-23）。

「不正」とは、違法であることをいう。構成要件該当性がない過失による
器物損壊も不正である。不正なのは、**人間の行為による侵害**に限られるか、
または、人間の行為とは無関係な**状態**も含まれるのか。これは、いわゆる**対
物防衛**が正当防衛かどうかという問題として現れる。この問題は、「不正」
概念としてのみならず、「侵害」が侵害結果を表すのか、侵害行為を表すの
かという問題としても論じられる。行為無価値論からは、物や動物による侵
害は、不正ないし侵害とはいえないとする。この見解からは、対物防衛は、
正当防衛の要件を充たさない。しかし、緊急避難にいう「危難」にはあたる
ので、物・動物に対して緊急避難は可能である。しかし、この見解に立って
も、人が動物を道具として利用して侵害を行う場合には、所有者・管理者の
侵害行為が認められるから、正当防衛が可能である。所有者・管理者に侵害
に対する故意・過失が存在する場合がそうである。したがって、飼犬をけし
かけて他人にかみつかせようとした者の飼犬を鉄棒で打ちのめして怪我をさ
せた場合、その行為は、飼主に対する正当防衛である。これに対して、結果
無価値論からは、物や自然事象ないし動物によって惹起された侵害状態も不
法ないし侵害であるとされる。

(2) 「自己または他人の権利を防衛するため」

権利とは、法益を意味する。生命、身体、自由、財産、名誉などを含む。
他人の権利に対する正当防衛も許される。これを**緊急救助**という。他人には

国家または法人も含まれる。したがって、国家の財産など公共財産の侵害に
対して正当防衛は可能である。問題は、国家的法益を守るための私人の防衛
行為が可能かどうかである。これを**国家正当防衛**ないし**国家緊急救助**とい
う。これには肯定説と否定説がある。次に、「防衛するため」でなければな
らないが、防衛する目的で行為される必要があるのかどうかが次の問題であ
る。すなわち、正当防衛の要件として、防衛行為の際に防衛の意思が必要か
どうかである。これについても**防衛の意思必要説**（通説・判例）と不要説に分
かれる。必要説は、「ため」という文言が防衛の意思を必要とする趣旨であ
るとし、違法性の判断には主観的な意思も判断されるべきであるという行為
無価値論に立つ。不要説は、「ため」という文言は、客観的に権利を防衛す
るためになっていれば十分であるとし、結果無価値論に立てば、違法性の判
断に主観は必要ではなく、また、客観的に正当防衛結果である正当な結果が
実現しているから、正当化することは合理的であるとする。これは、とくに
いわゆる**偶然防衛**が正当防衛かどうかをめぐって争われる。例えば、Aが殺
意をもってBを射殺した。その時、Aは気づかなかったが、BがCをまさに射
殺しようとする寸前であった。Bが殺害されたことによって、Cは助かった。
この事例で、Aの行為が防衛行為として正当化されるかどうかがここでの問
題である。必要説からも不要説からも、偶然防衛の場合、**未遂**であるという
見解が唱えられている。これは、客観的には、不法な結果が発生せず、正当
な結果が発生していることを理由にする。防衛の意思必要説に立って、その
意思の内容をどのようなものと解するかについては見解が分かれる。それ
が、正当防衛状況の認識を超えて、防衛の目的・意図・動機を意味するのか
（目的説）、正当防衛状況の認識を意味するのか（認識説）が対立する。前者
は、「防衛しよう」という意図を重視するから、狼狽・驚愕・憤激のあまり
反撃行為に出た場合には、防衛の意思といえるかが問題となる。認識説に立
った場合、正当防衛状況の認識で足りるか侵害に「対応する意思」が必要か
どうかが対立する。昭和46年の最高裁判決（最判昭46・11・16刑集25・8・996）
が、「相手の加害行為に対し憤激または逆上して反撃を加えたからといって、
ただちに防衛の意思を欠くものと解すべきではない」として以降、判例は、
認識説的見地に立つようになった。その後の判例で、防衛の意思と攻撃の意

思とが併存している場合も防衛の意思は否定されないとしている (最判昭
50・11・28刑集29・10・983＝百選 I -24、最判昭60・9・12刑集39・6・275)。

(3)　やむを得ずにした行為

　この文言の解釈については、**防衛行為の必要性**を意味するという解釈とそ
れに加えてその**相当性**をも意味するという見解がある。防衛の必要性とは、
「防衛のために必要最小限度の」という意味 (**相対的最小限度手段性**) である。
それは、防衛のために必要な、そして効果的な防衛効果を得るために適した
行為 (**防衛適合性**) であることを要請する。必要性の判断は、客観的な第三者
が行為の時点に立って認識できた事情を基礎とするわけではなく、行為の時
点に存在する事情を基礎にした客観的な事前判断である。事後的に防衛効果
が上がったかどうかは、必要性の判断とは無関係である。また、他にとるべ
き方法がないことという補充性の原則は要求されないので、退避義務や官憲
に救助を求める義務は課せられない。通説・判例は、「やむを得ずにした行
為」には防衛行為の必要性のほか、防衛行為の相当性も含むと解する (最判
昭44・12・4刑集23・12・1573)。**相当性**とは、反撃行為が侵害に対する防衛手段
として相当性を有するものでなければならないという要請、すなわち、それ
が公序良俗に反しない方法で行われ、かつ、軽微な権利を防衛するために侵
害者の重大な法益に反撃を加えることは許されないという要請を意味する
(最判平元・11・13刑集43・10・823＝百選 I -25)。行為態様の相当性と保全法益と
侵害法益のゆるやかな均衡性を意味する。しかし、相当性の要件は、防衛行
為の限定基準としては不明確であり、しかも不十分である。防衛行為の限定
基準の類型化を図るには、**正当防衛の基本思想**から内在的に明らかとなる限
定根拠を明確にできる基準が用いられるべきであろう。例えば、防衛行為者
が侵害を挑発したといういわゆる**挑発防衛** (自招防衛) の場合に、防衛行為
が限定されるのは、相当性を欠くからという基準は不明確である。むしろ、
正当防衛の基本思想により、個人保全原理からは、意図的に相手の侵害行為
を自ら惹き起こし、自らの身を相手の攻撃にさらすことを意図した者に正当
防衛権を与えて保護する必要がなく、また、法確証原理からは、自ら意図的
に違法な挑発をなした者の法の立場に立って法秩序の擁護を行うことは許さ
れないと考えるべきである。この点で、**最高裁**は、自招防衛の事案につき、

相手方の攻撃は、挑発行為である被告人の暴行に触発された、その直後の近接した場所における「一連、一体の事態」であるとして被告人は自ら侵害を招いたものといえるから、反撃に出ることが正当とされないとしている（最決平20・5・20刑集62・6・1786＝百選Ⅰ-26）。これは、**原因において違法な行為の理論**に近い考え方によるものであるが、これが、「一連性・一体性」の要件のもとで挑発と攻撃を一個の行為とみて攻撃行為の実行の着手も挑発時にあるとしているとすると問題である。一連性・一体性は、あくまで挑発と攻撃の密接な関係の一要件をいうのであって、防衛行為が制限される根拠は、法確証原理によるものというべきである。その他の重要な防衛行為限定の必要な事案として、**侵害法益と保全法益の相対的均衡性**が要請される事案がある。りんごの果樹園からりんご一個が盗まれた場合、そのりんごを守るためには窃盗犯の脚めがけて銃を放つ以外に方法がなかったとき、防衛行為の必要性は肯定される。しかし、個人保全原理からも、また、法確証原理からも、著しく均衡を失する防衛行為は許されない。あまりにも厳格果断な法の立場を示すことは、かえって正義に反するからである。

3. 正当防衛と第三者

　①防衛行為が第三者に侵害結果をもたらした場合、あるいは、②攻撃者が第三者の物を利用して攻撃したが、その物に被害が生じた場合、または、③防衛行為者が第三者の物を用いて反撃したが、その物に被害が生じた場合、第三者との関係では正当防衛が成立するのか、それとも緊急避難なのか、あるいは正当化されないのだろうか。ここでは、いわゆる正当防衛の第三者効が問題である。**第1の事例類型**においては、正当防衛であるという説、緊急避難であるという説、ならびに犯罪が成立するという説がある。Aが攻撃者Bに対して反撃のためB目掛けて石を投げたが、その石が第三者Cに当たって傷害を負わせた場合、具体的符合説からはCに対しては過失傷害罪の構成要件に該当する。不正な侵害を行っていないCに対して正当防衛を認めることはできないであろう。そうだとすると、緊急避難の成否が問題となる。しかし、緊急避難は、避難行為によって現在の危難を避けることができなければならない。ただ、この事例で第三者の法益を侵害しても危難を避けること

はできない。したがって、緊急避難も成立しないのではないか。Aの防衛行為が、Cの侵害なしには効果を上げられなかった場合かどうかで、結論が異なると解すべきであろう。この場合には、緊急避難が成立する。そうではなく、石があらぬ方向へと逸れてCに当たり負傷させた場合には、過失傷害罪が成立する。**一種の誤想防衛**であるとし、誤想過剰防衛とする見解（大阪高判平14・9・4判タ1114・293＝百選Ⅰ-28）は、誤想防衛とは構造が異なり不当である。**第2の類型**においては、緊急避難説もあるが、正当防衛説が通説である。第三者の物が不正の侵害の手段に利用されており、それ自体が不正といいうるからである。**第3の類型**については、第三者の物を利用し攻撃者に対して防衛行為を行ったが、第三者との関係では、緊急避難にすぎない。

4. 誤想防衛・過剰防衛・誤想過剰防衛

誤想防衛とは、急迫不正の侵害がないのにあると誤想して反撃を加えた場合をいう。この場合には、正当化事情の錯誤として故意が否定される（通説）。

過剰防衛とは、侵害に比べて防衛行為が著しく均衡を失し、過剰に及んだ場合である。刑法は、「情状により、その刑を減軽し、又は免除することができる」と規定する（36条2項）。保全法益と侵害法益が著しく均衡を欠き、必要性（または内在的制限ないし相当性）が否定されるとき、過剰防衛としての刑の減免が否定されることがある。過剰防衛には、**質的過剰**（強度の過剰）と**量的過剰**（範囲の過剰）がある。前者は、手拳で防衛できるのに銃器を用いて防衛し、傷害を負わせた場合のように、反撃の強度が攻撃を上回る場合である。後者は、攻撃がすでに終了しているのに、防衛行為を続行した場合である。判例には、正当防衛にあたる行為に時間的・場所的に連続して行われた暴行が、それらを全体として量的過剰にあたるかにつき判断し、一個の過剰防衛の成立を認めることはできないとしたもの（最決平20・6・25刑集62・6・1859＝百選Ⅰ-27）がある。また、過剰防衛には、無意識的な過剰防衛、すなわち、過剰の事実について認識がない過失の過剰防衛と、過剰の事実につき認識のある**故意の過剰防衛**とがある。例えば、棒で打ちかかってきたのに対し、棒だと思って反撃したところ、包丁の柄をつかんで反撃していたという

場合には、**過失の過剰防衛**である。過剰防衛の場合にその効果は刑の**任意的減免**である。減免の根拠については、違法性減少説と責任減少説が対立するが、その折衷説である違法責任減少説もある。過剰防衛の場合、法益衡量において、攻撃者の違法性が、防衛行為者の違法性からマイナスされなければならないから違法性が減少するというのが、違法性減少説である。これに対して、責任減少説は、防衛行為者は、急迫不正の侵害に直面して、驚愕・狼狽・興奮し、これが防衛の行き過ぎにつながることは強く非難できないので、責任が減少するという。処罰に値する責任である**可罰的責任**が減少するがゆえに、「情状により」刑が減免されうると解すべきである。可罰的責任の減少は、違法性の減少と連動する部分もあるがゆえに、違法性の減少を否定する理由はない。

　誤想過剰防衛は、誤想防衛と過剰防衛の組み合わされた場合であるが、いくつかの類型がある。まず、急迫不正の侵害がないのにあると誤信して過剰な反撃を加えた場合がある（狭義の誤想過剰防衛）。反撃行為の過剰性について認識があるから、故意犯が成立する（故意の誤想過剰防衛）。次に、この場合で、棒様のものと思って斧をつかんで反撃した場合のように、反撃の過剰性について認識がない場合は、過失犯が成立しうるにとどまる（過失の誤想過剰防衛）（最判昭24・4・5刑集3・4・421）。さらに、急迫不正の侵害を認識し現にそれがあったが、反撃の程度につき過剰でないと誤信していた場合がある（広義の誤想過剰防衛）。この場合には、過失犯が成立しうる。

　誤想過剰防衛につき問題となるのは、過剰防衛に関する任意的減免の規定（36条2項）の**適用**ないし**準用**があるかである。36条2項は、急迫不正の侵害の存在する過剰防衛の規定であるから、それがない狭義の誤想過剰防衛については、「適用」はできない。したがって、ここでは「準用」が問題となる。そもそも狭義の誤想過剰防衛の場合に36条2項を準用すべきかどうかについては、先に掲げた違法性減少説ないし責任減少説いかんによって結論が異なる。**違法性減少説**によれば、急迫不正の侵害が現に存在しない場合には、マイナスすべき攻撃者の違法性がないから、違法性は減少せず、**準用する理由がない**。**責任減少説**によると、驚愕・狼狽・興奮は、反撃者の心理状態であり、急迫不正の侵害が現に存在するかどうかにかかわらず、存在するから、

責任は減少し、**準用すべきだ**ということになる。**違法責任減少説**からは、見解が分かれる。責任は減少しているから準用は認められるべきだという見解のほか、違法性の減少がまったくない場合にまで準用は認める必要はないから、刑の免除までは認められないという見解もある。

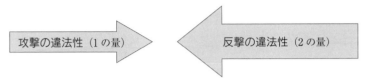

　攻撃の違法性が1の量で、反撃の違法性がそれを上回る2の量であると仮定する。過剰防衛においては、攻撃が実際に存在するから、反撃の違法性は、2－1＝「1」の量である。誤想過剰防衛にあっては、そのマイナスすべき攻撃の「1」がないから、反撃の量は「2」であり違法性は減少していない。したがって、違法性減少説からは減軽の必要性はない。これに対して、攻撃が実際にあってもなくても被攻撃者が攻撃されたと誤想している限り、いずれにせよ、恐怖を感じ、動転・狼狽するから、期待可能性は減少し、責任減少説からは、36条2項を準用すべきことになる。

　責任減少説ないし違法責任減少説に立って、準用を認めたとき、とくに過失の誤想過剰防衛については、たんなる誤想防衛であれば、過失犯が肯定されるが、誤想過剰防衛であれば、その過失犯の刑が減免されうることになり、過剰である方が有利になり、不合理である。そこで、誤想防衛の場合の過失犯の刑より減軽することは許されないと解されている。判例では、空手3段のイギリス人が、Aが酩酊したB女をなだめているときに、これをAがBに暴行を働いていると誤信してAに回し蹴りをして頭蓋骨骨折で死亡させた事案につき、誤想過剰防衛にあたるとして36条2項により刑を減軽したものがある（**勘違い騎士道事件**＝最決昭62・3・26刑集41・2・182＝百選Ⅰ-29）。

④ 緊急避難

> 　緊急避難とは、正当防衛とは異なり、現在の危難を避ける際に、不正で
> はない行為者を害する場合（防衛的緊急避難）、ないし、第三者を侵害して
> 自らが助かる（攻撃的緊急避難）といった行為である。優越的利益の原則か
> ら、正当化されるのが原則であるが、法益同等の場合には、正当化される
> のか疑念がある。そこで、違法性を阻却する場合と責任を阻却する場合
> （法益同等の場合）とがあるといった二分説も唱えられている。

1. 緊急避難の不処罰根拠

　刑法37条1項は、「自己又は他人の生命、身体、自由又は財産に対する現
在の危難を避けるため、やむを得ずにした行為は、これによって生じた害が
避けようとした害の程度を超えなかった場合に限り、罰しない」として、緊
急避難につき「罰しない」と規定する。「緊急は法をもたない」といった法
格言が示すように、古くから緊急状態下における避難行為は当罰的でないと
考えられてきた。「罰しない」というのが、非難可能性がなく責任を阻却す
ることを意味するのか、違法性を阻却することを意味するのかは、19世紀か
ら争われてきた。現在でも、**違法性阻却事由説**、**責任阻却事由説**ならびに、
違法性を阻却する場合と責任を阻却する場合の二つの場合があるとする**二分
説**が対立している。

　違法性阻却事由説は、責任阻却事由説からは、他人のための避難行為を認
めていることは、期待可能性がないという理由では説明できないこと、法益
均衡を要求していることが説明できないことを根拠とする。もちろん、優越
的利益の原則によって違法性が阻却されることを積極的な理由とする。しか
し、まさにそのことが、違法性阻却事由説の難点ともなる。37条1項は、避
けようとした害の程度が優越しない法益同価値の場合にも、不処罰としてい
るからである。

　責任阻却事由説は、他人の正当な法益を侵害する緊急避難行為は違法では
あるが、適法行為を期待できないから責任を阻却するとする。この説は、自
らに降りかかる危難を他人に転嫁するという点に緊急避難の本質があるとみ

る。しかし、優越的利益の原則によれば、大なる利益を救うために小なる利益を犠牲にした場合には、違法性が阻却されるはずであるが、この説からはその原則を否定することになる。他人のための避難行為に期待可能性がないといえるか疑問である。

二分説には、違法性阻却を原則とする二分説と責任阻却を原則とする二分説とがある。前者は、その基準によって、さらに二分される。第1は、原則として違法性阻却事由であるが、法益同価値の場合には責任阻却事由であるとする見解である。第2に、原則として違法性阻却事由であるが、生命と生命、身体と身体とが対立する場合には、責任が阻却されるとする見解である。生命または身体は、自己目的である人格の根本要素であり、その本質上比較することはできないとする。しかし、少なくとも重大な身体の侵害と軽微な侵害とは比較可能であろう。後者は、原則として責任阻却事由であるが、対立する法益間に著しい差がある場合には、例外的に、超法規的に違法性が阻却されるものとする。これに対しては、責任阻却事由説に対すると同様の批判が成り立ち、さらに、法益に著しい差がある場合につき、文言上37条1項の枠外であるとは解されないと批判されうる。むしろ、前者の違法性阻却を原則とし、その差が著しくない場合には、可罰的違法性が、そして法益同価値の場合には、可罰的責任が、阻却されるというべきであろう。

2. 緊急避難の要件

(1) 現在の危難

保全法益は、生命・身体・自由または財産である。限定列挙ではなく、例示列挙であるが、「自由」には「名誉」「性的自由」をも含むと拡張解釈することが可能であり、いずれにせよ、正当防衛に比べて限定的である必要はない。「**危難**」とは、実害ないし法益に対する危険な状態をいう。発生原因のいかんを問わない。したがって、自然事象、事故、人の行動、動物の行動、社会的・経済的困窮などいずれでもよい。人の行動は、違法であることを要しない。しかし、刑の執行を受ける場合などのように、侵害を受忍する義務のある場合には危難とはいえない。「**現在の**」とは、法益侵害が現に存在していること、その危険が間近に迫っていることをいう（最判昭24・8・18刑集

3・9・1465)。切迫した危険な状態にない場合は、現在性は否定される（最判昭35・2・4刑集14・1・61＝百選Ⅰ-30)。正当防衛における「急迫」とほぼ同様であるが、「急迫不正」といえなくても、「現在」にはあてはまる場合がある。いわゆる**予防防衛**の場合である。例えば、山小屋の主人が宿泊客のグループが翌日銀行強盗を実行する謀議をしているのを、たまたま聞き知ったが、電話等の連絡手段もなかったので、食事に睡眠薬を混ぜてこれを防止したという場合には、正当防衛ではないが、予防防衛であって、現在性は肯定され、緊急避難にはあたるのではないかというのである。

　自己または他人の法益に対する現在の危難であればよいので、他人のためにする緊急避難でもよい。問題は、その**他人の意思に反しないこと**を要するかどうかである。違法性阻却事由説からは、本人の意思に反するかどうかを問うべきではないとする。しかし、個人保全原理からは、本人が法益保護を放棄している場合にまで、緊急避難を肯定する必要はない。

(2)　やむを得ずにした行為

　避難行為には、それが危難を惹き起こした攻撃者に向けられる場合と第三者に転嫁される場合との二つの類型がある。前者を**防御的緊急避難**といい、後者を**攻撃的緊急避難**という。防御的緊急避難は、攻撃者の行為が「急迫」「不正」とはいえない場合に成り立つ。

　「**やむを得ずにした行為**」とは、法益保全のために唯一の方法であって、他に可能な方法がないということを意味する。最小限度手段性と手段適合性を含む「必要性」の要件に加えて、「他に可能な方法がないこと」という**「補充性」**を要件とする。判例には、けん銃を頭部に突き付けられて覚醒剤の使用を強要されたため、断れば殺されると思い、仕方なく覚醒剤を使用した場合に、他に取り得る現実的な方法はなかったとするものがある（東京高判平24・12・18判時2212・123＝百選Ⅰ-31)。危難を行為者自らの有責行為によって招いたとき（自招危難）は、やむを得ずにした行為とはいえない（大判大13・12・12刑集3・867＝百選Ⅰ-32)。その他に「避難行為の相当性」をも要件とするのが通説・判例（東京高判昭57・11・29刑月14・11＝12・804）である。補充性の要件とは、他人の法益を侵害する以外に法益を保全する方法がないことを意味する。「補充性」の要件が満たされないとき、過剰避難にもならない。

過剰避難は、他の緊急避難の要件を充たすが、避難行為につきその程度を超える場合である。判例によると、暴力団組事務所内で事実上監禁状態に置かれていた者が、監禁から脱出するため組事務所に放火した行為は、他に害の少ない、より平穏な態様での逃走手段が存在する場合であり、「やむを得ずにした行為」ではなく、過剰避難は成立しない（大阪高判平10・6・24高刑集51・2・116＝百選Ⅰ-33）。被害者を殺さなければ被告人を殺すと脅されて被害者を殺害した事案につき、過剰避難を認めたものがある（東京地判平8・6・26判時1578・39）。最小限度手段性は、他人の法益を侵害する場合、最小限の被害を与えるような手段を選択すべきだという基準である。手段適合性とは、侵害によって法益を保全できる蓋然性が高いことを要求する基準である。他人に対して危難を転嫁することはなるべく避けるべきであるから、防御的緊急避難が可能な場合には、まず、その手段をとるべきである。例えば、先の山小屋の銀行強盗犯の事例では、謀議者たちに睡眠薬を使用することがまず考えられるべきであって、ふもとに通じる橋を爆破して強盗を予防すべきではない。主観的正当化要素としての**避難の意思**の要不要については、正当防衛と同様の議論があり、必要説が通説である。

(3)　害の優劣と均衡

「生じた害が避けようとした害の程度を超えなかった場合」に緊急避難として不可罰となる。これには優越的利益の原則により違法性が阻却される場合と、同価値であって責任が阻却される場合との二つの場合があることはすでに述べた。ここで利益衡量の要素として算入されるのは、その法益侵害行為に関する法定刑である。対立する法益のみならず、その他のこれに関する利益も考慮されるべきである。攻撃的緊急避難においては、第三者に危難が転嫁されるが、第三者の利益の中には、その第三者の人格の自律性が含められるべきである。避難の行為者に攻撃される第三者はいわれなき攻撃を受けており、自己決定権を侵害されている。この攻撃的避難行為によって生命・身体・財産といった利益のみならず、人格の自律性という利益をも危難にさらされているのである。このように衡量のファクターに自律性原理をも含めることによって、従来、避難行為の「相当性」の要件とされていた要件は、これに解消される。にわか雨にさらされたとき、粗末な服を着ていた者が持

っていた傘を奪い、自らの高価な服を雨から守るのは、二つの法益の衡量の
みならず、何人も自己決定権をもつという人格の自律性の原理をも粗末な服
にプラスして衡量するなら、この優越的利益の原則を充たさないのである。

　生命対生命の衡量において、優越的利益の原則は成り立つであろうか。1
人の生命と多数の生命とでは多数の生命が優越し、一人の生命を犠牲にして
多数の生命を救う行為は、正当化されるといえるかもしれない。しかし、生
命を数量化してあえて正当化する必要はなく、同価値の場合に準じて可罰的
責任を阻却すれば足りるように思われる。学説（西田）の中には、1 本のザ
イルに 2 人がぶら下がっていたところ、ザイルが 2 人の上部で岩に擦れて 2
人の生命が危機にさらされていたが、1 人の体重を支えるのみであれば切断
しないであろうというときに、上にいる者（A）が下にいる者（B）のザイル
を切断して自分が助かったといういわゆる**危険共同体の事例**等において、そ
のままであればザイルが切断され、2 人とも死亡したであろうところを 1 人
のみが死亡したのであるから、2 人のために 1 人が犠牲になったのであり、
優越的利益の原則を充足し、正当化されるとするものがある。しかし、この
事例で、「避けようとした害」は、自分の生命の侵害であり、下にいる者の
生命の侵害を避けようとはまったく思ってもいないのであるから、この説の
対比は誤謬である。

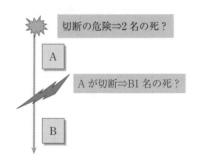

　　37 条 1 項によると、衡量すべきは、「避け
ようとした害」（＝A1 名の命の侵害）と「生
じた害」（B1 名の命の侵害）である。なぜなら、
A は、もともと B の命の侵害を避けようとは
していなかったので、2 名の命と 1 名の命を
衡量することはできないからである。したがっ
て、両者は、同等である。

（4）　その他

　刑法 37 条 2 項は、「前項の規定は、業務上特別の義務がある者には、適用
しない」と規定する。警察官、消防署員、自衛隊員等には、緊急避難を理由
としてその義務に違反することを認めず、職務上の義務を負う者が危難を第

三者に転嫁することは許されないとする趣旨であるとされる。しかし、この規定をあまりに厳格に適用することには批判がある。

　刑法37条1項但し書は、「その程度を超えた行為は、情状により、その刑を減軽し、又は免除することができる」と規定する。これは、**過剰避難**につき任意的減免の可能性を認めたものである。可罰的責任が減少しうるがゆえに、減免が認められうる。現在の危難がないのにあると誤想して避難行為を行うことを**誤想避難**という。故意が阻却される。誤想避難と過剰避難が競合する場合が**誤想過剰避難**である（大阪簡判昭60・12・11判時1204・161）。37条1項但し書の準用がありうる。

⑤　義務衝突・推定的同意

　一定の作為義務を履行せよという命令が、同時に履行不可能な義務の衝突によって守れない場合がある。この場合に違法性はどのような根拠から阻却されるのか。また、他人のために他人の庭に侵入して、壊れた水道栓を修理し、水浸しになるのを防止したとき、その行為には他人の同意はない。しかし、同意は推定されるのではないか。

1. 義務衝突

　義務衝突とは、択一的にのみ履行可能な、二つ以上の異なった作為義務が対立し、**二つ以上の不作為犯が成立しうる状況**をいう。この場合、履行しなかった作為義務につき違法性が阻却されるかどうかが問題である。例えば、父親が、二人の息子AとBとが池で溺れかけたが、二人ともを助けることはできない状況で、Aのみを助けたとき、Bの死亡に対して不作為犯の違法性が阻却されるかどうかである。

　義務衝突は、緊急避難とどのように異なるか。そもそも義務衝突とされる事例類型には、第1に、択一的にのみ履行可能な、異なる**不作為義務**が衝突する場合を含むかが問題となる。例えば、アウトバーンで、誤って反対車線を走行した者が停車することも、そのまま走行することも、逆走することも、停車することも禁止されている場合である。第2に、作為義務と不作為

義務が対立する類型がある。例えば、医師が、他の患者に感染を警告するために、守秘義務に反して職業上知りえた秘密を漏示した場合である。この二つの事例類型は、ここでいう義務衝突からは除かれる。第1類型において、対向車が迫ってきて危難が発生すれば、逆走して衝突を避けることは、緊急避難として解決可能だからであり、また、第2事例についても、秘密漏示罪の違法性は、緊急避難として阻却されうるからである。

異なった作為義務が対立する**狭義の義務衝突の事例**は、緊急避難として解決できないのであろうか。二つの作為義務が同等の場合と不等の場合とがある。重大な作為義務と軽微な作為義務とが対立する場合、大きな作為義務を履行するため軽微な作為義務に違反した場合、軽微な作為義務違反は、緊急避難として正当化されるといってもよいかもしれない。しかし、**同等の作為義務**が衝突する二人の息子の事例では、もし緊急避難であるとすると、優越的利益の原則によると違法性は阻却されないことになる。なぜなら、法益は互いに同等であって、一方が他方に優越しないから、違法性が阻却されるわけではないからである。しかし、義務衝突の事例は、不作為犯における作為義務の衝突する特殊な事例であって、緊急避難とは異なると解すべきである。たしかに上記の事例のAを救助するためにはBを犠牲にせざるをえないが、Aを救助するかBを救助するかを決断する段階では、逆に、Aを犠牲にしてBを助けることもできるのだから、補充性の原則を充たさない。

択一的な同等の作為義務が衝突する場合、一方の履行は他方の履行不可能を意味するのであるから、作為可能性がなく、もともと結果回避可能性がないのであって、作為義務自体が否定されすでに構成要件該当性が否定されるのではないかが、まず問題となる。しかし、構成要件の段階では、例外状態である利益衝突の具体的状況を考慮に入れないで、それぞれの作為可能性それ自体を考慮すべきであるから、作為可能性は肯定され、構成要件該当性は否定されない。利益調整原理である違法性判断において、これが考慮され、違法性が阻却されるのである。先に検討したように、緊急避難の事案とは異なるのであるから、義務衝突は、優越的利益の原則によって判断されるのではなく、「**不可能は義務づけない**」という法格言に則って判断されるべきである。したがって、法益同価値の利益の対立の場合にも、違法性が阻却される。

2. 推定的同意

被害者の現実的な同意はないが、被害者の同意が推定される場合に違法性が阻却されるものとする。推定的同意は、構成要件該当性を否定するのではなく、違法性を阻却する。なぜなら、被害者が現実に法益の法的保護の放棄をしているわけではなく、法益侵害自体は存在するが、その同意が客観的に推定されることによって、利益衝突場面で、優越的利益が優先されているにすぎないからである。推定的同意の事例には、**二つの類型**がある。**①内部的利益衝突類型**と、**②利益放棄類型**である。前者は、被害者自身の利益のための行為の類型である。被害者自身の内部で利益衝突がある場合である。無意識の救急患者の生命を救うため足を切断する場合、あるいは、水道の栓が緩んだために旅行中の隣人の玄関が水浸しになりそうになっていたので、無断で隣人の庭に侵入して栓を止めた場合がそうである。後者は、行為者の自己または第三者の利益のための行為であるが、被害者の利益放棄が推定される場合である。入学試験の日に、遅れそうになったので、無断で日頃使っていない留守中の友人の自転車を借りて駅まで使った場合などがその例である。

推定的同意がある場合、なぜ正当化されるのであろうか。これには、**①現実的意思推定説**、**②客観的意思推定説**および**③許された危険説**がある。第1説は、被害者の同意を延長して被害者の個人的意思を推定する見解である。この見解からは、現実に被害者が反対の意思表示をしていた場合には、推定は働かない。第2説は、現実の被害者に置き換えられた理性的な人間の客観的・合理的な判断によって被害者の利益になると判断されるのが、推定された意思であるとする見解である。これは、緊急避難において優越的利益が存在する場合に正当化されるというのと同じ考え方であって、緊急避難の延長線上に位置づける見解である。しかし、利益放棄型の場合には、被害者の利益にならないのであるから、客観的・合理的に被害者の利益になる判断ということはできないであろう。第3説は、推定的同意は、被害者の意思の事前の仮定であり、同意するだろうという事前の蓋然性の判断によって違法性を阻却するから、たとえ事後的には結果が発生したとしても事前的には許されていたという「許された危険」の判断と類似するというのである。現実的意思推定説と客観的意思推定説の折衷説が妥当であろう。

　推定的同意の要件は、構成要件該当行為につき、被害者の同意があれば違法性が阻却されうる場合であることを前提とする。また、**補充性の要件**が充たされる必要がある。すなわち、一定の利益衝突状態において現実の同意を得ることが不可能な場合に限る。例えば、先の入試の日の自転車の無断使用の事例において、被害者の現実の承諾をとることが可能な場合には、推定的同意があるとして違法性が阻却されることはない。さらに、**事前的仮定的判断の要件**が充たされなければならない。行為当時のすべての事情から、同意したであろうという被害者の仮定的意思が認められなければならない。

第8講

責 任 論

第8講へのアクセス

【Q1】責任とは非難可能性であるとされるが、責任非難の対象となるのは何だろうか。常習犯に対する刑が加重される理由について、行為責任論、性格責任論、人格責任論などの立場から考えてみよう。

【Q2】「原因において自由な行為」とは何か。飲酒して病的酩酊に陥り、是非弁別能力および行動制御能力が欠如する状態で強盗未遂を行なった被告人に対し、強盗未遂の責任を認めることができるだろうか（大阪地判昭51・3・4判時822・109＝百選Ⅰ-38参照）。

【Q3】被告人が、知り合いの警察官らに相談したが、注意や警告を受けなかったので安心して、日本銀行発行の紙幣と同様のデザインのサービス券を作成していた場合、通貨及証券模造取締法違反に問われるだろうか（最決昭62・7・16刑集41・5・237＝百選Ⅰ-48参照）。

【Q4】事実の錯誤と違法性の錯誤はどのように区別されるのだろうか。禁猟獣である「たぬき」を捕獲したが、それを「むじな」と称する「たぬき」とは別の動物であると誤信していた事案（大判大14・6・9刑集4・378＝百選Ⅰ-45参照）と禁猟獣である「むささび」を捕獲したが、それを「もま」であると誤信し、「もま」が「むささび」と同一であることを知らなかった事案（大判大13・4・25刑集3・364）について考えてみよう。

【Q5】安楽死術によって生命が短縮される場合、殺人罪は成立するだろうか。裁判例の示す安楽死要件について、調べてみよう。

1 責任の本質

　構成要件該当性と違法性が肯定されても、行為者に責任がなければその行為は、犯罪とはならない。責任があるというのはどのような意味なのだろうか。行為者に対する非難可能性があることが責任があるということだとされるが、責任能力があっても、違法性の意識の可能性があっても、適法な行為をすることが、行為者に期待できなければ、その行為者を非難できないので、責任がないのではないか。

1. 責任の意義

　責任とは、違法行為に対する**非難可能性**である。非難可能性は、処罰に値するかどうかという観点からなされる判断である。責任は、処罰の前提であり、「責任がなければ刑罰は科せられない」。その意味では、責任は刑罰の基礎である。しかし、逆に、責任があっても、処罰の必要性の程度が責任を規定するから、責任は刑罰の上限であって、それを下回っても差し支えなく、「責任あれば刑罰あり」とはならない。

　責任がない行為は処罰されない。これを**責任主義**という。責任主義には、先に述べた「責任なければ刑罰なし」という**消極的責任主義**と、「責任あれば刑罰あり」という**積極的責任主義**とがある。

2. 責任論の基礎

　責任の内容は、非難可能性であるが、非難可能性とは、**他行為可能性**がある場合に、その違法行為があえて選択され行われた点に見出されるものである。そこで、責任を問うためには、他行為可能性の基礎となる**意思の自由**の存在が前提とされるのではないかが論じられる。責任論の前提は意思の自由であるというのである。意思の自由については、従来、意思の自由を肯定する**非決定論**と、意思の自由を否定し、意思活動にも因果法則の支配を肯定する**決定論**とが対立してきた。旧派は、非決定論に立ち、意思の自由を認めるが、新派は決定論に立ちこれを否定するとされてきた。最近では、この対立は、人間の意思の因果法則からの自由を全面的に肯定する非決定論はとられ

ず、意味または価値に従って意思決定する能力のある場合には意思の自由があるとする**相対的非決定論**や、人間の意思の法則性を利用して自由に決定することを認める**やわらかな決定論**によって緩和されている。また、意思の自由論争は決着がつかないのであって、刑法の社会統制という機能を果たさせるためにその存在を擬制するのが政策的によいかどうかが問題であるとして、規範的に意思の自由が要請されているという考え方も唱えられている（規範的要請説）。

3. 責任の概念

責任の概念については、責任非難の対象となるのは何かによって、行為責任論、性格責任論、人格責任論の区別があり、また、責任非難が心理状態に向けられるのみならず、付随事情の異常性をも考慮して行われることが明らかにされるようになり、**心理的責任論から規範的責任論への展開**がみられた。

(1) 行為責任論

旧派刑法学は、意思の自由を前提として、行為者が自らの意思によって決断して行った行為を非難する。刑罰は、行われた行為に比例したものでなければならないから、行われた行為についてその責任の量が重要である。つまり、旧派にとっては、当該違法行為の非難可能性が責任であった。このように、個別の行為の責任を問うのが**行為責任**である。

(2) 性格責任論

これに対して、**新派刑法学**は、犯罪の原因を究明してその原因の除去によって犯罪予防を図るのが刑法の任務と考えたので、個別に行われた犯罪行為は、その行為の原因である行為者の性格の徴表でしかなかった（徴表説）。このようにして、新派にとっては、「罰せられるべきは行為ではなく行為者である」とされ、行為者の性格が責任非難の対象であった。これが**性格責任**である。ここでは、意思の自由も他行為可能性も責任非難の前提ではなく、犯罪行為を行うような性格をもっていることそれ自体が、社会的に危険なのであり、そのことが、非難されるのである（社会的責任）。学派の争いの終焉によって、純粋な性格責任論・社会的責任論は姿を消したが、それに親近性を

もつものは現在むしろ有力に唱えられている。

(3)　人格責任論

旧派の側からは、**人格責任論**も有力に唱えられた。これは、道義的な責任非難を行為のみならず、その背後にある人格にまで及ぼそうというものであり、また、行為責任論では説明できない現行法の責任加重を説明しようと試みたものであった。これは、人格を自ら主体的に形成したことに責任の基礎を認め、行為者が自らの責任で形成していった行状責任ないし生活決定責任を問うことによって、例えば、常習犯に対する刑の加重ないし不定期刑を説明しようとした。例えば、常習賭博罪（186条1項）が、単純賭博罪（185条）に比べて加重刑を科されるのは、常習犯人という人格を形成した責任が問われているからであるとする。わが国では、**人格形成責任**と**行為責任**を結合した**人格責任論**が唱えられた。

(4)　心理的責任論・規範的責任論

従来、責任は、責任能力を前提として、故意・過失ないし違法性の意識（の可能性）があれば肯定されるという心理的なものと考えられていた。これを**心理的責任論**という。客観的な要素は、構成要件・違法性の段階で検討され、責任の段階では主観的な要素が検討されるものと考えられてきた。しかし、20世紀の初頭には、緊急避難について責任が阻却される場合があると認識され、行為の付随事情に異常があれば、内面的な事情に対する評価である責任非難をなしえなくなることが認識されるようになった。責任とは心理状態ではなく、それに対する規範的評価であるとされ、**規範的責任論**が確立された。これには、適法な行為が期待できる場合にのみ責任非難が可能であるとする**期待可能性の理論**の展開が寄与した。これによって、**責任とは非難可能性である**という現在の責任論が確立した。期待可能性の理論では、期待可能性を**行為者本人**か**一般人**かなど誰を標準にして判断するのかについて、学説の対立がある。

この期待可能性の標準につき、**国家標準説**が展開されたが、これは、非難する側と非難される側の事情をともに考慮に入れて、国家の個人に対する期待と個人のその期待に応える可能性の相関関係の中で責任をとらえるという視点を提供した。このような視点から責任をとらえることは、結局、処罰す

べきかどうかという判断を含むので、これを**可罰的責任論**と名づけることができる（☞4-2(3)）。

4. 責任要素・責任判断

　行為者の意思決定に対する判断の対象は、さまざまな責任要素である。責任要素とは、責任の実体をなすその構成要素である。したがって、責任能力も、結果の予見可能性も、違法性の意識の可能性も、付随事情の異常性も責任要素である。責任能力については、すべての責任要素の前提であって、責任前提であるという見解（**責任前提説**）もあるが、他の責任要素と同じように責任を構成する要素の一つと解するべきである（**責任要素説**）。これらの責任要素に対して非難可能かどうかが問われるが、これが責任判断である。責任判断は、責任要素のみならず、構成要件該当の違法な行為全体について行われる。したがって、違法性の高い行為に対しては、一般的に、強い責任非難が推定されるが、ここでは、個人的非難可能性の観点から、責任要素を勘案してそれを修正する判断がなされるのである。

②　**責任能力と原因において自由な行為**

> 　責任能力とは、行為の是非善悪の弁識能力および行動の制御能力があることをいう。これがない責任無能力の場合には犯罪は成立せず、限定責任能力の場合には、責任は減軽される。この責任能力は、行為の時に存在しなければならない（同時存在の原則）。しかし、行為の前には責任能力があったが、自らの責任無能力状態を利用して違法行為を行ったとき、原因において自由な行為として処罰されるのか、処罰されるとすれば、その根拠はどこに求められるのかが問題である。

1. 責任能力の本質

(1)　責任能力の意義

　責任能力とは、有責に行為する**生物学的・心理学的能力**である。このような能力のない者の違法行為は、責任なしとなって犯罪とならない。責任能力

とは、有責行為能力である。有責に行為するとは、**規範の要求に応答する能力**（規範的責任能力）をいう。もとより、規範の要求に従って行為する能力は、刑罰に適応する能力（刑罰の意味を理解する能力＝受刑能力）に内的関係をもつのであって、したがって、刑罰適応能力をも考慮に入れると、これを可罰的責任能力ということができる。

　刑法は、「心神喪失者の行為は、罰しない」（39条1項）および「心神耗弱者の行為は、その刑を減軽する」（39条2項）と規定する。前者が**責任無能力**に関する規定であり、後者が**限定責任能力**に関する規定である。さらに、これを補充して、「14歳に満たない者の行為は、罰しない」（41条）と定める。これは、**刑事未成年**に関する規定であるが、刑事政策的観点から14歳未満の少年の責任能力を一律に否定するので、これは可罰的責任能力を否定したものである。

　責任能力が個々の行為の責任要素であるか、個々の行為の前提となる一般的な人格的能力であるとする責任前提であるのかについては見解の対立がある。**責任要素説**に立てば、①責任能力は、個々の行為との関連でとらえられる。②心理学的要素が重視される。③犯罪の種類によって責任能力は相対的にとらえられ、いわゆる部分的責任能力が肯定される。④責任能力の判断は故意・過失判断の後に行われる。**責任前提説**に立てば、責任能力は、①個々の行為から独立した行為者の一般的能力である。②生物学的要素を重視する。③部分的責任能力は否定される。④故意・過失の判断に先立って行われる。

(2) 責任無能力・限定責任能力の意義

　責任無能力とは、**心神喪失**の状態をいう。限定責任能力とは、**心神耗弱**の状態をいう。刑法上、心神喪失・心神耗弱についての定義規定はない。判例によると、心神喪失とは、精神の障害によって事物の理非善悪を弁識する能力がなく、またはその弁識に従って行動する能力のない状態をいい（大判昭6・12・3刑集10・682）、心神耗弱とは、その能力が著しく減退している状態をいう（通説）。この定義によれば、心神喪失は、**精神の障害**と、行為の不法を弁識し（**弁識能力**）、これに従って行動する能力（**制御能力**）という二つの要素からなる。精神の障害は、生物学的要素である。これのみによる責任能力・

限定責任能力の定義を**生物学的方法**と呼ぶ。弁識能力と制御能力は、心理学的要素である。これのみによる定義は、**心理学的方法**と呼ばれる。先の判例の定義から、わが国の判例・通説は、両者の**混合的方法**を採用していることが分かる。混合的方法が、他の二つに比べて優れている。生物学的方法によれば、精神障害が犯行時の具体的行為に影響を及ぼさなかったときにも責任無能力とされることがある。心理学的方法は、具体的行為のみに着目することになるので、判断が安定しないという問題点をもつ。

　責任能力は、法的概念である。したがって、その有無の判断は、鑑定人の判断に拘束されず、最終的に裁判所の判断による。判例も、「心神喪失又は心神耗弱に該当するかどうかは法律判断であって専ら裁判所に委ねられるべき問題であることはもとより、その前提となる生物学的、心理学的要素についても、右法律判断との関係で究極的には裁判所の評価に委ねられるべき問題である」（最決昭58・9・13判時1100・156）とする。最近の最高裁判例は、「専門家たる精神医学者の意見が鑑定等として証拠となっている場合には、鑑定人の公正さや能力に疑いが生じたり、鑑定の前提条件の問題があったりするなど、これを採用しえない合理的な事情が認められるのでない限り、その意見を十分に尊重して認定すべきものというべきである」としたもの（最決平20・4・25刑集62・5・1559）がある。さらに、最高裁は、「特定の精神鑑定の意見の一部を採用した場合においても、責任能力の有無・程度について、当該意見の他の部分に事実上拘束されることなく」、「被告人の犯行当時の病状、犯行前の生活状態、犯行の動機・態様等を総合して判定することができる」（最決平21・12・8刑集63・11・2829＝百選Ⅰ-35）とする。

　判例においては、**統合失調症**については、幻覚や妄想等に支配されている重症のものは心神喪失とされる（東京地判昭33・12・25第1審刑集1・12・2134）。そうでない場合には、心神喪失を否定する（最決昭59・7・3刑集38・8・2783）。しかし、統合失調症である場合に弁識能力等が著しく減退しているのに限定責任能力を認めなかったのは、事実誤認だとした判例（最判昭53・3・24刑集32・2・408＝百選Ⅰ-34）がある。**躁うつ病**については、重症でその病的衝動によって犯行に及んだとき心神喪失を認める傾向にある。てんかんの発作中の行為については心神喪失を認める。**精神薄弱**については心神喪失を認めるに

限定的である。飲酒による酩酊は、責任能力の認められる**単純酩酊**と、**異常酩酊**に分けられ、異常酩酊は、さらに、異常行動のみられる**複雑酩酊**と慢性アルコール中毒等の病的要素によりもうろう状態や幻覚妄想が生じる**病的酩酊**に分けられる。複雑酩酊には限定責任能力が認められ、病的酩酊には責任無能力が認められる傾向にある。

(3)　原因において自由な行為

　責任能力は、行為のときに備わっていなければならない。責任は、行為責任を意味するから、行為と責任とは同時に存在しなければならない。これを**行為と責任の同時存在の原則**という。そこで、もし行為者が自ら責任無能力の状態に陥ってその状態を利用して違法行為を行ったとき、この原則によって責任能力なしとなって処罰できないのかどうかが問題となる。例えば、Aが酒の勢いを借りてBを殺害しようとして酒を痛飲し、酩酊によって責任無能力状態に陥り、その後、殺人の実行行為を行った場合がそうである。もとより、自らの責任無能力状態を利用する意思がない過失犯の場合にも同様の構造はありうる（最大判昭26・1・17刑集5・1・20＝百選Ⅰ-37）。ここで、実行行為（結果行為）を行ったときには責任無能力であるとしても、そのような行為を実行するため飲酒行為（原因行為）に及んだときにはいまだ責任能力は否定されない。このように、結果行為のときには責任能力が否定されても原因行為のときには否定されないのだから、これを「**原因において自由な行為**」と呼ぶ。換言すれば、原因において自由な行為とは、実行行為とされるべき行為そのものについては責任能力を欠き不自由であるが、その原因となった行為には責任能力があるがゆえに非難可能であることをいう。そして、これを理由として、処罰を肯定する理論を**原因において自由な行為の理論**という。

完全責任能力	責任無能力 限定責任能力	実行の着手	
飲酒	酩酊	刺殺行為	死亡
（原因行為）		（結果行為）	

　しかし、原因において自由な行為の理論は、同時存在の原則に反する。そうだとすると、このような事例では不可罰とすべきであろうか。これを不可罰とする見解もあるが、多くは、この処罰を解釈論的に根拠づけようとする。そのアプローチには、二つのものがある。一つは、原因行為にすでに実行の着手を認め、原因行為時には責任能力があるのだから、同時存在の原則は充足されているとするアプローチである。これを**原則的アプローチ**（構成要件モデル）と呼ぶ。もう一つは、同時存在の原則の方を例外的に修正する**修正的アプローチ**（例外モデル）である。修正的アプローチは、同時存在原則の例外を認めるものであるが、その背後には、**責任主義と厳格な実行行為概念の二つの要請の相克矛盾**がある。

　①**間接正犯的構成説**　本説によれば、他人を道具として利用する間接正犯（☞10講3）と同様に、自らの責任無能力状態の行為を道具として利用するので、原因行為に着手したときにすでに実行の着手があり、実行行為と責任能力の同時存在の原則は充足されている。しかし、原因行為時たる、例えば、飲酒行為の時に実行の着手を認めるのは、未遂の成立時期が早すぎると批判される。また、この説からは、自らの限定責任能力状態を利用するとき、道具といえるかどうか疑問である。同時存在の原則は充たすが、実行の着手時点が早くなりすぎるというのが本説の問題点である。本説からは、原因行為の時点での故意・過失が当該犯罪の故意・過失である（大阪地判昭51・3・4判時822・109＝百選Ⅰ-38参照）。

　②**同時存在修正説**　これにはさまざまなものがある。原因行為のときに結果行為が支配可能であることを要求し、同時存在の要請をそれによって充たされたものとする見解、行為の開始時における最終的意思決定の際に責任能力があれば、結果行為のときに責任能力がなくても、一つの意思決定に貫かれた一つの行為である限り、最終的意思決定が実行行為のときまで残っているとして、その要請を充たすものとする見解などが唱えられ、さらに、原因行為と結果行為の間に相当因果関係があり、正犯結果と責任無能力状態の惹起に対する二重の故意の存在することによって、この要請が充たされるとする見解も唱えられている。結果行為の時点での実行の着手を認める見解からは、当該犯罪の故意・過失は、その時点での故意・過失によるということに

なるが、最終的意思決定の際に責任があればよいという見解では、実行行為と故意・過失の存在時点が分離することになろう。

実行の着手に関してどのような見解をとるかにより、同時存在の原則に関する説明が異なってくるが、以下のように説明される。自己がコントロール可能な、法益侵害の危険の惹起行為が終了すると、その後は、経過は因果の流れに委ねられる。実行行為となりうる行為（潜在的実行行為）はこの時点で終了するが、その経過に伴い具体的な危険が発生した時点で、遡って、先の終了した潜在的実行行為は、顕在的な「実行行為」であると評価されることになる（事後的実行行為時責任説）。実行行為となるのは、あくまでも責任能力状態での原因行為である。問題は、具体的危険の発生までの行為が支配可能かどうかである。自らの限定責任能力を利用するときは、潜在的実行行為時にこの支配可能性が肯定されるか疑問である。判例・通説は、限定責任能力状態の利用についても、責任無能力状態の利用と同様に完全な責任を肯定する（最決昭43・2・27刑集22・2・67＝百選Ⅰ-39）。

実行行為の途中で責任無能力状態等に陥った場合には、同時存在の原則には問題は生じない。実行行為の開始時には責任能力が存在するからである。これについては、下級審の判例（例えば、長崎地判平4・1・14判時1415・142＝百選Ⅰ-36）があるが、そこでは、自ら招いた（自招性がある）か、結果行為は原因行為の「継続発展」したものか、その全部が「一体性」をもつかなどが判断基準とされている（東京高判昭54・5・15判時937・123、大阪地判昭58・3・18判時1086・158）。

③ 違法性の意識の可能性

　事実の認識があり、故意が肯定されても、自らの行為が違法であると意識しなかった場合、あるいは、それを意識することができなかった場合、責任を問いうるのであろうか。また、どのような場合に違法性の意識の可能性があったといえるのか。

1.　違法性の意識・違法性の錯誤

　違法性の意識とは、自己の行為が違法であるとの意識をいう。この違法性の意識が、そもそも犯罪の成立要件として必要か、それは故意の一種なのか、それとは別個の意識なのかが問題である。錯誤によって違法性の意識を欠く場合があるが、これを**違法性の錯誤**という。違法性の錯誤は、**法律の錯誤ないし禁止の錯誤**といわれる場合もある。違法性の錯誤は、事実の錯誤とは区別され、故意を阻却するかどうかについては学説が分かれる。違法性の錯誤については、刑法38条3項が、「法律を知らなかったとしても、そのことによって、罪を犯す意思がなかったとすることはできない。ただし、情状により、その刑を減軽することができる」と規定する。この規定の解釈については、違法性の意識（の可能性）をどのように解するかによって、分かれる。

　（ⅰ）**違法性の意識不要説**は、違法性の意識は故意の要件ではなく、違法性の錯誤があっても犯罪の成立を認める。しかし、国民が違法であることを知らず、知りえなかったとしても処罰するのは、近代刑法の原則に反する。

　（ⅱ）**厳格故意説**は、違法性の意識は故意の要素であるとする。故意が存在するには、現に違法性の意識が存在しなければならない。この見解は、違法性の意識こそ故意と過失を分ける分水嶺であるとする。38条3項にいう「法律」とは法規の意味であり、これを、故意が成立するには個々の法規を知る必要はないと解する。法律の不知（あてはめの錯誤）は故意を阻却しないのである。激情犯・確信犯等には違法性の意識を欠くことが多く、過失によって違法性の意識を欠いても、故意が阻却され、過失犯処罰規定がないときは不可罰となるのは不合理であるという批判がある。

　（ⅲ）**制限故意説**は、故意の要件として、違法性の意識の可能性があれば足りるとする。違法性の意識がなくてもその可能性があれば故意は阻却されない。しかし、もし違法性の意識をもつことが不可能であったとすれば、故意が阻却される。38条3項については、「法律の規定」を知らないことは故意の成立を妨げないと解する。違法性の意識の可能性があれば故意があるというのは、故意という現実的意識に過失的要素を加味するものであって矛盾すると批判される。

　（iv）**責任説**は、違法性の意識の可能性と故意とは無関係であり、違法性の意識の可能性がなければ責任がなくなるとする。38条3項は、違法性の意識は故意とは関係がないと規定したものと解する。但し書は、違法性の意識の可能性はあっても、違法性の意識がないときは、責任が軽いからその刑を減軽しうるとしたものである。これには、厳格責任説と制限責任説がある。**厳格責任説**は、違法性阻却事由の事実的前提の錯誤を違法性の錯誤と同様に取り扱い、いずれも故意は阻却せず、責任が否定されるものとする。その点で、それを事実の錯誤とする通説とは異なる。しかし、違法性阻却事由の事実的前提に関する錯誤は、事実の錯誤であって、故意を阻却するというべきであるから、本説は妥当ではない。**制限責任説**によれば、違法性の意識の可能性がないことを責任阻却事由とし、違法性阻却事由の事実的前提に対する錯誤は、事実の錯誤として故意を阻却するとされる。本説が妥当である。

　判例としては、大審院時代の主流は、違法性の意識不要論をとり、最高裁に引き継がれたが、昭和50年代から必要説を前提としたような最高裁判例（最判昭53・6・29刑集32・4・967、最決昭62・7・16刑集41・5・237＝百選Ⅰ-48）が増えている。昭和62年の**百円紙幣模造事件**決定では、「違法性の意識を欠いていたとしても、それにつきいずれも相当の理由がある場合にはあたらないとした原判決の判断」は、是認できるとした。

2. 違法性の意識の内容と形態・構成要件関連性

(1)　違法性の意識の内容と形態

　違法性の意識における「違法性」とは何かが問題である。違法性とは、形式的違法か実質的違法か。自己の行為が、形式的に法規に反していることを知っていればよいのか、または、実質的に法益侵害性ないし社会的有害性を意識することが必要なのか、あるいは、自己の行為が処罰されている行為であることを意識する必要があるのかが問われるのである。

　第1に、違法性の意識の内容を**「前法律的規範違反の意識」**ととらえる見解がある。その内容を「国家・社会的倫理規範上許されないものであるということ」などとするが、その内容は不明確である。これに対して、第2に、それを「法律上許されないことの意識」などとして**実定法規違反の意識**と解

するものがある。さらに、第3に、これを**可罰的刑法違反の意識**ととらえる見解もある。この見解は、法定刑の錯誤も違法性の錯誤であると解する点で疑問である（最判昭32・10・18刑集11・10・2663＝百選Ⅰ-49）。第2説が妥当である。

(2)　構成要件関連性

違法性の意識は、たんに抽象的に禁止されていることを意識しているというにとどまらず、自らが行おうとする構成要件によって具体的に禁止される当該の特殊な法益侵害を不法であると認識することが必要である。これを**違法性の意識の構成要件関連性**という。問題は、例えば、その仏像を壊すことは器物損壊罪（261条）に該当し、違法であることは知っていたが、それが文化財保護法違反（同法195条1項＝5年以下の懲役・禁錮、100万円以下の罰金）にあたることは知らなかったといった場合がその例である。異なった構成要件にまたがる違法性の錯誤の場合、その意識が**可分か不可分か**により、構成要件関連性が判断される。例えば、近親相姦が処罰されると思っていたが、淫行処罰条例違反につき知らずに18歳の姪と性的関係をもった者は、条例違反につき違法性の錯誤があったのかどうかといういわゆる**二重の禁止の錯誤**の事例も、これを可分とすれば、違法性の意識は否定されるであろう。

3.　違法性の錯誤の回避可能性

違法性の意識の可能性が故意ないし責任の要素であるとする見解からは、違法性の意識をもつ可能性があったかどうか、逆にいえば、違法性の錯誤に陥ることを回避することは可能であったか、またはそれに陥るには相当の理由があったかどうかが重要である。違法性の錯誤に陥ることは回避可能であったかどうかは、あまり厳格に考えられてはならない。

回避可能性が存在するかどうかという判断は、①違法性の意識の現実的可能性があるかどうか、②行為の法的性質につき考慮する具体的な契機が存在するかどうか、③違法性の意識をもつために与えられた可能性を利用することが行為者に期待可能かどうかを手掛かりに行われる。

このように、自己の行為が違法であることを認識する可能性があるといえるのは、具体的に違法であるかもしれないということを考えさせる契機が存

在する場合である。これについては、行為者が一定の活動を始めるにあたって、①**法状況に疑念を生じたとき**、②**法的に特別の規制がある領域で活動しようとしていることを知っているとき**、③**その行為が基本的な個人的・社会的法益を害することを知っているとき**に、法状況を確認し、情報を収集すれば、違法性の錯誤に陥ることを回避する可能性があるといえる。法状況につき照会し助言を求めたとき、回避可能性が否定されるのはどのような場合であろうか。これについては、公的な所管機関に照会し、その公式の見解に従った場合には、回避可能性は否定される。判例では、**石油カルテル生産調整事件**において、石油の生産調整が当時の通産省の行政指導のもとに行われ、公正取引委員会もこれに対して何らの措置をもとらなかった場合、「自己らの行為について違法性が阻却されると誤信していたため、違法性の意識を欠いていたものと認められ、その違法性を意識しなかったことには相当の理由がある」としたものがある（東京高判昭55・9・26高刑集33・5・359）。しかし、前述の昭和62年の**百円紙幣模造事件**決定のように、「知り合いの警察官」らに相談した場合には、公的機関の担当部署でないので、回避可能性は肯定される（前掲最決昭62・7・16＝百選Ⅰ-48）。私人たる専門家の意見に従った場合には、回避可能性は肯定される。例えば、弁護士の意見を信頼した場合には、判例は、回避可能性なしとはいえないとする（東京高判昭34・5・26東高刑時報10・5・288）。特別の法的規制領域における活動の開始にあたってその法状況を確認しなかった場合には回避可能性が肯定される。**物品税法違反事件**において、製材業を営んでいた者が、副業としてブランコ等を製造したが、ブランコが課税物件であることを知らず、製造につき政府に申告すべきことを知らなかったという事案につき、「法の不知」にすぎないとした判例がある（最判昭34・2・27刑集13・2・250）。

4.　事実の錯誤と違法性の錯誤の限界
(1)　問題の所在

違法性の錯誤ないし法律の錯誤は、**法的評価に関する錯誤**である点で、事実の錯誤である構成要件的事実の錯誤や違法性阻却事由の事実的前提に関する錯誤とは異なる。錯誤の効果も異なり、事実の錯誤が故意を阻却するのに

対して、違法性の錯誤は、制限責任説によれば、それが回避可能性を欠くときには、責任を阻却する。すなわち、「事実の錯誤は罪とならず、法律の錯誤は罪となる」という法諺が妥当する。しかし、例えば、先の物品税法違反事件において、「政府に申告しないで玩具・遊戯具を製造するのは違法ではない」と思っていた場合、これは事実の錯誤であろうか、それとも違法性の錯誤であろうか。

事実の錯誤と違法性の錯誤は、事実の誤った認識か法的評価の誤った認識かによって区別できるとしても、先の物品税法違反事件における前記の認識のように、区別が実際的に困難な事例はどのようにして解決すればよいのであろうか。そのほかにも、窃盗罪における「他人の」財物といった規範的な事実の認識は、事実の錯誤なのであろうか、また、どこまでが事実の錯誤なのであろうか（その区別が問われた判例として、最判平元・7・18刑集43・7・752＝百選Ⅰ-46参照）。事実の錯誤にも、①**自然的事実の錯誤**、②**社会的意味の錯誤**、③**規範的事実の錯誤**があり、法律の錯誤には、④**規範的評価の錯誤**と⑤**法概念の錯誤**（あてはめの錯誤）が含まれる。鑑札を付けていない犬を無主犬と信じた者は、事実の錯誤（最判昭26・8・17刑集5・9・1789＝百選Ⅰ-44）なのか、違法性の錯誤なのであろうか。法概念の錯誤についていえば、条文上の文言によって認識する必要はないから、「メタノール」の所持・譲渡が法文上禁止されていたが、「メチルアルコール」がそれにあたると知らなかった者は、あてはめの錯誤にすぎない（最大判昭23・7・14刑集2・8・889）。

(2) 学 説

事実の錯誤と違法性の錯誤の区別に関しては、学説が分かれるが、ここでは代表的な見解のみを検討しておこう。まず、①**刑罰法規の錯誤か非刑罰法規の錯誤か**により区別する説がある。しかし、形式的に罰則が付いている法規かどうかで分けるのでなければ、刑罰法規か非刑罰法規かは明らかでない場合が多い。例えば、未成年者拐取罪（224条）における「未成年者」とは何かは、民法（4条）によるが、未成年者かどうかの錯誤は、非刑罰法規の錯誤であるのか、あるいは刑法上の文言であるから刑罰法規の錯誤なのか。そこで、通説は、②**事実ないし法律的事実の錯誤か規範的評価の錯誤か**によって区別する。構成要件要素における概念自体を知らなくても、その要素の形

状・機能・効果・社会的有害性・法益侵害性などを知っていれば、事実の認識があり、故意が認められる。このような個別・具体的な事実について錯誤がある場合と、行為の全体的な法的価値判断の錯誤の場合とは、区別される。

(3) 判 例

判例において、事実の錯誤か違法性の錯誤かの区別が問題になった事案として、**たぬき・むじな事件**（大判大14・6・9刑集4・378＝百選Ⅰ-45）と**むささび・もま事件**（大判大13・4・25刑集3・364）がある。禁猟獣である「たぬき」を捕獲したが、それを「むじな」であって、たぬきとむじなはまったく別の動物であると誤信していた場合に、事実の錯誤か違法性の錯誤かが争われた事案につき、大審院は、この錯誤につき故意を阻却するものとして無罪とした。他方、禁猟獣である「むささび」を捕獲したが、それをその地方で「もま」と俗称されているものであると誤信し、「もま」が「むささび」と同一のものであることを知らなかった事案につき、大審院は、「もま」を捕獲しても罪にならないと誤信したにすぎないから、事実の認識には欠缺がなく、違法であることを知らないというにとどまるから、違法性の錯誤であり、故意を阻却しないとした。たぬき・むじな事件では、「たぬき」は、「むじな」とは古来区別され、捕獲したのは「十文字むじな」と呼ばれている「たぬき」とは区別される動物であると思い込んでいたので、社会的意味の錯誤があり、事実の錯誤である。これに対して、むささび・もま事件では、「むささび」と「もま」とは同一の動物であり、「むささび」が「もま」と俗称されていたにすぎない。行為者は、感覚的知覚の次元では「むささび」の形状・性質等を認識しており、名称に錯誤があるだけであって、事実の錯誤はない。「もま」の捕獲が禁止されていないと誤信していたにすぎないから、違法性の錯誤である。

④　期待可能性（可罰的責任）

> 　責任論は、故意・過失があれば責任があるとする心理的責任論から非難
> 可能性が責任の本質であるとする規範的責任論へと発展してきた。規範的
> 責任論においては、行為者の主観のみならず、行為の外部的な付随事情の
> 異常性・正常性の及ぼす行為への影響が行為の非難可能性の判断の基礎に
> される。期待可能性の判断の際の標準を行為者本人に求めるか、平均人に
> 求めるかに応じて、学説が分かれる。ここで、個人標準説を基礎に、国家
> の、個人に対する期待を考慮する見解が唱えられたが、その見解をさらに
> 発展させるべきであろう（可罰的責任）。

1．期待可能性（可罰的責任）の意義

　従来、**心理的責任論**のもとでは、責任の内容とは意思責任であり、故意・
過失や違法性の意識が責任要素をなしていた。しかし、**規範的責任論**は、そ
れを基礎として**外部事情の行為への物理的・心理的圧迫**を基準として非難可
能性の判断を責任の内容とした。付随事情の異常性のゆえの適法行為の**期待
可能性**の否定による責任阻却が理論的に可能となったのである。通説は、こ
れを規範的責任論の内部に位置づける。

　しかし、本書では、期待可能性とは、**期待する側と期待される側の相関関
係**の中に成り立つものという期待可能性における**国家標準説**（☞2(3)）を発
展させ、それを**可罰的責任**として位置づける（少数説）。

2．期待可能性論

(1)　期待可能性の思想

　従来、期待可能性の理論は、責任阻却される同価値の法益の衝突する緊急
避難の場合には、解釈を通じて実定法の中にその具体化がみられた。また、
過剰防衛（36条2項）や過剰避難（37条1項但し書）における刑の任意的減免の
根拠にも期待可能性の思想がみられる。立法上、逃走罪（97条）の法定刑の
軽い根拠として考慮され、また、犯人蔵匿罪（103条）や証拠偽造罪（104条）
において、その立法上の背景にあった思想である。しかし、期待可能性の否

定が責任阻却を導くというのは、実定法上の根拠のない、いわば**超法規的責任阻却事由**（通説）にすぎなかった。ドイツでは、期待可能性は一般的な責任阻却事由として位置づけされているわけではないが、わが国の判例も消極的である（最判昭33・7・10刑集12・11・2471）。

(2)　期待可能性の体系的地位

　期待可能性は、責任論に位置づけられる。しかし、責任論の内部で、その他の責任要素との関係でどのように位置づけられるのであろうか。第1に、**故意・過失の要素**であるとする説がある。故意責任・過失責任はともに非難可能性の要素を含むもので、期待可能性が欠けるときは、故意・過失が否定される。しかし、故意・過失という主観的要素そのものの中に期待可能性の要素が含まれているわけではない。第2に、**故意・過失とは独立の責任要素**であって、責任が存在するためには積極的に存在すべき要素であるとする見解がある。第3に、**期待可能性の不存在を責任阻却事由とする見解**がある。期待可能性は、その不存在が責任阻却事由であり、その減少が責任減少事由であるが、期待可能性の本旨からして、可罰的責任阻却・減少事由と解すべきである。

(3)　期待可能性の標準

　期待可能であるか否かをどのような基準で決めるのか。これを行為者を標準とするか、平均人を標準とするかで見解が分かれる。第1に、①**行為者標準説**は、行為の際の具体的行為事情のもとで、行為者に適法行為が期待できたかどうかを判断の標準とする。責任とは、行為者本人にとって適法行為に出ることができたかを基準に非難可能性が判断されるべきであるから、行為者を標準とすべきだとするのである。これに対しては、行為者本人を標準にすると、期待不可能であるから違法行為に出たのであって、「そうせざるをえないからそうした」ということになり、すべてを許すことにつながると批判される。これに対しては、行為者標準説を修正し（修正された行為者標準説）、行為者を行為者の属する（本人の年齢、性別、経歴等によって構成される）類型人と解する見解も唱えられている。第2に、②**平均人標準説**は、具体的な行為事情のもとに平均人（通常人・一般人）を置いて、平均人に適法行為が期待不可能な場合、責任が阻却されると解する。この説に対しては、責任非難

は、個人に可能なことをしなかったことを非難するのであって、平均人からの逸脱を非難するのではないと批判される。第3に、③**国家標準説**は、これまでの標準とは次元を異にする。「期待」の概念には、**期待する側と期待される側**が予定され、期待する側への視座の転換が要請される。期待する主体は、「法秩序そのもの」である。法規範の総合である具体的国家の指導理念が判断の標準である。それは、法理念からみて「行為事情の類型的把握」を行い、「類型的行為事情」から国家が行為者に当該具体的行為事情のもとで適法行為が期待できるかを分析し、それを基礎として判断する。国家標準説に対しては、法秩序が期待するかどうかを期待可能性判断の標準とするのは、問いをもって問いに答えるに等しいと批判されている。法秩序が期待できるから、期待可能性があるといっているにすぎないからである。

　現在、学説においては、行為者標準説が通説である。責任は、行為者の個人の能力を基準にして、非難可能かどうかを判断するものであって、平均人の能力から逸脱しているがゆえに非難されうるというのではないからである。

　しかし、国家標準説の考え方は、責任論の本質を衝くものである。それは、期待する側である国家が、犯罪予防のための施策をどの程度実施してきたかに応じて、行為者に適法行為を期待できる程度が変動することを意味し、期待可能性が低ければ、行為者に重い責任を負わせて処罰する程度が低下することを意味する。この意味で、規範的責任論とは、**可罰的責任論**なのである。この立場からは、行為者標準説における行為事情の類型的把握は、**「規範的・可罰的評価の類型化」**を前提とするといってよい。

3. 安楽死・尊厳死
(1) 意　義
　安楽死とは、死期が迫っている者の耐えがたい肉体的苦痛を緩和ないし除去することによって安らかに死を迎えさせる行為をいう。安楽死術の施術によって生命が短縮される場合、殺人罪ないし同意殺人罪（202条）の成否が問題となる。これに対して、**尊厳死**は、回復の見込みのない患者の末期医療において肉体的苦痛はないが、生命維持装置によって生かされている患者の生

命維持装置を取り外し、人間としての尊厳を保ちつつ死を迎えさせることをいう。患者は、自らの**生命の質**（Quality of Life）を選び、尊厳のうちに死ぬという**自己決定権**をもつのであるから、とくに患者が事前に意思表示している場合には、生命維持装置を取り外しても、刑法上、同意殺人等の犯罪を構成しないのではないかが論点である。安楽死・尊厳死については、積極的に生命を短縮する行為は、**違法性阻却事由**の問題であるとする通説と、それを違法であるが、**責任阻却事由**の問題であるとする説が対立している。本書では、可罰的責任阻却・減少事由の問題であると解することになる。

(2)　安楽死

　安楽死には、苦痛を緩和・除去する際に、①生命の短縮を伴わない**純粋安楽死**、②生命の短縮の危険を伴う**間接的安楽死**、③延命措置をとらないという不作為による安楽死である**消極的安楽死**、④死苦を除去するために積極的に生命の短縮を手段とする**積極的安楽死**がある。最後の積極的安楽死については、①違法性阻却事由説と②違法であるが責任を阻却するとする責任阻却事由説とが対立している。違法性阻却事由説によると、利益衡量説からは、死期が切迫した残りの生命と、その間における苦痛とを比較衡量したとき、後者が前者を超過しているなら、正当化されると説明される。しかし、生命の保護と苦痛とを比較することができるのか、また、死を伴う苦痛の除去が苦痛に満ちた生命より優越するのであろうかという疑問がある。ここでは、可罰的責任が阻却されるにすぎないというべきであろう。

　安楽死の要件は、厳格でなければならない。まず、昭和37年の名古屋高裁の**6要件**（名古屋高判昭37・12・22高刑集15・9・674）がある。

　判決は、「人為的に至尊なるべき人命を絶つ」のであるから「厳しい要件」のもとにのみ是認しうるにとどまるとして、次の要件を掲げた。①病者が現代医学の知識と技術からみて不治の病に冒され、しかもその死が目前に迫っていること、②病者の苦痛が甚しく、何人も真にこれを見るに忍びない程度のものなること、③もっぱら病者の死苦の緩和の目的でなされたこと、④病者の意識がなお明瞭であって意思を表明できる場合には、本人の真摯な嘱託または承諾のあること、⑤医師の手によることを本則とし、これによりえない場合には医師によりえないと首肯するに足る特別な事情があること、⑥そ

の方法が倫理的にも妥当なものとして認容しうるものなること。判決は、「これらの要件がすべて充たされるのでなければ、安楽死としてその行為の違法性までも否定しうるものではない」とし、本件については、①ないし③の要件を充足しているが、医師の手によることをえなかったという特別の事情が認められず、その手段が、牛乳に有機燐殺虫剤を混入するという倫理的に容認しがたい方法であることの二点において、⑤⑥の要件が欠如する。したがって、安楽死として違法性を阻却するに足りるものではないとした。

　その後、**東海大学病院事件**に関する平成7年の**横浜地裁の判決**（横浜地判平7・3・28判時1530・28＝百選Ⅰ-20）が、医師による積極的安楽死の許容要件を呈示し、次の**4要件**にまとめた。①患者が耐えがたい肉体的苦痛に苦しんでいること、②患者は死が避けられず、その死期が迫っていること、③患者の肉体的苦痛を除去・緩和するために方法を尽くし他に代替手段がないこと、④生命短縮を承諾する患者の明示の意思表示があることである。この判例において必要とされた要件は、事実上充足されることはなく、したがって、安楽死の適法の要件を示したのは、末期医療における安楽死を事実上封殺し、リップサービスにすぎないのではないかとも言われている。

　さらに、**川崎共同病院事件**でも医師が昏睡状態の患者を死亡させた行為が問題となった。この事件は、医師が昏睡状態が続いていた58歳の患者に対し、気道確保のため挿入していた気管内チューブを抜いたうえ筋弛緩剤を静脈注射して窒息させた事案で、回復不能で死期が切迫している場合にあたらないとし、患者本人にも治療中止の意思があったことをうかがわせる事情はないとして、殺人罪を認めた（横浜地判平17・3・25判時1909・130、東京高判平19・2・28判タ1237・153、最判平21・12・7刑集63・11・1899＝百選Ⅰ-21）。

(3)　尊厳死

　尊厳死とは、回復の見込みのない末期状態の患者に対して生命維持装置を取り外して治療を中止し、人間らしい死を迎えさせることをいう。それは、**患者の自己決定権**の尊重の思想から許されるべきだというのである。生命維持装置を装着している患者には意識のないことが多く、苦痛はない場合が多い。尊厳死が問題となるいわゆる**植物状態**にある患者については、大脳の機能を損傷・停止し、意識を失っている状態であるが、死期が切迫している状

態ではない。そこで、安楽死とは異なった取扱いが必要となる。末期状態の
患者は意思表示をすることができないことが多い。そこで、**患者の事前の意
思表示** (指示) か家族の同意が要件となる。

　尊厳死に対する法的効果については、人工呼吸器の取り外しは、不作為犯
であるが、脳機能の回復の見込みがない場合には、殺人罪の構成要件に該当
しないという見解もある。不作為犯においては、作為義務を根拠づけるに
は、延命措置を施していれば「10中、8、9」助かるという蓋然性が必要だ
(最決平元・12・15刑集43・13・879＝百選Ⅰ-4) からである (☞5講1-2 (5))。し
かし、これは作為犯であるから、この見解には従いえない。**違法性阻却事由**
とする見解は、生命の救助可能性がないことを前提として、患者の事前の承
諾ないし推定的承諾および近親者・保護者等の承諾を条件として、違法性の
阻却を認める。ここでも不作為犯であるとするものもあるが、作為犯であ
る。同意による生命という法益保護の緩和という利益減少ならびに生命に対
する尊厳死の優越的利益が、違法性阻却の根拠というべきであるが、それを
根拠づけるのは困難である。国家は、尊厳死の要件を充たすとき、尊厳を失
ってまで生きることを強制しておらず、延命治療を施さないで行う尊厳死を
行わないよう期待できないから、**可罰的責任**が減少し、阻却されることがあ
ろう。

第9講

未遂犯論

第9講へのアクセス

【Q1】 未遂と予備は何によって区別されるのだろうか。実行の着手の有無
の判断基準に関する主観説、形式的客観説、実質的客観説などの考
え方について学ぼう。具体的危険説によれば、被告人が、致死量の
毒物を混入した白砂糖を贈り物として送付したが、被害者が毒物の
混入に気づいたため食べるに至らなかった場合、どの時点で実行の
着手を認めることができるだろうか（大判大7・11・16刑録24・1352
＝百選Ⅰ-65参照）。

【Q2】 犯罪類型ごとに実行の着手がいつ認められるかを考えてみよう。窃
盗罪、放火罪、住居侵入罪、強盗罪、強制性交罪、詐欺罪のそれぞ
れについて、判例はどのような判断をしているか調べてみよう。

【Q3】 不能犯として未遂の可罰性が否定されるのはどのような場合だろう
か。被告人が、殺意をもって被害者の静脈内に致死量以下の量の空
気を注射した事案において、死の結果発生の危険が絶対にないとは
いえない場合、殺人罪の不能犯は認められるだろうか（最判昭37・
3・23刑集16・3・305＝百選Ⅰ-66参照）。

【Q4】 中止未遂に刑の必要的減免が認められる根拠は何だろうか。また、
着手中止と実行中止のそれぞれの場面において、中止未遂が認めら
れるための中止行為の要件は何かを考えてみよう。6連発のけん銃
で殺意をもって1発発射したが外れた後、後悔して2発目以降を撃
たなかったとき、着手中止と実行中止のどちらになるだろうか。

① 未遂の意義

> 実行に着手して既遂に至らなかった場合、未遂であり、刑を減軽しうる（43条）。未遂には、実行の着手の際に未遂になる場合（着手未遂）と、実行行為が終了した後に未遂になる場合（実行未遂ないし終了未遂）がある。多くの重要な犯罪について、既遂のみならず、未遂も処罰される。理論的に重要な問題は、未遂の処罰根拠が何かである。

1. 未遂の意義

　刑法は、「犯罪の実行に着手してこれを遂げなかった者は、その刑を減軽することができる」（43条本文）とし、「未遂を罰する場合は、各本条で定める」（44条）と規定する。したがって、未遂は、各本条で処罰規定がある場合に処罰され、**任意的減軽**を受けうる。未遂とは、犯罪を「遂げなかった」場合であるから、既遂に至らなかったことを要件とする。現実には、犯罪行為は、未遂段階を通じて既遂に至るが、刑法は既遂を基本類型とするので、未遂処罰規定がなければ、その行為は処罰されないことを意味する。したがって、**未遂犯**とは、既遂の基本類型が処罰構成要件を拡張し、未遂にまで処罰を及ぼしたものということができる（**構成要件の拡張形式**）（☞4講2-1）。既遂の構成要件に該当するが、充足しないのが未遂である。未遂処罰は、犯罪の実行に着手した場合に始まる。したがって、極めて重大な犯罪に限って処罰されるたんなる**予備・陰謀**と、処罰されることの多い重大な犯罪における未遂とを分けるのは、**実行の着手**の有無である。

2. 予備・陰謀の意義

　ここで、**予備・陰謀**についても触れておく。**予備**とは、実行の準備行為である。これを処罰するのが予備罪であるが、予備罪の規定には、犯罪の実行の目的を要求するものがある。この目的は、超過的内心傾向であり、**目的犯**の形式で規定される。自己が基本的構成要件の実現をする目的で行う予備を**自己予備**といい、他人がそれを実現することを目的に準備する予備を**他人予備**という。一般的には、他人予備は従犯であり、予備行為ではないと解され

ている。予備罪の中には、後の実行行為の処罰規定をもたず、予備行為のみ
が処罰されるものがある（私戦予備罪＝93条）。**陰謀**とは、二人以上の者が一
定の犯罪の実行を謀議することをいう。予備のさらに前段階に位置する行為
である。陰謀は、心理的な通謀行為を処罰する。陰謀罪を罰するのは、内乱
陰謀罪（78条）、外患陰謀罪（88条）および私戦陰謀罪（93条）である。

[2]　未遂の処罰根拠

> 　未遂の処罰根拠はどこにあるのだろうか。犯罪的意思が危険だからか、
> 結果発生の危険を生じさせたからか。伝統的に主観的未遂論と客観的未遂
> 論が対立するが、現在では、行為無価値と結果無価値の対立が最も反映す
> る分野の一つである。

　既遂と未遂を分けるのは、犯罪を「**遂げた**」かどうかである。構成要件要
素がすべて充足されたとき、「遂げた」ことになるが、結果犯においては、
不法な法益侵害結果が発生した場合に既遂となる。このように、未遂は、故
意は既遂結果にまで及んでいるが、結果が発生せず、または発生した結果に
対する帰属可能な因果関係がない場合に生じる。問題は、法益侵害結果が発
生していないにもかかわらず、**未遂が処罰される根拠**は何かである。ここで
は、二つのアプローチが可能である。一つは、故意は既遂にまで及んでいる
から、この主観に着目して、意思の危険性を根拠づけるアプローチである
（**主観的未遂論**）。もう一つは、結果は発生していなくても、結果発生の客観的
危険は発生しているから、それを根拠に処罰を根拠づけるアプローチである
（**客観的未遂論**）。最近では、客観的未遂論が通説であるが、その際、「客観的
危険」の判断について、危険性の判断の資料に「行為者の主観」をまったく
入れないのかどうかによって、結果無価値論的アプローチと行為無価値論的
アプローチに分かれる。行為者が認識・予見しえたこと、予見していたこと
を危険性の判断において考慮するかどうかによって、客観的未遂論も二つに
分けられるのである。この相違は、実行の着手論や不能犯論における具体的
な学説の相違として現れる。

③ 実行の着手

> 　実行の着手は、未遂と予備の分水嶺であり、可罰的未遂の開始を意味する。実行の着手がどのような基準で認定されるかについては、主観説、客観説などの学説がある。実行行為とは、行為者の行為なのであるから、行為者の行為にその時点を求めるか、その後でもよいのかは争われている。実行行為の概念は、正犯と共犯を区別するにあたっても重要な役割を果たす。

1. 実行の着手の意義

　実行の着手とは、構成要件該当行為、すなわち**実行行為の直接的開始**を意味する。これによって、未遂となり、未遂処罰規定がある場合には、可罰性が根拠づけられる。実行の着手は、未遂と予備とを限界づける分水嶺である。この実行の着手の概念をめぐっては、先の未遂の処罰根拠論の応用問題としてその相違にもとづく見解の対立がある。

(1) 主観説

　犯罪的意思が外部に表明されるときに実行の着手が認められる。この見解は、犯罪の本質を犯罪的意思の危険性に求める主観的未遂論の立場から唱えられる。「犯意の成立がその遂行的行動に因って確定的に認められるとき」(牧野)、「犯意が飛躍的に表動したとき」(宮本) 等と表現される。犯意を抱いたときに、犯罪の直接的開始があるというならともかく、「遂行的行動」といった外部的に表明された犯罪的意思を要求するのは、すでに主観説に客観的な基準が混ざっている。結局、確定的に認められ、飛躍的に表動するのはいつかについては、主観によって定められてはいないともいえる。

(2) 客観説

　客観説は、外部的・客観的に表れた行為やその危険性によって実行の着手時期を決めようとする見解である。これには、構成要件に日常言語の意味においてあてはまる行為が行われたときというアプローチと客観的危険性が発生したときとするアプローチとがある。

　(i) 形式的客観説　形式的に、当該行為が基本的構成要件に該当する行為といえるかどうか、あるいは、構成要件に該当する行為の少なくとも一部

が行われたかどうかを基準とする見解をいう。日常用語の意味において、「人を殺す」、「他人の身体を傷害する」、「他人の財物を窃取する」といえる行為を開始すれば、構成要件該当行為を開始したことになると考えるのである。しかし、「毒薬を郵送する」、「医師が病気でない人に薬局で劇薬を買わせて飲ませるために処方箋を書く」「子供を騙して金庫から有価証券を持ち出すよう命令する」ことが、それらの構成要件該当行為にあたるかどうかは明確ではない。この説は、それ自体が構成要件的特徴を示さなくても、全体としてみて定型的に構成要件の内容をなすと解される行為であれば、実行の着手であると解するというように拡張している。これを「構成要件該当の行為と直接関連あるため自然的観察のもとにその一部分として理解せられるべき行為」(瀧川) をも含み、または、「構成要件に全部または一部の事実またはそれに密接した事実を実現すること」(植松) と定義して、実行の着手概念の実質化を図る見解もある。形式的な要件に実質的要件が加えられ、これにより、その輪郭は極めて不明確になっている。

　(ⅱ)　**実質的客観説**　結果発生の実質的危険の観点から実行の着手時期を確定しようとする共通点をもつ。しかし、その中身は「危険」の概念内容によって分かれる。

　(a)　**現実的危険説**　本説は、構成要件実現の現実的危険があれば実行の着手が認められるものとする。現実的危険は、行為当時に行為者が認識したところと、一般人の認識しえたところを前提として客観的見地からなされる事後を予測する判断である。行為当時の判断資料を用いて構成要件実現を予測するものであり、自然的な因果の流れが必然になった段階で発生する。行為時の必然性の事前判断であるから、規範的障害の介在なくして、結果の発生が必然となったとき、すでに現実的危険は発生する。したがって、離隔犯や間接正犯においては、毒薬を郵便局の窓口に預け、医師が看護師に患者への注射を命じたときに、現実的危険は発生し、実行の着手は認められる (発送時説)。この見解からは、実行の着手は、実行行為の開始を意味し、正犯者の行為と切り離せないから、行為事象が行為者の手を離れる寸前に実行の着手があることになる。しかし、本説によると、結果発生から場所的・時間的に相当離れた行為にすでに実行の着手を認め、未遂として可罰的になる点が

批判されている。

　(b)　**具体的危険説**　本説は、未遂犯は抽象的危険犯ではなく具体的危険犯であるとし、結果発生の具体的危険が発生したときに実行の着手があるとする。具体的危険とは、「切迫した危険」を意味する。本説を支持する者の中でも「切迫した危険」が何を意味するかについての理解は異なる。不能犯における具体的危険説にいう危険を意味するとし、故意などの主観を入れて判断するという見解と、結果発生に場所的・時間的に近接した危険状態を意味するという見解（大判大7・11・16刑録24・1352＝百選 I –65）とが対立している。しかし、この見解は、離隔犯において、たんに結果発生が必然になった時点ではなく、**危険が被害者に対する作用圏内に入ったときに実行の着手を**認める点で共通する。すなわち、具体的危険説の要点は、行為者の身体の活動としての実行行為の開始から切り離された時点で、実行の着手を認めるという点にある。実行の着手概念は、実行行為の開始を意味するのではなく、未遂の可罰性の開始時点を定めるという機能をもたされるのである。

　実行の着手概念をこのように実行行為の開始時点から切り離し、いわば実行行為の終了後に実行の着手が始まるという事態が是認できるかどうかが問題となる。

　①**不作為犯的構成説**　本説は、行為者の予備行為を先行行為として結果発生の具体的危険が生じたときに、その先行行為にもとづく作為義務が生じるものとして、実行行為を不作為犯として構成する。例えば、自動車に爆弾をセットし、エンジンキーを回すと爆発するようにした者は、爆弾をセットするという先行行為により危険源を設定したのだから、それを除去する作為義務が生じる。被害者が車を運転しようとしたときに、作為義務が生じ、不作為犯の実行の着手が認められるのである。この見解には、同一犯罪につき、本来作為犯であるものを不作為犯とみなすことができるか、あるいは、被害者が危険圏内に入ったとき、例えば、行為者が眠っているなどの理由で、作為可能性が認められなければ作為義務は生じないのではないかといった点で根本的な疑問にさらされている。

　②**「これを遂げなかった」＝危険説**　本説は、刑法43条にいう「これを遂げなかった」という文言を、たんに「結果が発生しなかった」という消極的

要件ではなく、積極的に「法益に対する具体的危険（危険結果）が発生したこと」を意味すると解釈する。しかし、この解釈には無理がある。「これを遂げなかった」は、結果の不発生を意味するにとどまる。

③**事後的遡及評価説** 刑法43条では、「実行に着手し」たときに未遂となるとしている。この文言から離れた解釈はできない。したがって、実行の着手とは、行為者の「実行行為の開始」を意味する。しかし、実行の着手は、「未遂の開始」を意味する評価概念でもある。この評価は、事前判断であると同時に事後判断としても構成される。実行の着手は、事前的にみて現実的に危険な行為（潜在的実行行為）に対して、結果の発生の具体的危険が切迫したときに、**事後的に遡って行為に与えられる評価**である。例えば、先の自動車に爆弾をセットする事例では、爆弾をセットする行為が事前の危険を高める行為（潜在的実行行為）であり、被害者が車に乗り込んだ時点で、遡ってその行為が「実行行為」と評価されるのである。本説では、事前の危険判断によって危険創出と判断されない行為は潜在的実行行為となりえないから、事後に具体的危険が切迫すれば、あらゆる行為者の行為が実行行為とされてしまうという批判はあたらない。本説によると、離隔犯のような場合、被害者に対する作用領域内に危険状態が生じたときに行為者の行為に実行の着手が認められ、未遂の可罰性が生じる。

2. 実行の着手の具体的適用

(1) 各犯罪類型における実行の着手

典型的な犯罪類型における実行の着手時点を考察しておこう。まず、①**窃盗罪**においては、占有を取得した時点で既遂になるから、実行の着手は、取得行為の開始にある。これによると、対象物たる財物を手に取ろうとしたときである。これは、住居に侵入して財物を窃取する場合にも妥当する。これに対して、判例は、侵入窃盗については、**物色説**をとる（最判昭23・4・17刑集2・4・399、最決昭40・3・9刑集19・2・69＝百選Ⅰ-61）。財物を探し始めたときに着手を認めるのである。スリについては、あたり行為をする段階では着手はなく予備であり、ポケットの外側に手を触れたときに着手がある（最決昭29・5・6刑集8・5・634）。これに対して、倉庫から保管物を盗む場合には、倉

庫の扉を開けたときすでに着手が認められる（大阪高判昭62・12・6判タ662・241）。②**放火罪**については、建造物に直接火を付けなくても、媒介物である新聞紙等に火を付けたときに実行の着手がある。ガソリンなどの揮発性の高いものを閉め切った住居内で散布し、放火しようとしたときには、ガソリン等を撒いたときに着手が認められる（静岡地判昭39・9・1下刑集6・9＝10・10、横浜地判昭58・7・20判時1108・138）が、灯油などの揮発性が低いものについてはそれだけでは着手とはいえない（千葉地判平16・5・25判タ1188・347）。③**住居侵入罪**においては、他人の住居等に侵入する行為を開始した時点に実行の着手が認められる。したがって、入口のドアに手をかけたり、塀を乗り越えようしたりしたときに着手がある。

(2) 結合犯における実行の着手

結合犯においては、手段たる行為に着手すれば、実行の着手が認められる。例えば、**強盗罪**においては、手段たる暴行・脅迫行為の開始が実行の着手時点である。しかし、強取行為の客観的危険性がなければ、すなわち、手段に接着して強取行為が予定されていなければ着手とはいえないであろう。**強制性交等罪**（旧・強姦罪）については、ダンプカーで他の場所に連行したうえで強制性交しようとして女性をダンプカーの中に引きずり込もうとした段階で、着手を認めた判例（最決昭45・7・28刑集24・7・585＝百選 I –62）がある。強制性交等に至る客観的な危険がない場合には、いまだ実行の着手があるとはいえない。判例には、他に二人の客がいるタクシー内で暴行を加えたとき（大阪地判昭61・3・11判タ615・125）、マンションのエントランスホールで暴行を加え自車に連れ込んで強制性交するつもりであったとき、実行の着手が否定されている（広島高判平16・3・23研修687・15）。**詐欺罪**については、現金の交付を求める文言を述べていないとしても、被害者に現金の交付を求める行為に直接つながる嘘が含まれており、被告人の求めに応じて即座に現金を交付してしまう危険性を著しく高める嘘を述べれば、詐欺罪の実行の着手が認められるとした最高裁判例がある（最判平30・3・22刑集72・1・82＝百選 I –63）。

(3) 不作為犯における実行の着手

法益侵害の危険が発生し、不作為者に作為義務が発生したとき、実行の着手が認められる。不真正不作為犯においては、結果発生の危険が生じたとき

に実行の着手が認められる。危険の概念によって、**三つの見解**に分かれる。第1は、作為義務を命じる規範が妥当し、**作為可能となった最初の時点**で実行の着手があるとする見解である。第2は、**作為義務が履行可能な最後の時点**で着手があるとする見解である。第3に、その中間説であって、行為客体に対する**直接の危険が切迫した時点**ないし**因果経過の統制・支配を手放した時点**に着手があるとする見解である。離隔犯において、到達時説をとるなら、第2説か第3説が妥当ということになるが、履行可能な最後の時点まで待つ必要はない。その直前でもかまわない。具体的危険状態の発生は、救助する可能性が残っている限り、いまだないというのではない。

(4)　被害者の不確実な行為を利用する犯罪における実行の着手

殺意をもって農道上に毒入りジュースを置く行為（宇都宮地判昭40・12・9下刑集7・12・2189）が、殺人の実行の着手となるかが問題である。事後的遡及評価説によると、農道上に毒入りジュースを置いただけでは実行の着手はないが、それを拾って飲もうとする人が現れ、それを拾った時点では実行の着手が認められる。このような事案では、農道上を通った人は誰でも飲む可能性はあるが、そもそも飲まれるかどうかは不確実である。したがって、作用領域に危険が及ぶのは、被害者が少なくともジュースを拾った時点である。これに対して、ジュースを飲みたがっている夫を殺害するため、自宅の戸棚に毒入りのジュースを置いて在宅中の夫に飲ませるため外出したような場合には、すでに事象経過を手放した時点で実行の着手を認めてよいであろう。

(5)　行為者自身の事後の行為が予定されている犯罪における実行の着手

行為者が、第1行為の後に第2行為を予定していたとき、第1行為の終了によって実行の着手が認められるか（名古屋高判平19・2・16判タ1247・342参照）。これは、早すぎた構成要件実現の場合などを想定している。また、作為の後に不作為が続くとき、どちらの犯罪が成立するのか。例えば、重病の患者を病院から連れ出し、ホテルの一室で、生存に必要な保護をしないで、死亡させた場合、218条前段の保護責任者遺棄致死罪にあたるのか、それとも同条後段の不保護罪にあたるのか（最決平17・7・4刑集59・6・403＝百選Ⅰ-6＝シャクティ事件）（☞5講1-1）。事後的遡及評価説によるならば、作為の結果犯においては、結果から遡って結果に最も近接する因果力のある行為者の作為が原

則上実行行為とみなされるが、行為者においてその作為の後にさらに作為が予定されていた場合には、実行行為にはならない場合もある。例えば、先の**クロロホルム事件**（前掲最決平16・3・22＝百選I-64）（☞6講2-4（3））においては、クロロホルムを嗅がせた時点で死亡の結果が発生していた可能性があるが、この段階では殺人の実行の着手はいまだないと解することもできる。車ごと水中に突き落とすという、第1行為とは区別される後の行為が予定されているからである。

(6)　共同正犯における実行の着手

共同正犯においては、そのうちの一人の共同正犯者に実行の着手が認められれば、全員につき実行の着手が肯定されるという**全体的考察説**と、共同行為者のそれぞれ全員に実行の着手が認められる必要があるという**個別的考察説**とが対立している。とくに行為共同説（☞11講1-2）に立つと、それぞれの実行行為がその行為者の実行の着手とされるべきであるから、個別的考察説が妥当である。しかし、すべての共同正犯者が、単独正犯の場合と同様の意味で、実行の着手段階に至っている必要はない。例えば、A、BおよびCの3人が強盗を共謀し、住居に侵入したところ、先に侵入したAとBが、居間で被害者を発見し、暴行・脅迫を開始したが、Cはいまだ玄関にいたという場合、Cには単独正犯であればいまだ強盗の実行の着手はない。しかし、このように共同者の暴行の現場、あるいは、すぐ近くにいて、いつでも実行に着手しうる状態にあるときには、Cの実行の着手も肯定されてよい。

④　不能犯

行為者本人は、結果が発生すると信じていても、または、行為自体をみれば結果発生の危険がありそうにみえても、その危険がないといってよい場合がある。その場合、未遂犯は成立せず、不可罰である。不能犯は、なぜ処罰されないのか。その要件は何か。

1.　不能犯の意義

不能犯とは、行為者の主観においては犯罪を実現する意図であったが、現

実には既遂に至る可能性ないし危険が極めて低いため、実質的には実行行為性を欠くとして、未遂の可罰性が否定される場合をいう。例えば、丑の刻参りによって人を呪い殺そうとした者が、わら人形に5寸釘を打ち付けてターゲットとなった人を呪った場合、その行為によっても死亡の危険性が発生しないので、不能犯であって不可罰である。この事例は、**迷信犯**と呼ばれ、不能犯についてどのような考え方をとろうと不能犯とされる事例であるが、そのほかにも不能犯か可罰的な未遂か、見解が分かれる場合も多い。

　不能犯には、どのような構成要件要素についてその実現の危険が否定されるかに応じて、客体の不能、方法（手段）の不能ならびに主体の不能がある。**客体の不能**とは、妊娠していない女性から堕胎しようとしたり、死体を生きている人と勘違いをして殺そうとした場合、あるいは人だと思って石の地蔵をけん銃で撃ったりする場合であって、客体の不存在や客体の性質によって結果が発生しない場合をいう。これに対して、**方法の不能**とは、砂糖水で人を殺そうと思ったり、弾丸の入っていないけん銃で人を殺害しようとしたりする場合など、用いられた手段が、危険性のないものだったことによって結果が発生しなかった場合をいう。最後に、**主体の不能**とは、構成要件要素としての主体が欠ける場合をいう。例えば、公務員でない者が、自分が公務員だと思って収賄した場合がそうである。しかし、この主体の不能については、行為主体が欠ける場面であって、構成要件結果の発生の危険がない場合ではない。このように、主体や行為の状況などの「結果」以外の構成要件要素が欠ける場合を未遂ではないとし、不能犯と区別して、**構成要件ないし事実の欠缺**と呼ぶことがある。

　不能犯は、犯罪を構成する事実（人）なのに、犯罪を構成する事実ではない（人に似た岩）と誤信して行為をする事実の錯誤の場合とは逆に、犯罪を構成しない事実（人に似た岩）なのに、犯罪を構成する事実（人）であると誤信して行為する場合である。すなわち、**裏返された事実の錯誤**である。不能犯に対して、**幻覚犯**と呼ばれる場合もあるが、これは、自分の行為が違法でないのに違法であると誤信する場合をいう。これは、違法評価を誤った場合であり、違法でないのに違法だと誤信するから、**裏返された違法性の錯誤**の場合である。幻覚犯は、処罰する規定に欠けるので不可罰である。

2. 不能犯に関する学説

(1) **古い客観説**　不能犯と可罰的未遂とはどのように区別するのかが問題である。古い学説は、一般的に結果発生の客観的危険性がない場合を**絶対的不能**、当該の具体的な特別の事情から結果発生の客観的な危険性のない場合を**相対的不能**と呼び、前者は不能犯であるが、後者は未遂であるとした。これを古い客観説という。この見解によると、客体に関する絶対的不能は、死体を殺害しようとする場合、相対的不能は、たまたまその直前に寝室から出た人がベッドで眠っていると思って殺害の目的で空ベッドに発砲した場合である。方法に関する絶対的不能は、砂糖水を飲ませて人を殺そうとした場合であり、相対的不能は、たまたま装填されていないけん銃で人を殺そうとする場合である。しかし、この区別基準は不明確である。死体を殺すことはできないが、けん銃に撃たれた者に日本刀でとどめをさす行為の直前に、その者がたまたま死亡していた場合には、相対的不能ともいいうるであろう（広島高判昭36・7・10高刑集14・5・310＝百選Ⅰ-67参照）。

(2) **主観説**　行為者に犯意があり、その犯意の実現行為があれば未遂とする。この見解は、未遂の処罰根拠を行為者の意思の危険性に求める。この見解によれば、前述のような迷信犯以外は原則として不能犯ではない。この見解は、行為者の認識した事情を基礎として、行為者自身が判断する。砂糖を飲ませると死亡すると信じて砂糖を飲ませた場合にも、砂糖で人が死ぬということを基礎にして、本人を基準に危険かどうかを判断するのであるから、危険性はあり、未遂である。

(3) **抽象的危険説**　行為当時、行為者が認識した事情を基礎として、一般的見地から客観的な危険の有無を判断し、結果発生の危険があれば、未遂犯、なければ不能犯とする。**主観的危険説**ともいう。これによれば、砂糖を青酸カリだと誤信して殺意をもって飲ませた場合、行為者が認識した事情である「青酸カリ」を飲ませれば一般的にみて死亡の結果の発生の危険があるかと問うことになり、未遂犯が肯定される。しかし、砂糖で人が殺せると思って砂糖を飲ませた場合には、一般人は砂糖で人を殺せるとは思わないから危険はなく、不能犯である。本説では、誤信した意思内容の一般的危険を問うているのであるから、主観的にすぎる。

(4) **具体的危険説** 行為当時、一般人が認識した事情および行為者がとく
に認識した事情を基礎として、一般人の見地に立って具体的に結果発生の危
険性を判断し、これが肯定されれば未遂犯、否定されれば不能犯であるとす
る。抽象的危険説との相違は、行為者の認識した事情のみではなく、一般人
の認識しえた事情をも基礎にする点である。殺意をもって青酸カリであると
思って誤って砂糖を飲ませた場合、一般人がそれを砂糖であると認識できた
場合には、それを基礎にして危険性を判断するから、不能犯となる。空気注
射で人を殺そうとして30ccから70ccの空気を注射したときは、具体的に危険
といえよう（最判昭37・3・23刑集16・3・305＝百選Ⅰ-66参照）。最近の判例には、
オレオレ詐欺の被害者が、詐欺であることに気づいた後、騙されたふり作戦
に従っている段階で、受け子が詐欺の指示を受けて被害者と接触した場合、
結果発生の危険性は、行為時の一般的、客観的事情を基礎とすべきであっ
て、通報を受けた警察官が受取役を逮捕すべく待機し、現金交付の現実的可
能性がなかったというような個別的な事情をも基礎に判断すべきものではな
いとして、詐欺の結果発生の危険性を肯定したものがある（東京高判平29・
11・10高裁速平29・208）。このような見解は、わが国の通説であるといえよう。
この見解の問題点は、「行為当時、一般人が認識しえた事情」にどのような
事情が含まれるかによって結論が異なることがあることである。例えば、先
の空ベッドの事例で、両親が2年前に亡くなった娘とそっくりな人形を娘の
部屋のベッドに横たえ布団をかけておいて、近所の人達にもそれを言いふら
していたところに、娘を殺害するために忍び込んでけん銃を撃った者が、そ
れを知らなかったという場合、その状態をみるとたしかに「生きた人間」で
あると認識するかもしれないが、近所の一般人は、その行為の具体的危険性
は感じないであろう。

(5) **客観的危険説** 行為当時存在したすべての客観的事情を基礎にして、
科学的一般人の立場から結果発生の危険性を判断し、危険が肯定される場合
を未遂犯、否定される場合を不能犯とする。客観的危険説は、具体的危険説
が、行為者の認識していた事情を危険判断の資料にする点および行為当時の
事情から事前判断によって危険性を判断する点に問題があると考えたがゆえ
に、客観的な事後判断を唱えたのである。行為者が知っているか知らないか

によって、客観的危険の有無に相違が生じるのは不合理だというのである。本説の問題点は、事後に判明した事情を基礎にして危険性を判断すると、結果が発生しなかった場合にはすべて不能犯となってしまうという点にある。例えば、けん銃によって射殺された者をまだ生きていると誤信して日本刀でとどめを刺したとき（前掲広島高判昭36・7・10＝百選 I -67)、この見解によると、死者を殺害できないから不能犯となる。

(6) **修正的客観的危険説** これには、いくつかの見解がある。まず、**仮定的事実説** (山口) がある。本説は、客観的危険説を修正し、現実には存在しなかった事実が存在することがどの程度ありえたと考えられるかを問い、そのような仮定的事実が十分ありえたという場合には、そのような事実を基礎として危険性を判断しようとするものである。この判断は、科学的一般人の立場からなされる。これは、「事後的な立場からの具体的危険判断」である。さらに、**客観的事後予測説** (前田) がある。本説は、行為時を基準に一般人の視点で危険性を科学的合理的に判断するものとする。この見解は、客観的危険の判断は、事前の立場から事後予測し、その際、行為者の主観を資料とせず、客観的な事情をもとに行われる。

実行の着手に関する具体的危険の判断は、危険創出行為を判断する事前の立場から危険を予測する判断と、事後の被害法益への作用領域内での「具体的危険状態」の発生の判断の組み合わせによって行われた。不能犯についても同様に、このような二元的な危険予測によって不能犯かどうかが判断されるべきである (**二元的危険予測説**)。ここで、具体的危険状態とは、結果発生の客観的蓋然性が差し迫って高い状態ないし結果発生の仮定的蓋然性が高かった状態をいう。事前の危険判断においては、弾丸が装填されていないけん銃を撃つこと、人が眠っているようにみえる空ベッドを撃つことも、都市ガスを吸引させることによる殺害 (岐阜地判昭62・10・15判タ654・261＝百選 I -68) も、一般人でもそう認識するのが通常であれば、危険である。しかし、科学的一般人からみて、決して「人」には見えないマネキンを撃つことは、事前的にも危険とはいえない。このような場合には、すでに不能犯である。しかし、はじめから弾丸のまったく装填されていないけん銃を撃つこと、長らく旅行中の人の空ベッドを撃つことは、事後的には危険とはいいがたい。この

事後的危険判断は、実行行為の時からさらに遡って予備段階からの仮定的蓋然性判断としても行われる。この判断は、事後に判明した事情を基礎にして、現実に発生した事象とは異なる仮定的事象の蓋然性を判断するのである。先に掲げた、けん銃に撃たれた者に日本刀でとどめをさす行為の直前にその者がたまたま死亡していたという事例は、このような仮定的蓋然性の判断においても、危険が肯定されるであろう（前掲百選Ⅰ-67参照）。また、工場で工員の一人が密かに「青酸カリ」と書いたラベルを貼って棚に10本並べて置いてある青酸カリの瓶の一本に砂糖を入れておき、コーヒーに入れて飲んでいたところ、それを知らない者が、他人を殺害しようとして、たまたま10本のうち砂糖の入った瓶を掴んで、その中身をコーヒーに混ぜたが、死亡しなかったという場合には、実行行為の時には砂糖の入った瓶からコーヒーに砂糖を混ぜているのであるが、予備行為の時の仮定的蓋然性を判断すると、やはり青酸カリの入った瓶を用いている仮定的因果経過をたどった蓋然性も高く、危険は肯定されるであろう。

⑤　中止未遂

　43条但し書は、「自己の意思により犯罪を中止したときは、その刑を減軽し、又は免除する」と規定する。なぜ、中止未遂の場合には、その効果は、必要的減免なのか。「自己の意思により」とは何を意味するのか。「中止する」の態様には、その後の行為をしない「不作為」の場合と、因果の進行に置かれた結果発生の危険を「作為」によって積極的に防止する場合とがあるが、その態様は何によって定まるのか。また、中止行為の意義は何か。これらが中止未遂の重要論点である。

1.　中止犯の意義

　実行の着手に出た者が、既遂に至る前に、「自己の意思により犯罪を中止したとき」（43条但し書）を**中止犯**ないし**中止未遂**といい、自己の意思によらずに未遂にとどまった障害未遂が任意的減軽であるのに対して、**刑の必要的減免**がその法的効果である。共犯ないし予備罪（最大判昭29・1・20刑集8・1・

41＝百選 I –72）の中止もありうる。

2.　中止減免の目的ないし根拠

　自己の意思により中止した場合、なぜ、どのような目的で刑が減免されるのか。これには、刑事政策説と法律説がある。

(1)　刑事政策説

　自己の意思によって犯罪を中止した者には、既遂に至ることを阻止すれば、刑が減免されるということを予告することにより、**犯罪結果の発生の予防**に役立つというのである。実行の着手に出た者に対して、さらにその遂行を思いとどまらせる効果をねらって、いったん侵害した法秩序に帰還する誘因となる**後戻りのための黄金の橋**を架けるものである。本説に対しては、法的効果が、ドイツ刑法のように「刑の必要的免除」であれば効果が大きいが、「減免」では効果が少ないと批判され、また、中止犯規定の存在を知っている者にしか効果は期待できないと批判されている。本説によれば、犯罪論体系における中止犯の位置は、処罰阻却事由とされる。

　「危険消滅説」（山口）は、これに属すると考えられた。この見解によれば、中止規定とは、未遂により招致された具体的被害法益を救済するために**既遂結果惹起の危険の消滅**を奨励するべく設けられた政策的規定であると解したようである。しかし、この説はその後、改説され、違法減少説と同じであるとされるに至ったので、その独自性は失われ、位置づけも変わったように思われる。従来は、その要件は、一般の犯罪とは逆の方向に向かった構成要件からなるとし、その体系的地位は、処罰阻却事由に位置づけられていたのであるが、そうだとすると、犯罪成立要件において認定された「結果発生の危険」が、一転して処罰阻却事由においては、「危険の消滅」の認定に至ることもあるとした点が批判されていた。一つの危険につき、それが、まず積極的に認定された後、消滅したものとされることは論理的に矛盾しているからである。もし、発生した危険と消滅する危険とは異なるものであるというなら、消滅するのは、「事後のさらなる結果発生の危険」であるにすぎない。しかし、これは、障害未遂においても消滅する。そこで、本説は、違法減少事由と異なるわけではないとするに至ったのであるが、危険の消滅に関する

批判はなお妥当する。

(2) 法律説

これは、犯罪の成立要件において、犯罪を積極的に根拠づける見解とは逆に、犯罪の成立を減弱させる根拠を問う見解である。違法性や責任が減少する場合に犯罪の成立を減弱させるから、**違法減少説、責任減少説、違法責任減少説**がこれに属する。**違法減少説**は、中止によって違法性が減少するというのであるが、主観的違法要素を認めるのであれば、それが減少することはありうるが、いったん認定された客観的な違法性が中止によって減少することはありえないと反論されている。また、この見解によって違法性が減少するものとすると、違法性の減少は、共犯にも及ぶはずであると批判されている。**責任減少説**は、犯行の決意が事後的に撤回されることにより、合法的規範意識が回復させられたのであり、非難可能性は減少し、責任は減少するというのである。違法責任減少説は、その両者であるという。

(3) 可罰的責任減少説

実行行為の終了後に行為者が自ら犯罪的意思を放棄し、合法性に帰還して最終的な犯罪の防止につながったとはいえ、いったん表出された危険は消滅しない。その危険の表出によって現れた違法性も減少することはない。これに対して、いったん実行行為に出た行為者に、結果の発生を防止するようにという「**勧奨規範**」を設け、それに従って自ら結果発生を防止した者には、いったん犯罪の実行に至った者に犯罪を中止することは、原則的に期待不可能であるにもかかわらず中止したことにより、非難可能性が減少し、処罰の必要性がなくなる場合もあるので、必要的減免が与えられるのである。可罰的責任は、実行行為の終了後も結果の発生の危険が存続している限りで、その存続する危険の実現を事後行為によって防止した場合、減少するのである。

3. 中止犯の要件

「自己の意思により中止した」ことが必要である。まず、犯罪の実現を阻止して未遂に終わらせなければならない。また、自己の意思によりそれが行われなければならない。まずは、中止行為の態様を決定する基準について考

察しておこう。

(1)　着手中止と実行中止

「中止」の態様には、実行行為の続行をやめるだけでよい場合と、結果の発生を積極的に防止しなければならない場合がある。けん銃で人を殺害しようとした者が、けん銃の引き金を引こうとした瞬間に、自己の意思により引き金を引くのをやめた場合と、すでにけん銃を発射して被害者に当たって重傷を負わせたが、その後、介護し、119番通報して救急車を呼んで自らも病院まで運んで治療に協力したところ、一命を取り留めたといった場合である。前者は、**着手中止**といい、後者は**実行中止**である。着手中止は、着手未遂の段階における中止である。この場合には、結果の発生に必要な次の行為をやめるという**不作為**が中止行為である。実行中止は、実行未遂（終了未遂）の段階における中止行為であり、**作為**による**積極的結果発生防止行為**が必要である。

しかし、問題なのは、着手未遂と実行未遂の区別がそう明確ではないということである。6連発のけん銃で殺意をもって1発発射したが、当たらず、自己の意思により2発目以降を撃つことができたにもかかわらず、撃たなかった場合、着手未遂なのだろうか。それとも、すでに1発撃っているので実行未遂であろうか。最近では、着手未遂と実行未遂の区別は、アプリオリには問題とならず、むしろ中止未遂との関係においてのみ問題となるので、いかなる中止行為の態様が結果発生防止に役立つのかという観点からこの区別を考えるべきだというアプローチが有力になっている。

(a)　**主観説**　行為者の犯罪計画に従って実行の継続を放棄したのかどうかを決定する。例えば、はじめから6連発のけん銃の弾丸をすべて使って殺害する計画であった場合には、1発撃ってもまだ着手未遂である。1発のみで殺害しようと計画していた場合には、すでに実行未遂である。この見解によれば、6発撃って殺害する計画であれば1発撃って重傷を負わせても、その段階で中止すればまだ着手中止であるということになる。

(b)　**修正的主観説**　主観説を修正し、すでに行われた実行行為によって結果発生の危険が生じた場合には、主観の如何を問わず、実行未遂であるとする。これによって、主観説の欠点を克服できる。しかし、この説による

と、行為計画において1発で殺害するつもりであったが、それが命中しなかったときは、けん銃にまだ5発の弾丸が残っていて撃とうと思えば撃てたのに撃たなかったという場合も中止の可能性はない。

(c) 客観説 第1の実行行為が終了すれば、終了未遂であり、すでに障害未遂である。したがって、1発目が命中しなければ中止の可能性はない。命中したが、後に結果発生防止行為をしてもすでに障害未遂であるから中止の可能性はない。この場合に例外的に中止犯に準じて刑の減免規定を類推適用するという見解（植松）もあるが、これによれば、最初の行為によって結果発生防止行為が必要な程度に危険が大きくなければ中止犯にならないという不合理が生じる。

(d) 第2の客観説 実行行為の終了時期に関して因果関係を遮断しなければ結果が発生してしまう状態が惹起された場合には、積極的結果発生防止行為が必要だが、そうでない場合には、行為の続行を不作為すればよいとする。したがって、1発目によって重傷を負わせた場合には積極的結果発生防止行為を必要とし、1発目が当らなかった場合には2発目を撃たなければ中止となりうる。本説が基本的に妥当である。もちろん、この基準は、着手中止か実行中止かの区別に関するものであるので、2発目を撃たないだけで中止行為といえるかどうかは中止行為の要件を充たすかどうかによる。

下級審の判例には、「死に致す可能性ある危険な行為」がある場合、死の結果発生を積極的に防止する行為に出る必要がある（東京地判昭40・4・28判時410・16）としたものがあり、日本刀で被害者の肩を一回斬り付けたが、受傷の程度は死の危険には至らなかった場合に、二の太刀を加えようとしてやめた事例で着手中止としたもの（東京高判昭51・7・14判時834・106）がある。また、牛刀で側頭部目掛けて切り付け被害者がこれを腕で防いだため全治2週間の切傷を負ったという事案で、着手中止を認めたもの（東京高判昭62・7・16判時1247・140＝百選Ⅰ-70）がある。

(2) 着手段階における中止行為の要件

(a) 客観的要件 ①継続性 中止されるべき行為は、すでに行われた実行行為部分と継続性をもつ必要がある。判例には、Xが、殺意をもってAの頸部に右腕を撒きつけ、これを強く絞め付けて失神させる行為を数回にわたっ

て繰り返し、Aが急激に失神した様子を見て死亡したものと誤信し、その頸部から両手を離したが、その後、Aがまだ死亡していないことに気づき、かつ、さらに殺害することに支障はないことを認識しながら、あえてそのような行為に及ばず、大変なことをしたと思って、同人を揺さぶり起こすなどした事案につき、中止を認めたもの（青森地弘前支判平18・11・16判タ1279・345）がある。この事案では、行為者は、いったん死亡したものと誤信したが、その後、いまだ死亡していないことを認識したので、継続性を認められるのである。**②続行可能性** 中止行為のとき、行為を客観的に容易に続行可能であったことである。手段の挫折の場合には、続行可能性は否定される。昼間被害者方には妻一人在宅であると思って脅迫して金品を強取しようとしたが主人が在宅であることに気づき逃走したときは、続行不能となったのである（東京高判昭31・6・20高裁特3・13・646）。行為計画との乖離があった場合も、続行可能性は否定される。客体の錯誤であることに気づいて実行を中止したとき、中止行為とはいえない。

　(b) 主観的要件 中止行為というためには、**中止意思**が必要である。中止意思とは、結果回避意思を意味する。例えば、けん銃を1発発射して結果が発生したと誤信して行為をやめた場合、中止意思は否定される。けん銃に弾丸が1発しか装填されていないと誤信して2発目を撃たなかったときも、中止意思はない。

　(3) 実行終了後の中止行為の要件

　結果発生を防止するに足りる行為をすることである。判例は、「**真摯な努力**」を要求する。真摯な努力とは、結果防止のために必要な行為で足り、自己が犯人であることを告げたかどうかは問題にならない。ドイツでは、最大の努力を払う必要があるという**最善行為説**と結果が発生しないようにするきっかけを与えればよいとする**機会提供説**が対立しているが、機会提供だけでは足りず、自らが行為事象ないし因果経過を支配しつつ**結果発生防止のために必要で適切な行為**を行うべきである。防止行為と結果の不発生の間に因果関係が必要かについては、不要であるというべきである。実行行為にもともと結果発生に至る潜在力がない場合には、行為を続行しないことによって中止が認められる。致死量に達していない毒薬を与えた者が、解毒剤を与えて

結果発生防止行為をしたが、もともと致死量に達していなかったのであるから、結果の不発生と中止行為には因果関係はない。しかし、この場合は、不作為で足りるから、中止が認められる。

判例では、ナイフで突き刺して気管内に達する傷害を与えた後、タオルを被害者の頸部にあてて止血し、救急車の到着を待って消防署員とともに被害者を担架に乗せて救急車に運び、警察官に事情を話して現行犯逮捕された事案に、真摯な努力を払ったものとしたものがある（福岡高判昭61・3・6高刑集39・1・1＝百選Ⅰ-69）。同様の事案で、逆に、「犯人は自分ではない」などと言って救助のための万全の策を取ったのではない場合にこれを否定した判例（大阪高判昭44・10・17判タ244・290）がある。放火罪に関しては、放火の後、燃えていない洗濯物を燃えた衣類にかぶせただけで、アパートの居住者に火事を知らせ助力を求めるなどの措置を執っていない以上、結果発生を防止したと同視しうる行為と認めることはできないとしたものがある（東京高判平13・4・9高検速報平13・50＝百選Ⅰ-71）。

4.「自己の意思により」の意義

これに関しては、①主観説、②客観説、③規範的主観説等がある。**主観説**は、外部的障害が、行為者の表象を通じて内部的動機に強制的影響を与えた場合、任意ではないとする。外部的障害の主観的な認識によって動機にどのような影響を与えるかによるので、主観説と呼ばれる。この説は、「**たとえ成し遂げようと欲しても成し遂げることができない**」場合、障害未遂であり、「たとえ成し遂げることができたとしても成し遂げることを欲しない」場合が中止未遂であるとし、これを**フランクの公式**と呼ぶ。本説によると、客体の価値に対する失望によって中止した場合、例えば、金庫には500万円の現金が入っているものと思って金庫破りをしたが、5万円しか入ってなかったので、盗らなかった場合、5万円を盗ることができたにもかかわらず、盗ることを欲しなかったのだから、任意性があるということになるのであろうか。これに対して、**客観説**は、中止の動機となった事情が中止の意思に対し一般の経験上通常障害と考えられるかどうか、つまり、社会一般の通念上、障害となるべく強制的影響を与えるものかどうかを基準とする。例え

ば、万引き中に近づく警察官の姿を認めたためにやめた者は、社会一般に障害としての強制的影響を与えられて中止したのであるから、任意ではないのである。最近では、この説は、外部的障害の表象が通常人に「できない」と感じさせたかどうかではなく、通常人にそれでも「遂行しよう」と思わせたかどうかを基準にするというように変化している（前田）。これは、外部的障害に直面して、「遂行可能」かどうかではなく、可能だと思った場合にも、一般に「遂行の意欲」をなくするのが通常であるという場合には任意ではないとするものであって、客観説としてはより妥当であると思われる。しかし、本説の問題点は、通常かどうかという判断がなぜ任意性にとって重要かが論証されていないことであり、また、通常人の概念は空疎であり、どのような通常人かが明らかにされなければならない。このようにみてくると、広い意味での後悔ないし反省を伴うかどうか、すなわち、「悪かった」と思ったかどうかという**規範的主観説**は、結論的には最も妥当であると思われる。しかし、本説に対しては、あまりにも道徳主義的であるという批判がある。逆に、「いったん犯罪の実行に確定的故意をもって着手した者」（前掲東京高判昭62・7・16＝百選 I -70、浦和地判平4・2・27判タ795・263参照）が、「犯罪の遂行に価値を置き、その実現のために目的合理的な判断を行う理性的犯罪者」を基準にして（**不合理決断説**）、なぜ中止するに至ったかの動機が重要である。犯罪の遂行が一定の目的をもちその達成に行為者が価値を置くものであることを前提とすれば、その価値と矛盾する不合理な動機過程の形成こそが、中止減免の恩典に値するものである。そうだとすると、犯罪的価値への拘束から自由な、その犯罪的価値の追求からみれば不合理であるような決断こそが、任意の中止と呼べるものなのである。その意味では、窃盗の客体たる財物の価値ないし殺人の客体たる人の同一性に錯誤があった場合には、中止は合理的な決断である。被害者に憐憫の情を抱いて中止するのは、価値追求からみれば不合理である。行為者にとって犯罪を遂行しなくても目的達成ができるよう状況が好転したがゆえに中止したとき（東京地判平14・1・16判時1817・166）は、合理的な決断であって、「任意」ではない。

第10講

共犯の基礎理論

第10講へのアクセス

【Q1】 正犯と共犯はどのように区別されるのだろうか。正犯とは何かに関する学説である客観説、主観説、行為支配説のそれぞれの立場から考えてみよう。

【Q2】 共犯が正犯に従属するとはどのような意味か。共犯の従属性について、実行従属性、罪名従属性、可罰従属性、要素従属性のそれぞれの観点から考えてみよう。とくに、可罰従属性（共犯の処罰根拠）における因果的共犯論（惹起説）と不法共犯論ないし責任共犯論の考え方を比べてみよう。教唆者が、被教唆者に、未遂で終わらせる意図で殺人を教唆した場合、教唆者は殺人未遂の教唆として可罰的だろうか、それとも正犯結果の惹起に対する認識・認容がないとして故意が否定され不可罰となるだろうか。

【Q3】 間接正犯とは、どのような形態の犯罪のことをいうのだろうか。間接正犯を正犯として処罰する根拠を考えてみよう。被告人が、被害者を海に飛び込む以外の選択の余地はないという精神状態に陥らせ、被害者に海に飛び込むように命じて殺害しようとした場合、被告人は殺人（未遂）の間接正犯だろうか（最決平16・1・20刑集58・1・1＝百選Ⅰ-73参照）。

【Q4】 「身分なき故意ある道具」とは何だろうか。公務員が、非公務員を利用して賄賂を受け取った場合、これらの公務員と非公務員は、それぞれ正犯だろうか、共犯だろうか。刑法65条1項の規定を参照しながら考えてみよう。

1　正犯と共犯

> 　正犯概念には、拡張的正犯概念と限縮的正犯概念がある。今日の通説である限縮的正犯概念によれば、正犯とは、規範的障害となる人の行為を介在させず、行為事象を支配して基本的構成要件を実行行為によって直接実現する者をいう。これに対して、共犯とは、正犯に関与する者をいうが、これには、大きく分けて二つの考え方がある。共犯は、正犯を通じて正犯結果を惹起し、正犯の構成要件を拡張した構成要件に該当するという見解と、共犯は、正犯に従属するが、修正された構成要件に該当するという見解である。正犯とは、何かという問題とならんで、正犯と共犯の区別の問題、間接正犯の概念も重要である。

1.　正犯と共犯の意義

　正犯とは、自ら構成要件該当行為を実行する者をいう。刑法各則において、「〜した者」と記述されている犯罪構成要件を自ら実現する者が正犯である。正犯が一人ですべての構成要件要素を充足する場合を**単独正犯**という。これに反して、複数の者が関与して犯罪が実現される場合がある。これには二つの場合がある。一つは、複数の正犯が関与する場合である。この場合で、複数の者が同時に互いに独立に同一の行為客体に対して構成要件該当行為を行った場合を**同時犯**という。複数の者が原則として意思の連絡をもって構成要件該当行為を行う場合を**共同正犯**（60条）という。共同正犯は、正犯であるが、複数の正犯が関与するので、共犯でもある。もう一つは、複数の関与者の一部が、各則に規定する構成要件該当行為を行い、他の者は、自ら実行行為を行うことなく、その実行行為に関与して犯罪を実現する場合である。これを**狭義の共犯**という。狭義の共犯には、**教唆**（61条）と**幇助**（従犯）（62条・63条）がある。共同正犯および教唆・幇助を**広義の共犯**という。

2.　必要的共犯

(1)　意　義

　刑法各則の犯罪類型の中には、はじめから二人以上で実行されることが予定されているものがある。これを**必要的共犯**という。必要的共犯には、集団

犯と対向犯がある。**集団犯**（集合犯・多衆犯）は、同一の側から同一目標に向けられた多数の者の共同行為を類型化した犯罪であり、内乱罪（77条以下）、騒乱罪（106条）などがその例である。**対向犯**は、同一目標に向けられているが相互に対向関係にある共同行為を類型化した犯罪である。例えば、重婚罪（184条）、賄賂罪（197条・198条）がそうである。対向犯には、対向する関与者に対して同一の法定刑を科する類型（重婚罪）と、別の法定刑で臨む類型（収賄罪・贈賄罪）、それに、対向関係にある関与行為の一方のみを処罰する類型がある。最後のものを**片面的対向犯**という。その例として、わいせつ物頒布罪（175条）が挙げられる。ここでは、有償頒布行為は処罰されているが、購入行為は処罰されていない。

(2)　総則の共犯規定の適用

　必要的共犯は、総則における共犯規定の適用なくそれぞれが正犯として処罰される。**集団犯**については、集団内部の関与者は、その関与の形態に応じて処罰される。それでは、集団の外部から関与する者に対して総則の共犯規定の適用があるだろうか。また、**対向犯**についても、それぞれの対向関係にある者がその構成要件行為に応じて処罰されるが、片面的対向犯の場合に、処罰規定がない一方の正犯を、他方の関与者の、総則における共犯（教唆・幇助）として処罰することができるだろうか。集団犯に対する共犯規定の適用については、学説が分かれるが、集団の外部にいる関与者については共犯規定によって処罰しうるとするのが通説である。

(3)　不可罰の対向犯の共犯としての処罰

　対向犯について、最高裁の判例には、弁護士でない者（A）に報酬を支払って法律事件の解決を依頼した者は、Aの非弁活動の禁止に対する違反（弁護士法77条3号、72条）に対する教唆もしくは幇助として処罰されることはないとしたものがある（最判昭43・12・24刑集22・13・1625＝百選 I -99）。学説においては、片面的対向犯については、処罰規定のない方の行為については、関与が当然予想されるにもかかわらず処罰しないこととしたのであるから、その教唆・幇助が定型的な関与形式である限りでは、処罰することは許されないとするもの（**立法者意思説**）がある。この説からは、定型性・通常性の程度を超えた関与行為の場合、例えば、わいせつ物頒布罪において、相手方に積

極的に働きかけて売却を迫ったような場合には、教唆犯の成立を認めるべき
だとされる。これに対して、実質的にその不可罰の根拠を説明しようとする
見解を**実質説**という。例えば、未成年者喫煙禁止法5条では、未成年者であ
ると知りつつ煙草を販売した者を処罰する。未成年者は「売ってほしい」と
依頼した場合、未成年者が処罰されないのは、その処罰規定は、まさに未成
年者を保護するための規定であり、**被害者の保護**を目的としている規定の共
犯として被害者を処罰することはできないというのである。

3. 正犯と共犯の区別

(1) 正犯概念・共犯概念

　わが国の刑法は、正犯と共犯を区別する。正犯と共犯の処罰根拠は異な
り、構成要件の射程も異なる。これに対して、構成要件の次元で正犯と教
唆・幇助との概念的区別をせず、正犯の内部においてその加功の程度・性質
に応じて量刑上の区別をするにとどまる法制度もある。これを**統一的正犯概
念**という。例えば、オーストリア刑法がこの法制度を採用する。

　これに対して、正犯と共犯を概念的に区別する体系を**二元的関与体系**とい
う。正犯とは、犯罪を実行した者、すなわち、構成要件該当行為を行った者
をいう。この構成要件は、各則に規定された**基本的構成要件**を意味する。正
犯とは、基本的構成要件をどのように実現するのかについて、見解が分かれ
る。自らの手によって直接構成要件を実現する者が正犯であるとする正犯概
念を**限縮的正犯概念**という。この限縮的正犯概念によれば、共犯とは正犯で
ないものに刑罰を拡張したものであり、共犯は**刑罰拡張事由**である。これに
対して、犯罪の実現に何らかの条件を与えた者は、すべて構成要件に該当す
る行為を行う者であり、正犯であるとする正犯概念を**拡張的正犯概念**とい
う。拡張的正犯概念の立場からは、共犯とは原理上の正犯のうち教唆・幇助
にあたるものを規定によって除いたものであり、共犯は**刑罰制限事由**であ
る。ここでは、限縮的正犯概念から出発すべきである。

　限縮的正犯概念に立脚しても、共犯を正犯の基本構成要件に従属する「**修
正された構成要件**」を実現すると考えるか、基本構成要件を拡張し、直接基
本的構成要件を実現するものではないが、「**拡張された構成要件**」（拡張的構

成要件）を通じて正犯結果を惹起するものと考えるかによって、共犯のとらえ方が異なる。修正された構成要件の実現と捉えるのが、わが国の**不法共犯論**である。これに対して、ここでは、拡張された構成要件を通じて正犯結果を惹起するのが、共犯であるとする**惹起説**（因果的共犯論）に立つ。

（不法共犯論）

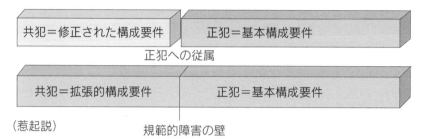

このような考え方によれば、共犯構成要件とは、正犯に対する基本的構成要件とならんで、それを拡張した**拡張的構成要件**である。この拡張的構成要件に該当する行為を行うのが、狭義における共犯である。

(2)　**正犯論**

　正犯と共犯の区別のためには、正犯とは何かを確定することが重要である。これには、客観説、主観説、行為支配説などがある。

（a）**客観説**　客観説は、限縮的正犯概念の立場から、基本的構成要件該当行為を行う者が正犯であり、拡張された構成要件に該当する行為を行う者が共犯であるとする。これは形式的客観説からの根拠づけであるが、実質的客観説は、これに行為寄与の危険性の程度という実質的観点を付け加える。たしかに具体的危険を生じさせる程度の危険行為でなければ実行行為とはいえないから、危険性の程度も実質的基準の一つではある。しかし、危険性の程度のみによって、例えば、幇助の危険性が、正犯の危険性と区別できるわけではないであろう。正犯を定義するには、共犯との区別基準によらざるをえないが、私見によれば、故意犯においては、**規範的障害**のある人を介在させないで結果発生の危険を創出した場合に限って、正犯である。ここで規範的障害のある人とは、犯罪となるような違法な行為は、「規範」によって禁止されている行為であると考えて犯罪行為を思いとどまることができる人のこ

とをいう。

(b) **主観説**　拡張的正犯概念によると、因果的には正犯も共犯も構成要件実現に条件を与えたという点では平等であるから、客観的には正犯と共犯とは区別できない。そこで、主観的次元における区別論が展開されることになる。それによれば、正犯者とは、**正犯者意思をもって因果的行為寄与をなした者**をいうのに対して、共犯者とは、**共犯者意思をもって行為寄与をなした者**をいう。正犯者意思とは、当該犯罪を自己のものとして行為する意思をいい、共犯者意思とは、他人のものとして行為することをいう。「**自己の犯罪**」・「**他人の犯罪**」をどのように区別するのかという基準は、結局、当該犯罪を行う場合、誰の利益のために行為するのかという「**利益説**」の基準しか明確な基準とはなり難いという難点がある。しかし、もっと問題なのは、犯罪の中には、他人の利益のために自らの手によって犯罪を実現する例も少なくなく、この基準によると、客観的・形式的基準が全く役立たないという点である。ドイツの戦前の判例には、未婚の子を出産した妹に代わって姉がその新生児を浴槽で溺殺したという事件で、自らの手で殺害した姉は従犯、犯罪によって利益を得た妹を正犯としたというものがある。**わが国の判例**も、後に述べるように、共謀共同正犯を認めているがゆえに、正犯の客観的要件を明示することは困難であり、この主観説をとっている。共謀に参加した者は、直接実行行為に関与しない者でも、「他人の行為をいわば自己の手段として犯罪を行った」のであれば、正犯であり（最大判昭33・5・28刑集12・8・1718＝百選 I –75)、他人の行為を手段として「自己の犯罪意思」を実現した（東京地判昭57・7・28判時1073・159）かどうかによって正犯か幇助かが区別されるのである。

(c) **行為支配説**　これによれば、正犯とは、**行為事象を支配する者**である。すなわち、行為事象を手中に収め、行為に出るか否か、どのように行為するかを決定する者である。行為支配説は、客観説と主観説の統合形態である。行為支配の概念は、組織的支配を肯定するか否か、意思支配にどのような場合を含めるかなどにつき見解は一定していないので、この概念を用いることは、概念の混乱をもたらすおそれがある。もし、先に述べたように、規範的障害となる他人を介在させない危険の創出のみが、行為支配を肯定でき

る場合であるとして、行為支配概念を明確化して用いるなら、行為支配説を採用することができよう。

2 共犯の基礎

> 共犯は、正犯の実行行為とは独立に処罰されるのであろうか。それとも正犯の実行に従属するのか。その従属性の意味については、実行従属性のほかに、罪名従属性や可罰従属性に分析される。また、正犯が、構成要件該当性・違法性・責任のどの段階の要件まで備えている必要があるのかも、共犯の成立範囲に影響する。

1. 共犯独立性説と共犯従属性説

共犯の基礎理論については、新派と旧派の対立を前提として、従来、**共犯独立性説と共犯従属説の対立**の基本的図式があった。新派から唱えられた共犯独立性説は、共犯の処罰は、正犯から独立に処罰されるという考え方を指した。旧派からは、共犯従属性説が唱えられ、共犯の処罰は、正犯に従属するとした。従属性・独立性の意味は、共犯は、教唆を正犯が直ちに拒否して実行行為に出なくても、共犯の未遂として処罰される（共犯独立性説）か、または正犯の実行を条件として処罰される（共犯従属性説）かという見解の相違として表れた。また、その意味は、共犯が何罪の教唆・幇助を行ったかを決定するのは、正犯の罪名である（共犯従属性説）か、そうでない（共犯独立性説）かを区別する点にもあった。すなわち、その対立は、共犯の処罰が正犯の処罰に依存すると考えるか、正犯とは独立に処罰されると考えるかという共犯の本質に関する理解の対立を反映するものだったのである。

しかし、このような基本的図式は、戦後に至ってもっと分析的にとらえられるようになった。すなわち、共犯の従属性を、①実行従属性、②罪名従属性、③可罰従属性（共犯の処罰根拠）に分けて分析されるようになったのである。**実行従属性**とは、共犯の処罰は、正犯の実行行為の存在を前提とするという見地である。したがって、共犯従属性説は、これを肯定し、共犯独立性説は、これを否定する。**罪名従属性**とは、共犯の罪名は正犯の罪名に従属す

るという見地である。かつての共犯従属性説からも罪名従属性を否定しうる
というのが、この分析の成果である。**可罰従属性**とは、**共犯の処罰根拠**のこ
とであり、共犯は、どのような根拠から処罰されるのかにつき、正犯が処罰
されるからなのか、正犯とは別の固有の処罰根拠をもつのかどうかである。
この点については、共犯従属性説も、現在、正犯の可罰性を借用する (共犯
借用犯説) とは考えていない。**共犯固有犯説**が通説である。共犯も、正犯構
成要件を因果的に惹起するから処罰されるのか、それとも、共犯は、正犯者
の不法ないし責任 (犯罪) を作り出すがゆえに処罰されるのかについて、**因
果的共犯論**と**不法共犯論**ないし**責任共犯論**とが対立しているのである。その
ほかに、共犯の処罰は、正犯の行為の性質が、犯罪成立要件のどの段階の要
素まで充たしている必要があるかについて、**要素従属性**の問題がある。これ
は、共犯の成立は、①正犯の構成要件該当性を前提とするという**最小従属性
説**、②構成要件該当性のみならず、違法性まで充たすことを前提とするとい
う**制限従属性説**、③それらに加えてさらに責任まで必要であるとする**極端従
属性説**、④正犯が犯罪であるのみならず、処罰条件も備える必要があるとす
る**誇張従属性説**が対立していた。従来の通説は、極端従属性説であったが、
徐々に、制限従属性説が有力となり、通説の座を奪った。

　不法共犯論ないし責任共犯論と因果的共犯論との違いが反映される問題と
して、自ら行っても正犯処罰を予定していないような犯罪類型の場合、共犯
として処罰されることはないのかという問題である。つまり、**正犯処罰がな
ければ共犯処罰もないか**という問題がある。構成要件にあてはまらない、ま
たは、構成要件には該当するが期待可能性がないからという理由で正犯とし
て処罰されない場合、共犯としては処罰されるかについては見解が分かれる。

　まず、犯人蔵匿・隠避罪 (103条) において、犯人が他人を教唆して自己を
蔵匿させ又は隠避させたとき、「自分が自分を蔵匿・隠避させる」とはいわ
ないので構成要件に該当しないのではないか、あるいは、犯人が自ら身を隠
したときは期待可能性がないが、他人に教唆した場合には処罰されるのかが
問題となる。これについて、最高裁は、教唆犯の成立を認めている (最決令
3・6・9時報1770・24)。多数意見の採る**責任共犯論**からは、教唆犯は、他人を
犯罪に巻き込む (「他人の犯罪を生み出した」) という点で責任は重いと考えるか

らである。しかし、この決定には「反対意見」も付されている。反対意見は、**因果的共犯論**に立ち、正犯も処罰されないのに、正犯より因果性が弱く、犯罪性も軽いはずの教唆を処罰するのは背理だとする。

次に、証拠偽造罪（104条）においても、犯人が自らの刑事事件につき証拠を偽造した場合には、実質的には犯人に期待可能性がないから処罰されないが、他人に自ら（犯人）の刑事事件に関する証拠を偽造するよう教唆した場合に処罰されるかが問題となる。因果的共犯論の観点から「他人の刑事事件」という要素が責任要素だと解すると、正犯として期待可能性がないものは教唆としても期待可能性がないのは当然のことであるから、教唆は処罰されないことになる。これに対して、責任（不法）共犯論からは、他人に証拠偽造を実行させることによって他人を犯罪に巻き込んでいるから、責任（不法）は自ら実行した場合よりも重くなるため、教唆は処罰されることになる。

2. 従属性の意味
(1) 実行従属性

実行従属性は、共犯従属性説と独立性説の分水嶺であり、正犯が犯罪の実行に出なければ、教唆・幫助は処罰されないという原則である。すなわち、教唆者が正犯に犯罪の実行を教唆したが、正犯が実行の着手に出ない限り、いわゆる**教唆の未遂**は処罰されないという原則であり、従属性説の基本原理である。従属性説によれば、わが国の総則の共犯は、例えば、教唆したが、被教唆者が実行の着手に出ない限り、教唆として処罰されないと解すべきである。**教唆行為を独立に処罰する規定**は、**破壊活動防止法**38条以下に存在する。同法41条では、「教唆された者が教唆に係る犯罪を実行したときは、刑法総則に定める教唆の規定の適用を排除するものではない」と規定するから、正犯の実行があれば総則の教唆の規定の適用が可能となる。この実行従属性の意味は、構成要件該当行為の意味であると解するのが通説であるが、少数説の中には、これを違法行為（不法）と解し、必ずしも現に「正犯者」とみなされる者が構成要件に該当する行為を行わなくても構わないと解する説（**違法行為従属性説**）がある。

(2)　罪名従属性

　これは、共犯の罪名は正犯の罪名に従属するという原則をとる見解である。これに対して、**罪名独立性**とは、共犯は、正犯の罪名から独立の罪名が成立するという原則を認める見解である。この対立は、共犯の処罰根拠の問題とも関係し、共犯の本質に関する見解が反映した対立である。罪名従属性説は、**共犯の本質を正犯に関与する犯罪**とみる。すなわち、横領罪を教唆するのが横領教唆罪である。これに対して、罪名独立性説は、共犯の本質を、正犯を通じて**教唆という形式で自らの犯罪を実現する犯罪**とみる。すなわち、教唆によって正犯に横領を実行させた業務者は、自らの固有の業務上横領罪を教唆という形式で実現したので、業務上横領の教唆罪である。この罪名従属・独立の対立図式は、共同正犯においても、犯罪共同説と行為共同説という形式に代わって現れる。

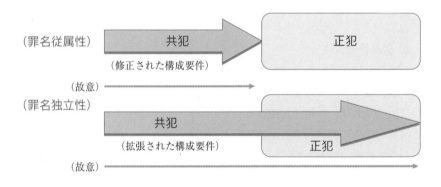

(3)　可罰従属性（共犯の処罰根拠）

　本来、共犯の可罰性は、正犯に従属し、正犯から借用するのか（共犯借用犯説）、それとも共犯固有の可罰性が根拠づけられる（共犯固有犯説）のかの対立であるが、最近では、共犯借用犯説は姿を消し、共犯固有の可罰性がどのように根拠づけられるかが対立している。**因果的共犯論**は、共犯の処罰根拠は正犯結果の惹起にあるとする（惹起説）。これに対して、**不法共犯論**ないし**責任共犯論**は、共犯の処罰根拠を、正犯者を犯罪に陥れることに求める。ただ、最近では、正犯の責任に従属するという極端従属性説ではなく（**責任共**

犯論）、違法性に従属するという**制限従属性説**に従って、正犯を不法（違法性）に陥れること（**不法共犯論**）を処罰根拠とする。責任共犯論ないし不法共犯論は、正犯に違法で有責な行為を行わせることに共犯の本質があると考えるから、**罪名従属性説**をとることになる。因果的共犯論は、罪名独立性説とつながる場合、**純粋惹起説**という。この見解は、共犯の違法性は正犯の違法性とはまったく独立であると考える。因果的共犯論には、このほかに、共犯の違法性は、正犯の違法性に連帯すると考える**修正惹起説**がある。この見解からは、正犯の違法性、すなわち、正犯の不法を惹起するのが惹起説であると考える。これに対して、**混合惹起説**は、共犯の違法性は正犯の違法性とは相対的でありうるとする。

　ここで、不法共犯論と因果共犯論との基本的な考え方を対比させておくと、**共犯の構成要件**に関して次のような見解の対立がある。まず、不法共犯論の考え方によると、共犯構成要件（共犯行為の射程）は、正犯に実行行為を行わせるところで尽きる。すなわち、共犯の構成要件は、正犯のそれとは射程が異なり、**修正された構成要件**である。正犯が実行行為を行ったことはたんに犯罪の結果である。これに対して、罪名独立性説に立つ因果的共犯論によると、共犯構成要件（共犯行為の射程）は、正犯結果の惹起にまで及び、そこまでを含めたのが共犯の構成要件であり、正犯の側からみると、共犯構成要件は、正犯のそれから**拡張された構成要件**である。

　これを**未遂の教唆**の問題に応用しておくことにしよう。すなわち、教唆者が、被教唆者に、未遂に終わらせる意図で、犯罪の実行（例えば、殺人罪）を教唆した場合、すなわち、警察官が、尻尾をみせない暗殺者に暗殺を教唆して、暗殺者が実行行為に出た瞬間に、未遂に終わらせて逮捕する意図で犯罪を教唆するいわゆる**アジャンプロヴォカトゥール**（教唆する司法巡査）の事例で、教唆者にその犯罪の未遂（殺人未遂）が成立するかという問題における解答が異なる。不法共犯論によると、共犯行為とは、修正された構成要件の充足に尽きるから、正犯に実行を行わせることが共犯の犯罪の射程である。そうだとすると、教唆犯の故意とは、正犯に実行行為を行わせることの認識・認容で尽きる。先の事例では、教唆者にこのような認識・認容はあるから、未遂の教唆として可罰的である。これに対して、因果的共犯論に立つ

と、共犯の構成要件の射程は正犯結果の惹起にまで及ぶから、教唆の故意と
は、正犯に実行行為に着手させることのみならず、正犯結果を惹起させると
ころまで及ぶことになる。先の事例で、教唆者には、正犯結果の惹起に対す
る認識・認容はない。したがって、故意が否定され不可罰となる。

(4) 要素従属性

　純粋惹起説に従うなら、要素従属性の問題は、正犯の実行行為に従属する
ということになる。そうだとすると、少なくとも正犯の構成要件該当性は前
提とされるから、最小従属性説を採ることになると考えるのが論理必然的で
あるが、現実に唱えられている構成要件該当性を前提としない説とは一致し
ない。純粋惹起説は、**違法行為従属説**を採るのが一般である。すなわち、純
粋惹起説からは、正犯行為は、構成要件に該当する行為でなくても、違法行
為であることが要求される。例えば、教唆によって正犯に過失の器物損壊行
為を行わせる場合、正犯は、器物損壊の構成要件該当性がなくても、違法で
あるから、この見解によると、器物損壊罪の教唆が成立しうる。不法共犯論
ないし修正惹起説に立つと、制限従属性説を採ることになる。しかし、学説
の中には、**最小従属性説**を採るものもある。最小従属性説は、正犯の構成要
件該当性には従属するが、その違法性には従属しないので、正犯者に具体的
な場合に「やられるぞ。殴り返せ」と言って正当防衛を決意させた場合、殺
人罪ないし傷害罪の教唆が成立しうることになる。

③ 間接正犯

　自ら直接実行する直接正犯に対して、他人の行為を道具のように利用し
て実行する者を間接正犯という。被利用者が情を知らず、または、判断能
力がなく、自らの規範的な判断によってその行為をやめる可能性（規範的
障害）がないとき、道具ということができる。間接正犯は、どのような場
合に認められるのであろうか。

1. 間接正犯の意義と必要性

間接正犯とは、他人を道具として利用することによって犯罪を実現する正

犯の一形態である。直接正犯が、自ら、直接、行為事象を支配するのに対して、間接正犯は規範的障害とはならない**他人を道具として利用**し、間接的に行為事象を支配する点で異なる。しかし、両者ともに正犯であるから、規範的には、同様に犯罪を「実行」する者である。

　直接正犯は、他人の行為を媒介させないで行為事象を支配するが、これは、行為への着手、行為の方法等がその者に委ねられ、思いのままに支配されていることを意味する。他人を媒介させる場合であっても、もしその他人の行為が背後者の道具のように思いのままに利用されるのであれば、直接正犯と同様に扱われるべきである。これが間接正犯肯定の**積極的根拠**である。しかし、間接正犯の概念が支持された背景には、極端従属性説が通説であったとき、被利用者に責任能力がなかったならば、共犯は成立しえないが、これを不可罰にするわけにはいかず、やむなくこれを「正犯」とする補充概念であったという**消極的根拠**もある。当該の共犯理論の帰結により共犯の成立が否定されざるをえないとき、これを間接正犯として処罰するという補充概念としての機能は、今日でも多くの学説によって用いられている。

2. 間接正犯論の問題点と間接正犯無用・限定論

　共犯論の補充概念としての間接正犯論の役割は、制限従属性説が通説となった今日、小さくなっている。例えば、13歳の子供に金銭を盗むよう指示する行為は、その子供に責任能力がなくても、制限従属性説によると、すでに子供は道具とはいえず、窃盗罪の教唆となりうるからである。しかし、共犯理論が、間接正犯の必要性を正当化している例はほかにも少なくない。とくに罪名従属性説をとることの反射的効果として共犯を否定せざるをえない場合が典型的である。例えば、被利用者の過失行為を故意で利用して被害者を殺害しようとする背後者の行為は、罪名従属性説によると、過失犯である正犯の罪名から独立した殺人罪の教唆を肯定することは不可能であるから、殺人罪の間接正犯とせざるをえないのである。

　そこで、通説とは異なった共犯論ないし正犯論をとることによって、間接正犯の概念を無用とし、または限定的に使用しようとする見解が唱えられることになる。正犯論としては、**拡張的正犯概念**を採れば、教唆・幇助以外

の、正犯結果に条件を与えた者はすべて正犯であるから、間接正犯概念は無用となるが、今日、支持者はほとんどいない。現在、有力に主張されているのは、純粋惹起説からの無用論ないし限定論である。これには、他人の無過失や被害者の行為を利用する場合も間接正犯ではなく、教唆であるという徹底的否定説と、規範的障害のある他人の行為が介在する場合にのみ間接正犯を否定し、教唆を肯定するという**規範的障害説**がある。この無用論・限定論に対しては、正犯概念を限定するが、共犯概念を弛緩させ、共犯としての可罰性を拡大するという批判がある。

3. 間接正犯事例の検討

(1) 間接正犯成立事例

　間接正犯が肯定されるのは、被利用者が「道具」となっているときである。**被利用者が被害者である場合**、例えば、被害者に海に飛びこむ以外の選択の余地はないという精神状態に陥らせて飛びこむよう命じて殺害しようとした場合（最決平16・1・20刑集58・1・1＝百選Ⅰ-73）、被利用者の構成要件該当性がなく間接正犯という必要がないであろう。間接正犯が肯定されるのは、被利用者が自らの自由な判断によって行為事象を支配しえないときである（最決昭58・9・21刑集37・7・1070＝百選Ⅰ-74参照）。行為支配が肯定されるのは、被利用者が規範的な障害として自らの判断で行為できないときである。そのような場合として、第1に、被利用者の意思が、**物理的・心理的に強要されている場合**（強要支配）がある。例えば、被害者を殴らなければ殺すぞと脅されたような場合である。第2に、被利用者に**行為事象に対する判断能力のまったくない場合**である。例えば、10歳未満の幼児である、是非善悪の弁別能力がまったくない高度の精神病者であるといった場合がそうである（意思支配）。被利用者が、錯誤に陥り、しかもその**錯誤に陥ったことにつき過失がない場合**もこれにあたる。

(2) 異なる故意行為の利用

　被利用者の故意が、利用者の故意とは異なってより重い犯罪を表象している場合、利用者は間接正犯であるというのが通説である。例えば、背後者Aが、殺意を秘めて致死量の毒薬をBに渡し、「Cにこの下剤を飲ませて傷害を

負わせろ」と指示した場合、通説によると、Bは傷害（致死）罪の正犯、Aは殺人既遂の間接正犯である。Bは、致死量の毒薬を飲ませることを知らず、背後者が知識の上で優越しているので、意思支配をしているというのが、行為支配説（☞1-3(2)）からの積極的説明である。しかし、これに対して、少数説は、被利用者は、傷害罪という犯罪行為を行うことについては知っており、背後者の意のままになる道具ではなく、したがって、規範的障害となるのであるから、間接正犯ではないとする。ここで、通説が間接正犯であるとするのは、罪名従属性説に依拠するがゆえに、被利用者は傷害罪の正犯、背後者は殺人罪の教唆という結論がとりえないと考えるからである。少数説の問題点は、錯誤によって正犯の意図する法益侵害と、背後者の目論む法益侵害とが極めて落差の大きい場合にも、道具でないといえるかどうかである。例えば、「この障子を銃で撃て」と指示したが、被利用者は障子の蔭に人がいることを知らず、背後者がそれを知っていた場合がそうである。

(3)　他人の過失行為の利用

　通説によれば、被利用者が**過失**の場合、**背後者は間接正犯**である。しかし、少数説は、過失とは、不注意であり、注意義務を尽くしておれば結果の発生に気づき、結果の発生を回避できたはずの場合であるから、間接的に規範的障害は介在しており、道具ではないと主張する。例えば、看護師の過失を利用して背後者たる医師が患者に毒薬を服用させた場合、医師は、殺人罪の間接正犯ではなく、殺人罪の教唆であるとする。また、被利用者に**客体の錯誤**を惹き起こして目的を遂げた場合、例えば、Cを狙っていたBに対して、Aが、「あれはCだ。撃て」とBに指示して実際はDを殺害させた場合、Aは、D殺害の間接正犯ではなく、教唆である。被利用者を禁止の錯誤に陥れる場合にも、錯誤に陥るのが相当であったかどうかという過失の有無が問題となるから、これを基準として、過失がある場合には、教唆とすべきであろう。

　問題は、情を知らない者に「この壺は落としても割れない」と騙して**過失で器物損壊罪**を行わせるような場合である。この場合、たしかに被利用者の過失を利用しているが、被利用者には故意がないので、構成要件該当性がなく、**可罰的な規範的障害**があるとはいえないので、教唆とはならないと解すべきであろう。それは、被害者の過失を利用して器物損壊をさせた場合と同

様である。さらに、非身分者が真正身分犯において、身分者の過失行為を利用して違法行為を行わせる場合、非身分者は、教唆とはならない。例えば、医療事務スタッフが医師の過失を利用して秘密漏示罪（134条1項）を行わせた場合、医療事務スタッフには、身分がなく、正犯にはならないが、医師の行為には可罰的規範的障害がないから教唆にもならず、不可罰である。

(4) 故意ある道具の利用

　目的なき故意ある道具の利用の場合に間接正犯が成立するという見解が有力である。しかし、まず、不法領得の意思、行使の目的などは、他人に領得させる目的、行使させる目的も「目的」に含まれるので、背後者には、目的が肯定される場合が多い。また、いわゆる**故意ある幇助的道具**といわれる場合については、間接正犯ではなく、被利用者に規範的障害があり、教唆である。判例には、会社の代表取締役が、会社の使用人にトラックを運転させて米を運搬させたことが、(旧) 食糧管理法違反・同施行規則で禁止する「輸送」の正犯にあたるとしたものがある。そこでは「同人を自己の手足として判示米を自ら運搬輸送した」とし、実行正犯であるとした（最判昭25・7・6刑集4・7・1178）。これは故意ある幇助的道具を認めたものであるとされるが、「輸送」の概念が自ら車を運転して荷物を運搬することを指すのだとすれば、教唆にとどまるであろう。

　問題として残るのは、**身分なき故意ある道具**の場合である。公務員が、非公務員を利用して賄賂を受け取った場合、非公務員が収賄罪の正犯であり、公務員は教唆であるとする見解（佐伯千仭）があり、また、非公務員が収賄罪の幇助であり、公務員は収賄罪の教唆であるとする見解（植田・中）がある。前者の見解に対しては、身分のない者が単独正犯になりうるかという疑問があり、後者の見解に対しては、**「正犯なき共犯」**を認めることになると批判される。これに対して、後者の見解からは、「超実定法的・存在論的実行行為」ないし**「事実上の正犯」**は前提とされており、正犯なき共犯を肯定するものではないと反論される。この見解は、利用者の立場からみると、被利用者の行為は「実行行為」であるとするが、これは、構成要件該当性がなくても**「違法行為」**であれば正犯（実行行為）でありうるという考え方を基礎とする。もしこれが不当だとすると、正犯というには、原則として、構成

要件に該当する違法な行為が必要である。身分なき故意ある道具の事例において、正犯なき共犯が認められるのは、65条1項において「犯人の身分によって構成すべき犯罪行為に加功したときは、身分のない者であっても、共犯とする」という規定における「犯罪行為」とは、共犯を含む犯罪行為を指すからである。このように、真正身分犯については、実行従属性の要請は、65条1項によって例外的に「共犯行為」に従属する場合にも充足するがゆえに、**正犯なき共犯**が肯定されうるのである（☞12講2-2(3)）。

(5)　正当行為の利用

まず、警察官に犯人でない者を現行犯人と誤認させて逮捕させる行為は、逮捕監禁罪の間接正犯か教唆か、次に、偽証によって死刑判決を下させる場合、殺人罪の間接正犯か教唆か、が問題である。これを違法性の錯誤を利用する事案であると考えると、やはり可罰的規範的障害がないことになり、間接正犯となる。問題は、攻撃を指示して、その実、被攻撃者の反撃を誘い、その正当防衛を利用して攻撃者を殺害する場合に間接正犯か教唆かである。Aが、Bに「Cを殺せ」と指示したが、その際、BがCから反撃され、正当防衛で殺害されることを意図していたという場合、**正当防衛を利用した殺人の間接正犯**であるとする見解が通説である。なぜなら、正犯Cは、正当防衛であって規範的障害のない道具だからである。

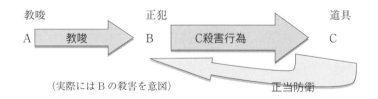

（実際にはBの殺害を意図）

しかし、Cが正犯ではなく、Bを正犯とみるべきである。Bの攻撃は、違法な殺人（未遂）行為であり、それを教唆されたBは、規範的障害をもち、道具となってCを殺害しようと思うわけではない。Bの行為は違法であり、Cに対する殺人（未遂）の正犯である。したがって、Aの指示は、殺人（未遂）罪の**教唆**である。Bが死亡した場合には、Bの行為は、やはりCに対する殺人未遂罪であるが、Aの行為は、Bに対する殺人既遂の教唆である。

第11講

共同正犯の基礎理論と諸類型

第11講へのアクセス

【Q1】 共同正犯における「一部行為の全体責任の原則」とは何か。また、「二人以上共同して犯罪を実行」(60条)という場合の「犯罪」の内容は異なっていてもよいのだろうか。犯罪共同説と行為共同説それぞれの立場から、AはBと殺人罪を共同して行うつもりであったが、BはAと傷害罪を共同して行うつもりであったとき、被害者が死亡した場合に、AとBに何罪が成立するのか考えてみよう。

【Q2】 共同正犯が成立するための要件は何か。共同実行の意思、共同実行の事実とは何だろうか。暴力団の組長である被告人が、自らはけん銃を所持することなく、けん銃等の装備を持って被告人と終始行動を共にする専属ボディーガードである「スワット」により護衛されていた場合、被告人はけん銃等の所持につき共同正犯になるだろうか（最決平15・5・1刑集57・5・507＝百選Ⅰ-76参照）。

【Q3】 承継的共同正犯とは、どのような場合に問題となる共犯形態だろうか。被告人が、先行者が被害者に暴行を加えて傷害を負わせた後、共謀加担して強度の暴行を加えて傷害を重篤化させた場合、既に生じていた先行者による傷害について、共同正犯になるだろうか（最決平24・11・6刑集66・11・1281＝百選Ⅰ-81参照）。

【Q4】 共同正犯と幇助犯は、何によって区別されるのだろうか。父親が1歳のわが子を殺害しようとしているのを見ながら、意思を通じてそれを黙認した母親は、不作為の殺人罪の共同正犯であろうか。

① 共同正犯の基礎理論

> 　共同正犯とは、「共同して犯罪を実行」する者をいうが、その意味については、異なった解釈がありうる。ここでは、犯罪共同説と行為共同説が基本的に対立している。その対立から、個別問題の解釈論的帰結も異なる。共同正犯は、一部行為の全体責任といわれるが、AがBと共同して犯罪を実行するとき、2人が行為を分担しても、それぞれが全体について責任を負うというのである。その根拠は何だろうか。

1. 共同正犯の意義

　共同正犯とは、「二人以上共同して犯罪を実行した」場合をいう (60条)。共同正犯は、すべて正犯者としての責任を負う。共同正犯は、実行行為を行うものであるが、実行行為を自らすべて直接に行う必要はなく、役割分担し、実行行為の一部を分担した場合にもその全体について責任を負う。これを**一部行為の全体責任の原則**という。したがって、二人の者が意思の連絡をもって共同してある人物を殺害するため発砲したが、一方の発した弾丸のみが当たり、被害者が死亡した場合にも、他の共同行為者は死亡に対して共同正犯としての責任を負う。単独正犯の場合に行為者は、行為事象に対して規範的障害を介在させない行為支配をもつ必要があるが、共同正犯においては、他の共同者と共同して全体の行為事象を共同支配していればよい。これを**共同行為支配**と呼ぶ。

2. 犯罪共同・行為共同

　二人以上の者が「共同して」犯罪を実行するという場合の、「共同」の対象は、何であろうか。それは一つの**「犯罪」**を共同するのであろうか、それとも同じまたは異なった複数の犯罪**「行為」**を共同するのであろうか。

　(ⅰ) 犯罪共同説　共同正犯とは、数人の者が共同して特定の、罪名の同じ犯罪を実行することをいう。これによると、例えば、AとBとが共同して同一人物に対する殺人罪を実行する場合に共同正犯となる。これは、**数人一罪**の場合に共同正犯を認めるものである。

（ii）**行為共同説**　共同正犯とは、それぞれの行為者がそれぞれの犯罪を因果的に共同して実行することをいう。数人の行為者が、それぞれ別個の犯罪を共同して実行することも共同正犯であるとするもので、これは**数人数罪**を共同正犯と認めるものである。

　行為共同説は、かつて**前構成要件的な自然的行為**を共同すればよいとするものであると批判されたが、違法な実行行為を共同にするのでなければ共同正犯にならないことはいうまでもなく、したがって、今日では、罪名の異なった違法な構成要件行為を共同した場合にも共同正犯が成立するという理論であると理解されている。この対立は、共犯の従属性における「罪名従属性」「罪名独立性」の議論と同じであり、共同正犯は、このいわば直列的関係を並列的関係においてみた関係であるにすぎない。

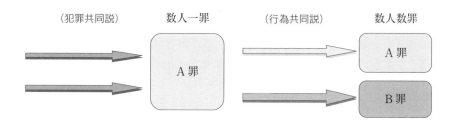

3. 異なる犯罪間の共同正犯

　犯罪共同説に立つと、罪名が異なる犯罪間の共同正犯は成立しない。そうだとすると、Aは、現実に、Bと殺人罪を共同して行うつもりであったが、Bは傷害罪を共同して実行するつもりであったという場合、どのように解決されるのであろうか。この場合、**行為共同説**によれば、被害者が死亡した場合、Aは殺人罪、Bは傷害致死罪のそれぞれ共同正犯となるので、問題はない。これに対して、**犯罪共同説**からは三つの解決方法がある。一つは、共同正犯は成立せず、それぞれ単独正犯の同時犯とするという可能性である。しかし、この可能性は、実際的ではない。なぜなら、共同正犯ではないので、既遂の責任を問いえないのは不合理だからである。第2の可能性は、殺人罪の共同正犯が成立するとし、殺人罪の故意のなかったBには、38条2項によ

り、軽い罪の罪責、すなわち、傷害致死罪の刑を科するという方法である。この解決方法を**完全犯罪共同説**といい、判例がかつて採用していた見解である（最判昭23・5・1刑集2・5・435、最判昭35・9・29裁判集刑135・503）。身分犯の場合も同様であり、業務者Aと非業務者Bが横領罪を共同した場合には、この見解によると、業務上横領罪（253条）が成立し、非身分者Bは、罪名としては業務上横領罪であるが、65条2項により単純横領罪（252条）の刑を科せられる。第3の方法は、**部分的犯罪共同説**である。それは、両者の犯罪の重なり合う限度内で共同正犯が成立するとするものである。殺人罪と傷害罪の事例では、傷害致死罪の共同正犯が成立するとし、業務上横領罪と単純横領罪の事例では、単純横領罪の共同正犯が成立する。ただ、この解決によると、殺人の故意をもっていたAも傷害致死罪の共同正犯でのみ、業務者であったAも単純横領罪の共同正犯のみで処罰されることになり、不当である。そこで、この説からは、業務者の身分を有するAには、業務上横領罪が成立し（65条2項）、傷害ないし殺人については、AとBには傷害致死罪の共同正犯が成立するが、それとは別に、Aには単独に殺人罪が成立するという。しかし、この見解については、Bが被害者の死の結果を惹起した点につき、Aには傷害致死罪については共同正犯の罪責を問いうるとしても、殺人罪については死亡の結果を帰属できず、殺人未遂の責任しか問いえないのかどうかなど、問題点も多い。判例は、殺意のある者に「殺人罪」を認め、殺意のない者との間では軽い罪（保護責任者遺棄致死罪）の「限度で共同正犯となる」とする（最決平17・7・4刑集59・6・403＝百選 I－6＝**シャクティ事件**）。その意味については、部分的犯罪共同説に従ったという解釈と行為共同説に従ったという解釈がある。なお、最近の判例には、治療を引き受けた被告人の指示に従って、糖尿病に罹患した男児が定期的にインスリンを投与しなければ死亡するおそれがあることを知りながら、母親がインスリンは毒であると信じて、インスリンの投与を中止し、男児を死亡させた事案で、殺意はないが保護責任者遺棄致死罪は認められる父親にも被告人が間接的に指示していた場合、母親を道具とする被告人の殺人罪と父親の保護責任者遺棄致死罪は、共同正犯であるとしたものがある（最決令2・8・24刑集74・5・517）。

4. 共同正犯の要件

　共同正犯が成立するためには、共同実行の意思と共同実行の事実が必要である。問題は、共同実行の意思とは何か、共同実行の事実における共同実行とは何かが、共同正犯を犯罪共同説によって理解するか行為共同説によって理解するかによって異なることである。

(1) 共同実行の意思

　犯罪共同説によれば、ある（一つの）犯罪を実現するについて行為者同士が相互にそれぞれの行為を利用し合い、補充し合って目的を遂げようとする意思をいう。一つの犯罪を共同実行するのであるから、共同実行の意思がそれぞれに必要であり、双方の意思の相互連絡は不可欠である。これに対して、**行為共同説**からは、共同加功の意思とは、自己の行為が他者の行為と因果的に結合して犯罪を惹起するという事実の予見ないし予見可能性をいう。この場合、意思の相互連絡は必要不可欠ではない。予見可能性でよいのは、過失の共同正犯もありうるからである。

(2) 共同実行の事実

　犯罪共同説によれば、二人以上の者が共同して一つの犯罪を実行すること、行為共同説によれば、各人がそれぞれの犯罪の実行行為を行うことである。「共同して」とは、行為の因果経過において他方の行為者に因果的影響を及ぼすことを意味する。因果的影響は物理的のみならず心理的影響でもよい。事前の共謀が存在する場合には少なくとも心理的影響はあるので、それに実行行為の共同があれば共同実行の事実は肯定できる。共同正犯においては、二人以上の行為者が、単独犯の場合のようにすべての構成要件要素を自らの行為で実現する必要はない。相互に利用補充し合って全体として犯罪を実現すればよいのである。このように、実行行為の一部の分担によって全体的行為の責任を負うことを「**一部行為の全体責任**」の原則という。したがって、例えば、XとYとがZの殺害を共謀し、XがZを背後から羽交い締めにしている間にYがZをナイフで突き刺して殺害した場合には、羽交い締めにしただけのXも殺人の実行行為の一部を分担しているのであり、殺人罪全体に対する責任を負う。

　問題は、どこまでを一部実行といえるかである。例えば、侵入窃盗に入る

のを手伝ってほしいと頼まれた者が、外で**見張り**をしていた場合、共同実行したといえるのか。このように、**共同正犯と幇助の区別**を具体的にどのように行うかが重要である。また、共謀には加わったが実行にはでなかった者について、共同実行の事実がないにもかかわらず、共同正犯（**共謀共同正犯**）となるかについては、後述する（☞2-6）。

5. 共同正犯と正当防衛・過剰防衛

　共同正犯が成立しても、その共同実行者のそれぞれに正当防衛が成立するかは、各自がその要件を充たすかどうかによる。判例には、過剰防衛につき、「共同正犯が成立する場合における過剰防衛の成否は、共同正犯者の各人につきそれぞれその要件を満たすかどうかによって判断すべき」として、一方には過剰防衛を認めたが、他方には被害者の攻撃を予期し、その機会を利用して共同実行者をして被害者に反撃を加えさせようとして積極的な加害の意思で侵害に臨んだがゆえに、侵害の急迫性の要件を欠き、過剰防衛は成立しないとしたものがある（最決平4・6・5刑集46・4・245＝百選Ⅰ-90）。

② 共同正犯の諸類型

　共同正犯は、故意・作為犯のみならず、過失犯や不作為犯ないし予備罪においても問題になりうる。また、共同正犯の成立には、原則として「共同して実行するという事実」と「共同して実行するという意思」が必要であるが、それらが完全に揃っていない場合でも、共同正犯は成立するのであろうか。共同実行の意思が完全でない場合には、過失の共同正犯、片面的共同正犯があり、共同実行の事実が完全でない場合には、承継的共同正犯と共謀共同正犯がある。

1. 不作為の共同正犯

　不作為犯についても、共同正犯が成立する。その形態には、不作為犯相互間の共同正犯と不作為犯と作為犯の共同正犯とがある。

(1) 不作為犯相互間の共同正犯

これについては、二つの類型がある。意思の連絡はあるが、それぞれ独立に作為可能性がある場合、それぞれの不作為者単独でも結果発生に対する因果関係が肯定されうるので、その効果において同時犯と異なるところはない。しかし、不作為者が相互に協力し合わなければ、結果の発生を防止できない場合には、共同正犯としてはじめて既遂が根拠づけられる。例えば、父親と母親が協力してはじめて子供を救助できる場合に、意思を連絡して殺意をもって救助しなければ不作為の殺人罪の共同正犯である。学説の中には、**作為義務を有する者と作為義務を有しない者との間**にも共同正犯が成立するとするものがある（大谷・川端）。この説は、身分犯に関する65条1項を適用して、作為義務のない者にも共同正犯が成立するとする（☞12講2-2(3)）。

不作為犯の共同正犯を認めた判例には、妻のAが不貞をして出産した子であるB（2歳）を引き取った被告人が、Bが重い熱傷を負ったにもかかわらず、押入れにBを放置し、Bの死が目前に迫っていることを認識しながら、未必的な殺意を抱き、既にBの死亡を認識し認容していたAと意思を相通じ、被告人とAとの間に黙示の共謀を成立させて、死亡させたという事案につき、「Aにつき不作為による殺人罪が成立する」とし、「被告人は、Aと暗黙のうちに意思を相通じ、被告人とAの各不作為によりBを死亡させたのであるから、被告人とAが共同して作為によりBを殺害した場合、すなわち殺人の実行共同正犯と構成要件的に等価値であると評価することができ、**不作為による殺人の実行共同正犯**が成立するといわなければならない」としたもの（広島高岡山支判平17・8・10裁ウェブ）がある。

(2) 不作為犯と作為犯の共同正犯

父親が子供を殺害しようとしているのを見ながら、意思を通じてそれを放置した母親は、不作為の殺人罪の共同正犯であろうか。それとも幇助にすぎないのであろうか。共同正犯と幇助はどのような基準で区別するのであろうか。

夫Aとの間に生まれた1歳あまりの子Xに立腹し、Xの顔面等を殴打し、敷布団上に数回叩きつけたB女は、Aがこれを制止しようとしないことから、Xをこたつの天板に叩きつけるため、抱きかかえて、同児を自分の右肩付近

まで持ち上げたまま、Aの様子を伺ったところ、Aが黙ったまま顔を反対側に背けたことから、AがXを殺害させようとしていることを知ったことにより、Aと暗黙のうちにXを殺害することを共謀の上、持ち上げていたXをこたつの天板目がけて思い切り叩きつけ、約１メートル下方のこたつの天板上にその後頭部を強打させて死亡させたという事案につき、BとAに**殺人罪の作為犯および不作為犯の共同正犯**を肯定した（大阪高判平13・6・21判タ1085・292）。この事案では、共同正犯が肯定されたが、一方で、BもAも子Xに対して作為義務を負っているので、Bの作為が不作為であっても正犯となるのは免れえないが、他方で、この事案で主導権を握っているのはBということもできるのに、なぜAの不作為は幇助ではないのであろうか。作為犯については、共同行為支配をもつかどうか、あるいは、自己の犯罪か他人の犯罪かなどによって正犯性の有無が決定される。Aの不作為犯性は、Xの生命という法益を保護する作為義務によって根拠づけられる。しかし、その場合でも、作為正犯者であるBの作為を阻止することによって保護義務を果たしうる場合には、その幇助にもなりうる（☞12講1−2 (3)）。本件が幇助ではないのは、暗黙のうちに共謀が成立していたことにより、死亡結果に対し心理的因果関係を与え、むしろAの「顔を背けるという態度」および犯行に先だってBに泣き続ける「Xを黙らせろ」と指示していることにより、Bの作為が惹起されていること、制止が極めて容易であったが制止しようとする行動に出ようともしていないことなどの事情から、**不作為により行為事象を共同支配**したとみなしうるからであろう。

2.　予備罪の共同正犯

　予備罪の共同正犯とは、**共同の意思をもって予備行為を共同して行うこと**をいう。予備罪には、自己予備と他人予備とがあるが、自己の正犯行為のための予備行為であることが、予備罪の条件であるという自己予備のみを肯定する立場に立つならば、予備罪の共同正犯も、**自己予備の共同正犯であるべき**ことになる。ここで、予備罪は、正犯実行の目的を要求するいわゆる目的犯であるから、「目的」も身分であるとして、65条１項を適用し、自己予備の目的がない者も、共同正犯となると解釈する見解が唱えられている（藤

木・大谷・板倉）。しかし、65条1項は共同正犯には適用できないと解すべきであるから（☞12講2-2）、関与者の一方が、他人予備の目的の場合には、予備の共同正犯ではなく、予備罪の幇助とすべきであろう。

予備罪の共同正犯については、実行共同正犯に対する**60条の適用がある**のだろうか。60条は、「共同して犯罪を実行した」場合につき規定する。予備罪は「実行」しうるのかどうかが問題である。総則に規定のある教唆・幇助と異なり、予備罪の規定は各則にあり、60条では、予備の「実行」についても規定していると解すべきである。判例には、Aが、Bから夫を殺害するため青酸カリの入手を依頼され、単独で青酸ソーダを入手し、Bに交付したが、Bがそれを使わずに夫を殺害したという事案にAとBに殺人予備罪の共同正犯を肯定したものがある（最決昭37・11・8刑集16・11・1522＝百選Ⅰ-80）。

3. 片面的共同正犯

片面的共同正犯とは、共同行為者が、他方の行為者の了解のないまま一方的にその行為を利用・補充する意思をもって実行し、相手方もそれによって犯罪の遂行を現に補充された場合に成立する共同正犯をいう。**犯罪共同説**に立てば、共同正犯は同一の犯罪を共同実行し、同一の犯罪についてそれぞれが責任を負う。その共同行為者の一人が、他の者と共同で行為していることを知らないにもかかわらず、その犯罪に対して共同責任を負わされることは、近代刑法の責任主義の原則に反する。したがって、片面的共同正犯は肯定できない。これに対して、**行為共同説**からは、共同正犯は、それぞれの共同行為者がそれぞれの犯罪の責任を負うと考えるのであるから、他方の行為者の実行行為を認識している行為者は、それを利用する共同正犯であるが、利用されているだけでもう一方の関与を知らない行為者は、共同正犯ではないという事態がありうる。この場合、共同正犯とされるには、意思の相互連絡は必要ではなく、**一方的な利用・補充の意思**で十分である。例えば、Bが通行人に対して強盗を働こうとして暴行を加えているときに、Bの知らないうちにAが改造けん銃を擬して通行人を脅しており、通行人はそれを恐れて金品を差し出したという場合、Aは、強盗の実行行為の一部である脅迫を行っており、強盗の片面的共同正犯である。もちろん、Bは強盗の単独正犯で

ある。このように意思の連絡は、共同者の一方への心理的な結果帰属の要素にすぎず、片面的であってもその機能に変わりはないから、相互的であることを要しないのである。ただし、共犯事象への関与者の同時的な実行行為の相互依存関係が必要であり、Aが、Bの侵入窃盗の計画を知って事前に住居のドアのカギを開けておくのは、片面的幇助にすぎない。片面的共同正犯が成立するためには、犯行実現のための**因果過程の相互依存的共同**が必要である。つまり、**相手方の故意の違法な実行行為に因果的影響を与える必要があ**ろう。連続して発砲される銃撃を物影に隠れてかわしている人の背中を押し、飛んできている弾丸に命中させた者は、すでに発射された銃弾につき発砲者の実行行為が終了しているので、発砲者の行為に因果的に影響を与えることなく、結果発生に因果的影響を与えたにすぎないので、片面的共同正犯とはいえず、片面的幇助にすぎない。また、故意行為と過失行為の共同正犯は可能であるが、過失行為者が故意行為者の実行行為そのものを認識していない場合には共同正犯とはいわないであろう。

4. 過失の共同正犯
(1) 過失の共同正犯の意義

過失の共同正犯とは、二人以上の者が共同して過失行為を実行することをいう。この場合、発生した結果に対しては、各々の者が責任を負う。過失の共同正犯も、共同正犯であるから、共同実行の事実と共同実行の意思が必要である。故意犯の場合と異なり、結果の発生についての意思の連絡はない。そこで、意思の連絡の内容が問題となる。過失の共同正犯を認める実益は、どちらか一方の行為が結果を惹き起こしたことには疑いがないが、それぞれの行為と結果の発生の間の因果関係が各々の行為のみをとりだせば明白でなく、または、一方の行為と結果の因果関係は明白であるが、他方の行為との因果関係がそれほど明白でない場合にも、両者ともに共同正犯として結果に対する責任を負うという結論にある。例えば、AとBが共同して、イノシシだと思って草叢の中にいる人に向かって発砲したが、どちらの弾丸が当たったのか立証できない場合、または、Aの弾丸のみが当たったという場合、過失の共同正犯であれば、AのみならずBも共同正犯として過失致死罪の責任

を負う。

(2) 肯定説と否定説

過失の共同正犯については、肯定説と否定説がある。犯罪共同説からは、伝統的には、**過失の本質は無意識部分**にあり、過失犯に本質的ではない意識的な部分についての意思の連絡をもとに過失の共同正犯を論じることは、過失犯の本質に反するとする。したがって、犯罪の共同とは故意の共同であると考えられ、過失の共同正犯という概念自体が否定されていた。これに対して、行為共同説からは、**犯罪的意思の共同には過失の共同も含まれる**のであり、故意の共同を要求するものではなく、過失犯の行為の共同もありうるとされた。しかし、近年においては、犯罪共同説からも、**不注意な行為を共同にすること**はできるとして、肯定説が採られている。新過失犯論（☞5講3-2）の展開により、過失犯の実行行為が肯定され、客観的に不注意な行為が共同されていればよいと考えられ始めたのである。他方、因果的共犯論からは、共同正犯を認める意義は、意思の連絡によって各共同行為者の過失行為と結果の発生の間に因果関係があることを認める点にある。そうだとすると、逆に、過失の共同正犯を認めなくても、各行為者の行為に因果関係が認められれば、過失単独正犯として結果に対する責任を問いうることになる。これは、過失の共同正犯を**過失同時犯へと解消する説**（西田・前田）につながる。この説は、刑法38条1項は故意犯処罰の原則をとるから、特別の規定がない以上、過失犯の共同正犯も認められないというのである。

(3) 判　例

最高裁は、すでに昭和28年に、メタノールを含有した液体を、検査することなしに飲食店で販売した被告人らの行為が、共同して有毒飲食物等取締令4条1項後段の「過失に因り違反した」にあたる行為を行ったものとして、共同正犯を認めていた（最判昭28・1・23刑集7・1・30）。下級審においては、二人が常駐する踏切で、不注意により遮断機の閉鎖等を怠り、列車と乗用車を衝突させ、乗用車の運転者等を死亡させた業務上過失致死事件において過失の共同正犯を肯定した（京都地判昭40・5・10下刑集7・5・855）。昭和61年には、名古屋高裁は、二人の作業員が料理旅館で電気溶接作業にあたっていた際に火災を発生させた事案につき、「**共同の注意義務違反行為**」を認め、業務上

失火罪の共同正犯を肯定した（名古屋高判昭61・9・30高刑集39・4・371）。また、平成4年には、東京地裁は、いわゆる**世田谷通信ケーブル火災事件**（東京地判平4・1・23判時1419・133）において、二名の作業員の業務上失火罪につき、相互利用・補充による共同の注意義務を認め共同正犯を肯定した。

(4) 共同義務の共同違反

過失犯の共同正犯の根拠を「**共同義務の共同違反**」に求める見解が有力である。危険性のある行為を二人以上の者が共同して行っている場合、共同行為者の各人には共通した結果防止の注意義務が課せられているというのである。この注意義務は、共同行為者の各人がそれぞれ単独に遵守すればよいだけではなく、他の共同行為者にも遵守させることが要求されているというのである。この義務は、法的に対等、平等の地位に立つ共同行為者の協力義務であって、監督者の被監督者に対する義務とは異質のものであるとする。しかし、実質的には、それは**相互監督的義務**を意味する。

相互監督的義務構成によると、一方が故意犯、他方が過失犯という場合の両者の共同正犯は根拠づけることができなくなる。なぜなら、故意犯にとっては、他方の共同行為者に対する監督義務は生じないから、間接正犯とするほかなく、また、過失犯にとっては、故意行為者に対する監督義務が根拠づけられるかは疑問だからである。また、これを不真正不作為犯の過失共同正犯であることから生じる固有の共同作為義務として生じるという見解もあるが、一人であれば過失作為犯であるが、二人以上になると、なぜ共同の不真正不作為犯になるのかは説明できない。

過失犯の共同正犯は、他の共同行為者に対する監督義務ではなく、**不注意な行為を共同すれば成立する**。故意犯における意思の相互連絡は、心理的因果関係を通じて因果的に結果を惹起し、しかも実行行為を分担していることから根拠づけられた。これと同様に、過失犯の場合も、共同して危険創出行為を行うことにより、結果の発生に対して心理的因果関係を形成し、しかも自らも（過失）実行行為を行った者は、発生した結果に対して客観的帰属可能な行為を行っており、過失責任を負う。共同義務の共同違反という文言を仮に使うとしても、それは上のような意味において、各々の共同行為者の義務違反行為を共同することを意味するにすぎないというべきである。

　このような共同行為者の義務違反行為の共同が否定された事案として、**明石歩道橋事故**強制起訴事件最高裁決定がある。花火大会が実施された公園と最寄り駅とを結ぶ歩道橋で多数の参集者が折り重なって転倒して死傷者が発生したという事件につき、最高裁は、警備計画策定の第一次的責任者ないし現地警備本部の指揮官という立場にあった警察署地域官と、同署副署長ないし署警備本部の警備副本部長として同署署長を補佐する立場にあった被告人とでは、分担する役割や事故発生の防止のために要求されうる行為が基本的に異なっていたとした（最決平28・7・12刑集70・6・411＝百選Ⅰ-79）。このような場合、共同義務の共同違反に欠けるのである。

5. 承継的共同正犯

　承継的共同正犯とは、先行者が実行行為の一部を終了した後に、後行者がその間の事情を了解したうえで共同加功の意思をもって事後の行為に加功した場合をいう。とくに、その場合に、承継的共同正犯の問題点は、後行者が先行の行為部分をも含めて全体の犯罪事象につき共同正犯の罪責を負うかどうかにある。これを肯定する理論を**承継的共同正犯の理論**という。

　承継的共同正犯理論の肯定の根拠は、形式的・理論的には、犯罪共同説に立てば、共同正犯とは数人一罪をいうから先行者の犯罪と後行者の犯罪とは同一のものでなければならないが、そこで、後行者に成立する犯罪の罪名はその行為部分のみならず、全体に及ぶ必要があるという点にある。これに対して、行為共同説からは、数人数罪の原則からそれぞれの行為に応じて罪名が異なっても差し支えない。承継的共同正犯肯定説の実質的根拠は、先行者によって惹起された既存の状態の認識とその利用の意思によって、後行者は、自ら実行していない部分の責任についても負わせられるという点にある。

　全面的肯定説は、後行者が先行者の意思を了解し、その惹き起こした状況を積極的に利用して残りの実行行為を共同して実行した場合に、全体として共同正犯とする。これに対して、部分的肯定説は、原則的には先行者のみが関与した事象については後行者は責任を負わないが、例外的に全体的に責任を負う場合があるとする。まず、強盗罪のような**結合犯**について、安易にそ

れを暴行罪・脅迫罪と窃盗罪に分解することは許されないとして、このような犯罪については全体として共同正犯を肯定する。また、後行者が関与する前の先行者の行為が、関与後にもなお効果を持ち続けている場合、例えば、強盗罪において先行者の暴行・脅迫による反抗の抑圧状態がなお継続している場合には、後行者も、その状態における強取行為を共同したのであるから、強盗罪の共同正犯であるとする。また、**単純一罪**については、承継的な関与者には実行行為の共同はなく、共同正犯は成立しないというべきである（大阪高判昭62・7・10高刑集40・3・720）。例えば、恐喝罪において先行者が脅迫行為を終了した後、後行者が先行者と共謀して金員要求行為を行い、財物の交付を受けた場合、恐喝罪の共同正犯ではなく、幇助にとどまる（横浜地判昭56・7・17判時1011・142）。大審院の判例には、すでに殺人については死亡の結果が発生した後、強盗殺人罪の一部である強取行為のみに加担したとき、強盗殺人罪の従犯が成立するとしたものがある（大判昭13・11・18刑集17・839）が、殺人について従犯を肯定した点は疑問である。

　判例には、単純一罪である**傷害罪**につき、他の者が被害者に暴行を加えて傷害を負わせた後に、被告人が共謀加担した上、さらに暴行を加えて被害者の傷害を相当程度重篤化させた場合には、共謀及びそれに基づく行為と因果関係を有しない共謀加担前に既に生じていた傷害結果については、傷害罪の共同正犯としての責任を負うことはなく、共謀加担後の傷害を引き起こすに足りる暴行によって傷害の発生に寄与したことについてのみ、傷害罪の共同正犯としての責任を負うとしたものがある（最決平24・11・6刑集66・11・1281＝百選 I -81）。しかし、**詐欺罪**については、その実行行為は一つの行為で尽きるのではなく、欺罔行為と受領行為からなる**多行為犯**であり、共犯者による欺罔行為がされた後、騙されたふり作戦が開始されたことを認識せずに共犯者らと共謀の上、詐欺を完遂する上で欺罔行為と一体のものとして予定されていた被害者から発送された荷物の受領行為に関与したという事案で、騙されたふり作戦の開始いかんにかかわらず、受領行為者はその加功前の欺罔行為の点も含め詐欺未遂罪の共同正犯としての責任を負うとした判例（最決平29・12・11刑集71・10・535＝百選 I -82）がある。この事件で、第 1 審は、事前共謀はなく、共犯者による欺罔行為後に共謀がされ、また、共謀加担後は騙

されたふりをしているだけなので、詐欺の実行行為がなされてはいないとして被告人に無罪を言い渡していた。しかし、最高裁は、「共犯者らと共謀の上、本件詐欺を完遂する上で本件欺罔行為と一体のものとして予定されていた本件受領行為に関与している」として**承継的共同正犯**を認めたのである。この判旨は、傷害に関する前掲の判例に矛盾するように思われる。傷害の既遂に達した後にその傷害を重篤化しても前の傷害の承継的共同正犯にならないとしたのに、本判例では、加功前にすでに未遂に達しているにもかかわらず、その後の加功によって未遂を若干継続させたのが、承継的共同正犯であるという。詐欺の実行行為につき欺罔行為も受領行為も一体と見て、客観的には錯誤に基づかない交付の提供を受けた行為に過ぎないとしても、主観的には詐欺の受領行為を共同してその実行行為に関与したと評価したのであろう。しかし、重要なのは、詐欺罪の実行行為としての行為の客観的意義である。この事例では、被害者の錯誤に基づかない交付に対する受領行為は、実行行為の一部ではなくせいぜい幇助にすぎない。

6. 共謀共同正犯

(1) 共謀共同正犯の意義

　共謀共同正犯とは、二人以上の者が一定の犯罪を犯すことを共謀したうえで、その中の一部の者が実行に出た場合、実行に直接加担しなかった者を含めて共謀に加わった者全員に共同正犯が成立するものとする見解をいう。**共謀共同正犯**は、共謀に加わっただけの者には犯罪実行の事実がないが、それにもかかわらず共同正犯を認める点で、実行共同正犯とは区別される。

　共同正犯は、「二人以上共同して犯罪を実行した」(60条) 場合に成立する。「共同して実行した」ことが要求されていると解する限り、共謀共同正犯はその要件を充たしていない。共謀共同正犯は、それにもかかわらず判例によって発展させられ、学説においても支持を増している。その**実質的背景**はどこにあるのだろうか。それは、共同して実行するのが共同正犯であるという原則は、必ずしも当該犯罪の立案・指示・遂行における役割、その犯罪によってもたらされる利益等の観点から重要な役割を果たした者が実行行為に出るとは限らず、むしろ背後にとどまっていることが多いが、それを共同正犯

として処罰できないのは不当であるという考え方にもとづいている。たしかにこれらの者を教唆として正犯の刑を科する (61条) ことはできる。しかし、実行者の背後に控えて**犯罪の中心的地位を占める黒幕**をこそ共同正犯として重く処罰すべきであり、教唆という正犯ではない共犯とするのはおかしいという考慮にもとづく。肯定説の立場からは、共謀に加わっていても重要な役割を果たさない者をどのような根拠から、共謀共同正犯ではなく、幇助とするかの根拠、すなわち共同正犯と幇助の区別が重要である。

(2) 判例における共謀共同正犯論の展開

共謀共同正犯の理論は、判例を通じて展開され、発展してきた。すでに明治29年の**旧刑法の時代**の判例において、「共に謀りて事を行ふ以上は、何人か局に当るも其行為は共謀者一体の行為に外ならず」としたもの (大判明29・3・3刑録2・3・10) がある。**明治44年**には、「数人共謀して犯罪を遂行する為め其方法を画策したる末、共謀者中の一人をして之が実行の任に当らしめたるときは、其担任者は共同の犯意に基きて自己及び他の共謀者の為めに犯罪の実行を為したるものにして、他の共謀者は右一人を使役し以て自己の犯意を遂行したるもの」というべきであるとした (大判明44・10・6刑録17・1618)。ここではまだ後述の共同意思主体説は現れていない。犯罪の性質によっては、犯罪の実行を「発意」し共謀中の他の者に実行の任に当らしめ、他の共謀者に代わってその者に犯意を遂行せしめた者も共同して犯罪を実行した者に含まれるとされた。当初、とくに**知能犯**につき身体的加功をなさなかった者に共同正犯を肯定したが、その後、**実力犯**に適用が拡大されていった。**昭和11年の連合部判決**によって窃盗罪、強盗罪のような実力犯についても、共謀共同正犯が肯定される原則が確立した (大連判昭11・5・28刑集15・715)。この連合部判決において、共同正犯の本質は、「二人以上の者、一心同体の如く、互に相倚り、相援けて、各自の犯意を共同的に実現し、以て、特定の犯罪を実行するに在り」としてその理論的根拠を、草野豹一郎判事の提唱にかかる**共同意思主体説**に求めた (☞ 2-6 (3))。

最高裁も、これを踏襲し、法定犯についても適用を拡大し (最判昭23・7・22刑集2・9・995)、さらに、明示的な共謀でなくても、**黙示の共謀**や**順次共謀** (最大判昭33・5・28刑集12・8・1718＝百選Ⅰ-75) があれば足りるとされた。しか

し、この昭和33年の**練馬事件判決**以降、従来、「共謀の上」という枕詞をつけるだけで共謀の成立の厳密な立証を必要とすることなく、処罰することができたのを、共謀は「罪となるべき事実」として**厳格な証明の対象**となることが確認された。この大法廷判決は、「共謀共同正犯が成立するには、二人以上の者が、特定の犯罪を行うため、共同意思の下に一体となって互に他人の行為を利用し、各自の意思を実行に移すことを内容とする謀議をなし、よって犯罪を実行した事実が認められなければならない。したがって右のような関係において共謀に参加した事実が認められる以上、直接実行行為に関与しない者でも、**他人の行為をいわば自己の手段として犯罪を行った**という意味において、その間刑責の成立に差異を生ずると解すべき理由はない」として、**間接正犯類似説**から共謀共同正犯を根拠づけた。この判例の共謀共同正犯論を裏から支えているのが、正犯論に関する**主観説**である。「他人の行為をいわば自己の手段として犯罪を行った」者が正犯であるというのは、主観的な要素により共同正犯を認めたものということもできる。自己の犯罪を行う意思で犯罪を行った者が正犯、他人の犯罪に加担する意思で行為した者は共犯であるとする見解は、実質的に重要な役割を果たした者が正犯であり、実行行為性にこだわらないという共謀共同正犯論に適合した考え方であるといえよう。判例によれば、大麻の密輸入の計画者から実行担当者になってほしいと頼まれた被告人が、これを断ったものの、知人に対し事情を明かして協力を求め、同人を自己の身代りとして計画者に引き合わせるとともに、密輸入した大麻の一部をもらい受ける約束のもとにその資金の一部を計画者に提供したときは、これらの行為を通じ被告人が計画者及び知人らと大麻密輸入の謀議を遂げたものであるとされる（最決昭57・7・16刑集36・6・695＝百選Ⅰ-77）。ここでは、被告人が謀議に加わっているのみではなく、実行行為の一部を分担していなくても自己のための犯罪を行い、他人を思い通りに行動させていることから実質的には共同実現者として、共同正犯である（団藤重光裁判官の意見）というのであろうか。判例には、このような「**自己の犯罪**」か「**他人の犯罪**」かという基準を用いて正犯か共犯かを決定しようとするものが多い。

　さらに、最高裁は、平成15年のいわゆる**スワット**事件においては、現実に

けん銃を所持していなかった暴力団の組長に共謀共同正犯を肯定した（最決平15・5・1刑集57・5・507＝百選Ⅰ-76）。最高裁は、被告人とスワット5名らとの間にけん銃等の所持につき**黙示的に意思の連絡**があったと認め、被告人には本件けん銃等の所持について、スワットらとの間に共謀共同正犯が成立するとした。同様に、暴力団の組長のけん銃等の所持に関する共謀共同正犯の成否につき、第1審と、その後、最高裁のスワット事件決定を挟んだ第2審の結論が異なった事案がある。暴力団の会長のいわゆる「会長付き」らが、ホテル一階南側出入口前通路上で、けん銃一丁と実包を所持していたという事案において、会長に共謀共同正犯が成立するかが問われた。大阪地裁は、共謀の事実の立証ができていないものとした（大阪地判平13・3・14判時1746・159）が、大阪高裁は、「被告人とK及びMとの間には、各自のけん銃等の携帯所持につき、それぞれ黙示的な意思の連絡があったといえる」として、共謀共同正犯を肯定した（大阪高判平16・2・24判時1881・140）。けん銃をもって護衛するのが、「暴力団の行動原理」といえるのか、それが経験則ないし公知の事実なのかが争われた。

　(3)　学　説

　このように、判例は、主観説に立って共謀共同正犯を根拠づけるが、学説は、主観説に踏み切るものは少なく、むしろ、客観的な正犯原理によって根拠づけようと試みる。

　(ⅰ)　共同意思主体説　一定の犯罪を実現しようとする共同目的があり、その目的のもとに二人以上が**同心一体**となった上で（共同意思主体）、少なくともその中の一人が犯罪の実行に着手したとき、この共同意思主体に責任を認めることはできないので、それを構成した個人が責任を負うものとする理論である。二人以上の異心別体である個人が、一定の犯罪を犯すという共同目的を実現するため同心一体となったとき、この共同意思主体を全体として一つの実行行為があれば、民法の**組合理論**から推定して、共同意思主体の行為の責任を個人が負うという理論である。これによれば、60条の趣旨は、「二人以上共同して」共同意思主体を形成し、そのうちの誰かが「犯罪を実行した」場合に、共同正犯が成立するというところにある。この見解は、犯罪実行の主体を超個人的な共同意思主体としながら、刑罰は、その構成員た

る個人に対するものであって、**個人責任の原則に反する**と批判されている。

　（ⅱ）**間接正犯類似説**　二人以上の者が犯罪遂行について合意に達した場合、この二人の行動を全体的にみたときは、間接正犯における利用関係に対比すべき実体があるとする。共謀者間で確定的合意が成立しているときは、その行動をその合意に拘束され、自己の判断で実行の意思を放棄することが許されず、合意の一員となることによりあたかも**道具**のようになっている実行担当者に対する支配の形成に関与することによって、自ら実行行為を担当しなかった者も、実行担当者の将来の行動を方向づけ支配したのであり、実行担当者を介して犯罪を実行したものと認められるのである。しかし、「あたかも道具のように」利用されているというのは、厳密には道具ではないことを意味する。たんに間接正犯理論を似て非なる事案に準用するだけでは根拠とならない。

　（ⅲ）**行為支配説**　共謀に加わった者が行為支配を有するとき、実行行為の一部を分担していなくても、共同正犯であるとする理論である。正犯原理としての行為支配から説明する。これには、目的的行為支配の概念を前提にするもののほか、「構成要件該当事実について支配をもった者—つまり構成要件該当事実の実現についてみずから主となった者—こそ」が正犯であるとする見解（団藤）、共謀共同正犯という名称を用いずに、「実行を担当しない共謀者が、社会観念上、実行担当者に対して**圧倒的な優越的地位**に立ち、実行担当者に強い心理的拘束を与えて実行にいたらせている場合には、規範的観点から共同実行があるといいうる」ものとする優越的支配説（大塚）がある。この見解は、総じて、行為支配の概念を単独正犯の場合と同様に用いるのか、そうでないのかが明確でない。

　（ⅳ）**実質的正犯論ないし準実行共同正犯論**　「他の正犯者の心理を通じて間接に犯罪の遂行に**大きな実質的役割**を果した者」を共同正犯とするために、共同正犯が成立するための主観的要素、客観的要素を明らかにし、限定していこうとする見解（平野）、あるいは、「犯罪の実現において実行の分担に匹敵し、または、これに準ずるほどの重要な役割を果したと認められる場合にも共同正犯を肯定する」という見解（西田）がこれである。ほかにも、**「共謀という強い心理的因果性」**があり、実行行為が「共同のもの」と評価

できる場合で、関与者が「正犯意思」をもつ場合、共謀に参加しただけの者も共同正犯であるとする主観説を基盤とする見解（前田）も唱えられている。

　（ⅴ）**消極説**（**正犯原理としての共同行為支配**）　共謀共同正犯には、支配型と分担型の**二つの類型**がある。その際、**支配型共謀共同正犯**とは、上下主従・支配拘束型の形態をいい、**分担型共謀共同正犯**とは、対等・平等な相互利用依存型をいう。このような異なった形態の共同正犯を同一原理で根拠づけるのは困難であり、従来の理論は、いずれかに偏して説明されてきたといってもよい。

　共同正犯は、実行行為の一部を分担する必要があるという形式的原則が守られるべきである。しかし、実行行為の一部が行われたどうかは、形式的に判断されるべきではなく、行為の全体の機能的連関を考慮に入れて判断されるべきである。正犯が単独で実行行為のすべてを実現する必要のある単独正犯の場合と異なり、共同正犯は、一部実行の全体責任の原則が妥当する。例えば、前述の事例（☞1-4(2)）において、人を背後から羽交い絞めにする行為は、それだけでは殺人の実行行為の一部ではない。しかし、それが、共同の意思をもって共同で行われる行為事象であれば、他の一人（B）が、ナイフで被害者を突き刺している間に、被害者を背後から羽交い絞めにしていた者（A）は、殺人行為の一部を分担しているのであって、共同正犯となりうる。その際、行為者は、他行為者を道具のように支配している必要はない。意思の連絡によって全体の目的と手段を相互に認識し、期待に反した行動をしないと信頼し、相互に利用補充しつつその行為事象を**機能的に共同支配**していることで十分である。上の設例のように同時的に実行犯の行動を支配している事案では、Aは、殺人行為の一部を分担しているということができる。極端な場合、例えば、AがBの金庫破りの様子をコンピュータのカメラで見ながら金庫の番号を指示することによって金庫を開けたといった場合には、Aが現場にいなくても実行共同正犯である。全体事象を**同時的・機能的に共同支配**しているからである。この意味で、Aも、窃盗行為の一部を実行したのである。

第12講

共犯の諸問題

第12講へのアクセス

【Q1】 教唆（61条1項）と幇助（62条1項）には、どのような事例があるか
考えてみよう。運転者が、飲酒して危険運転致死傷罪を犯した事案
において、飲酒を認識している同乗者が車両の発進を了解したこと
が運転の重要な契機になっていた場合、発進を了解し、運転を黙認
し続けていた同乗者の行為は、幇助にあたるだろうか（最決平25・
4・15刑集67・4・427＝百選Ⅰ-84参照）。

【Q2】 幇助と正犯結果の因果関係は、どのような場合に認められるか。被
告人が地下室に音漏れ防止の目張りをする行為は、強盗殺人の正犯
が計画を変更し、地下室から遠く離された場所で被害者をけん銃で
射殺した場合でも、正犯結果との間に因果関係があるだろうか（東
京高判平2・2・21東高刑時報41・1＝4・7＝百選Ⅰ-88参照）。

【Q3】 中立的行為による幇助とは何か。著作権法に反するダウンロードを
することができるソフトを開発する日常業務行為は、当該ソフトを
利用して現に行われようとしている具体的な著作権侵害も、著作権
侵害に利用される蓋然性も認識、認容していない場合、幇助にあた
るか（最決平23・12・19刑集65・9・1380＝百選Ⅰ-89参照）。

【Q4】 共犯関係からの離脱は、どのような場合に認められるだろうか。X
とYが共謀して被害者に対して暴行を加えた後、Xが「おれ帰る」
と言っただけで現場を立ち去り、Yがさらなる暴行を加えて被害者
を死亡させた事案において、Xも被害者の死亡結果にまで責任を負
うのだろうか（最決平元・6・26刑集43・6・567＝百選Ⅰ-96参照）。

1 教唆と幇助

> 狭義における共犯には、教唆と幇助（従犯）がある。これらは、正犯が実行に出ない限り、処罰されない。教唆とはどのような行為なのか。教唆の故意は、どこまでの認識を要求するのか。これらの問題は、共犯の基礎理論の応用である。また、幇助は、正犯結果に対して因果関係があることを要するが、それは、正犯の因果関係に比べて特殊性をもつのか。さらに、正犯の知らないうちに、社会生活上の日常行為によって正犯行為を容易にしたとき、幇助は成立するのか。

1. 教 唆

(1) 教唆の意義

狭義の共犯は、教唆犯 (61条1項) と幇助犯 (62条1項) からなる。その処罰は、正犯の実行に従属する。教唆犯は、「人を教唆して犯罪を実行させ」る場合であり、幇助犯は、「正犯を幇助する」場合をいう。

教唆犯の意義については、罪名従属性説か罪名独立性説かにより、その内容は異なる。前者からは、正犯に正犯の犯罪を行わせることを意味する。後者からは、教唆者が他人を唆して自己の犯罪を実現することを意味する。教唆者には「正犯の刑を科する」(61条1項)。教唆とは、**他人に犯罪への決意を生じさせること**をいう。その意義についても、犯罪共同説と行為共同説からの理解が異なる。前者の見解からは、故意の惹起を意味するのに対して、後者の理解からは、他人の違法な行為意思を誘発することをいう。したがって、後者からは、不注意な行為意思を誘発する過失犯に対する教唆も認められる。

教唆の方法・態様を問わない。使嗾、嘱託、慫慂、欺罔、威嚇、指揮、誘導、命令、哀願、利益の供与などいずれでもよい。教唆は、犯罪を特定して行うことを要する。漠然と「人を殺せ」と勧めるだけでは足りない。**犯罪の特定**については、ドイツでは、行為客体が種によって特定されているだけでは足りないという判例がある。そこでは、外国へ出国するのに金が要ると言った正犯に、「銀行を襲うか、ガソリンスタンドを襲うかしかないだろう」

と言ったところ、正犯者が銀行を襲った場合に、教唆が否定された (BGHSt
34. 63)。わが国の判例も、「**人に特定の犯罪を実行する決意**」を生じさせる
ことを要件とする (最決平18・11・21刑集60・9・770＝百選Ⅰ-83)。また、教唆の
相手方は、多数であってもよいが、特定していなければならない。不特定の
者の犯罪を誘発するのは煽動である。

(2) 教唆の態様

　教唆とは、他人に積極的に働きかけて犯罪意思を生じさせ、犯罪を実行さ
せることを意味する。

　(a) **不作為による教唆**　**不作為による教唆**は否定される。少数説は、不作
為による教唆を肯定するが、犯罪への決意を誘発することが教唆であると定
義するなら、教唆というには、不作為によって誘発されなければならず、結
果に対する因果関係の肯定される不作為を想定しなければ、これに当てはま
る場合はないということになる。**少数説**は、①不注意な言動によって他人に
犯罪意思を誘発したが、そのことに気づいた後にもそれを是正しないで放置
した場合、②犯罪阻止義務のある監督者が、被監督者の犯罪意思を知りなが
ら黙認したため、決定的に犯意を抱いて実行に出た場合、③法益保護義務を
負う者が、被保護者に対する他人の犯罪行為の開始を、相互了解の上、黙認
したために、犯罪への決意を誘発された場合などに、**不作為による教唆を肯
定**する。①については、すでに犯罪意思を抱いている者に「誘発」すること
はできないから不当である。②③については、挙動によって犯意を誘発して
いるから、作為による教唆である。

　(b) **不作為犯に対する教唆**　これは肯定される。例えば、真正不作為犯
である不退去罪 (130条後段) の教唆も、不真正不作為犯である不作為による
殺人罪の教唆も肯定される。例えば、池で溺れかけたわが子を救助しようと
している父親に救助しないよう決意させた者は、これにあたる。不作為者に
作為義務がある場合に、教唆者に教唆犯が成立することは明らかであるが、
前例で、子供を助けようとしている作為義務を負わない他人に対して助けな
いよう唆す場合、救助しないことは、違法ではなく犯罪とはならないので、
それを教唆することも犯罪とならないのであろうか。この問題は、救助の方
向に向かう自然的な因果経過を遮断する行為が作為であり、正犯として可罰

的であるのと同様に、ここでの教唆が作為犯ではないのかを検討することを
要求する。すなわち、救助に向かう作為者を教唆によって心理的に影響を与
えて止めるのは、救助の方向への因果経過の作為による遮断であり、可罰的
ではないのかどうかが問題である。それは、救助に向かう因果の流れが確定
的であったかどうかによるであろう。

　(c)　**共同教唆**　二人以上の者が共同して他人を教唆し、犯罪を実行させる
ことを**共同教唆**という。現象としての共同教唆はもちろん可能であるが、問
題は、刑法60条の規定の適用があるかである。その適用のある場合に共同教
唆というなら、これを否定する見解も有力である。意思の連絡によって二人
以上の者が教唆する場合には、相互の心理的影響があるので、60条の適用な
くしても、教唆犯を肯定しうる。したがって、共同教唆を肯定するために60
条の適用を認める必要はない。教唆を共謀したが、実際の教唆行為を行わな
かった者は、**共謀共同教唆**として可罰的だろうか。また、それは共謀共同正
犯論の肯定に依存するだろうか。共謀のみに加担した者は、**間接教唆**（61条
2項）であるということができよう。

　(d)　**片面的教唆**　これは肯定される。片面的教唆とは、被教唆者が教唆
されていることを意識していない場合をいう。教唆されていることを意識し
ないで、犯罪意思を抱くよう心理的影響を受けることは両立する。例えば、
常日頃、「妻が浮気したら、殺す」と公言していた男を、殺人を実行させる
ため妻の浮気現場に連れていった場合、片面的教唆である。

　(e)　**過失による教唆**　不注意により犯意を誘発した場合が過失による教唆
とされうる場合であるが、これは共犯ではなく正犯とみなされるべきであ
る。過失犯については、規範的障害のない行為支配を行う者のみが正犯であ
るという限縮的正犯概念は成り立たず、過失によって「結果を惹起した」者
（例：「死亡させた者」）をすべて正犯とするのが過失構成要件だからである。

　(f)　**過失犯に対する教唆**　これに対して、**過失犯に対する教唆**は肯定され
る。これは、他人をして不注意な行為へと決意させ、犯罪を実行させること
をいう。罪名従属性説からは、過失犯に対する教唆は容認しがたく、過失犯
を利用した間接正犯となる。これに対して、罪名独立性説からは、過失犯と
いう間接的には規範的障害となりうる者を介在させている場合、例えば、薬

と偽って毒薬を看護師に渡し、患者を殺害する行為は、看護師の規範的障害
のある過失行為を介在させているので、殺人の教唆である。

(3) 教唆の故意

教唆の故意については、①被教唆者に犯罪の実行をさせることの認識・認
容であるか、それに加えて、②被教唆者が実行行為によって正犯結果を惹起
することのそれをも含むかについて、学説が分かれている。この対立は、基
本的に共犯の処罰根拠論の相違に対応する。前者の立場は、**不法共犯論ない
し責任共犯論**から唱えられ、後者の立場は、**因果的共犯論**から主張される。
後者が妥当である。いわゆる**未遂の教唆**（☞第10講2-2(3)）については、し
たがって、教唆の故意が否定され、不可罰である。もっとも、因果的共犯論
をとっても、教唆の故意を危険故意で十分として、実行行為に出ることの認
識・認容があれば危険故意があると考える立場からは、未遂の教唆は可罰的
となる。

2. 従　犯

(1) 従犯の意義

従犯ないし幇助とは、正犯を幇助することをいう（62項1項）。**幇助**とは、
すでに実行に出る決意をした正犯の実行行為を容易にする行為である（最判
昭24・10・1刑集3・10・1629）点で、正犯に実行を決意させる教唆とは異なる。
「従犯の刑は、正犯の刑を減軽する」（63条）。

幇助行為の方法については、**有形的方法**でも**無形的方法**（精神的方法）でも
よい。犯罪のための道具や凶器の提供、情報提供・助言、犯罪方法の教示等
の方法がある。判例には、運転者がアルコールの影響により正常な運転が困
難な状態であることを認識しながら、車両発進に了解を与え、運転を制止せ
ずに同乗してこれを黙認し続けた同乗者らの行為につき、運転者の運転の意
思をより強固なものにすることにより、犯行を容易にしたとして危険運転致
死傷幇助罪が成立するとしたもの（最決平25・4・15刑集67・4・437＝百選Ⅰ-84）
がある。**片面的従犯**を肯定するのが、通説・判例（東京地判昭63・7・27判時
1300・153＝百選Ⅰ-87）である。

幇助行為の時期については、二つの場合がある。一つは、正犯者の実行行

為に先行して予備的に行われる場合であり**（予備的従犯）**、もう一つは、正犯者の実行行為の際にそれに随伴して同時的に行われる場合である**（随伴的従犯）**。正犯者の実行行為が終了した後は、幇助は成立しえない。

　実際上、幇助と共同正犯とはどのように区別されるかが重要である。従来から、**見張りは共同正犯**となる（最判昭23・3・16刑集2・3・220）か、幇助にすぎないのはどのような場合かが争われている。また、共謀において主導的役割を果たさなかった者は、共謀共同正犯肯定説からはどのようにして幇助にすぎないとするのかも問題であった（最決昭57・7・16刑集36・6・695＝百選Ⅰ-77）。判例は、その際、正犯者意思を有するか否か（福岡地判昭59・8・30判時1152・182＝百選Ⅰ-78）、すなわち、自己の犯罪か他人の犯罪かという主観説によって区別しようとしている（☞10講1-3(2)）。

(2)　承継的従犯

　正犯者がすでに実行行為の一部を終了した後に、その犯罪に加功し、その後の実行を容易にした場合を承継的従犯という。例えば、強盗目的で住居に侵入し、暴行脅迫を終えて反抗を抑圧した後に、携帯電話で行為者と話して激励した場合、強盗の**承継的幇助**である。従犯については、実行行為の一部を分担し、そのすべてにつき因果関係を有する必要はないので、実行行為の一部のみを容易にすれば幇助として十分である。したがって、先の事例で、反抗抑圧後に共同して財物を強取した場合には、承継的共同正犯は認められないとしても、承継的幇助ではある。詐欺罪において、欺く行為と被害者の錯誤が生じた後、交付された財物を共同して受領した者は、詐欺罪の承継的従犯である。正犯者の実行行為の一部を分担するものではないので、承継的共同正犯にはならないからである（☞11講2-5）。従犯は、実行行為の一部を分担するものではないが、実行行為を促進しなければならない。したがって、強盗殺人罪において、被害者がすでに死亡した後に強取を共同した、ないし容易にした者は、殺人については承継的従犯にもならない（反対＝大判昭13・11・18刑集17・839）。

(3)　不作為による従犯

　幇助は不作為によっても行われうる。不作為による幇助は、作為正犯の違法行為を阻止しないという形で行われる。例えば、夫が、わが子に傷害を加

えようとしているのを妻が止めなかった場合がその例である。この事例で
は、妻はどのような場合に作為義務を負うかという問題と、妻は、どのよう
な場合に不作為犯の共同正犯ではなく、不作為による幇助なのかという問題
が論点である（☞第11講2-1　(2)）。**札幌高裁の判例**を紹介し、それを素材に
して考察しよう。

　事案は、内縁関係にある男性Bが、自己が親権者であった3歳の子供Xに
対してせっかんを繰り返すようになり、ある日、BがXの顔面、頭部を平手
および手拳で多数回殴打し転倒させるなどの暴行を加えているのを知ってい
たにもかかわらず、台所にいた母親が止めなかった結果、Xが硬膜下出血等
の傷害を負い、病院において死亡したというものである。札幌高裁は、母親
に対して傷害致死の不作為による幇助を認めた（札幌高判平12・3・16判時
1711・170＝百選Ⅰ-85）。

　この事案では、まず、母親と男性Bの間に「意思の連絡」があったのかど
うかが重要である。意思の連絡がなく、母親が一方的に「知っていた」にも
かかわらず、止めなかったのであれば、片面的共同正犯を理論的に認めない
とすると、幇助しかありえない。本件のように、Bも、母親が知っていなが
ら止めないということを意識しながら作為を行ったのであれば、母親の不作
為が共同正犯か幇助かが問題となる。この事例で、母親は、子供に対する監
護義務を負う。これは、子供の法益を保護する義務（**保護義務**）である。こ
れが、もし自分の子供である中学生が他人の幼児に暴行を加えようとしてい
るのを母親が止めなかったという事案であるとすると、母親は、幼児を保護
する法益保護義務ではなく、自分の子供である中学生の犯罪行為を防ぐ義務
（**犯罪阻止義務**）があるといえる。この後者の事例では、母親は、不作為によ
る幇助であるが、札幌高裁の事案であれば、法益保護義務違反があり、いず
れにせよ正犯であるという考え方がある。これは、作為義務の内容によっ
て、不作為の正犯か幇助かを区別するという見解である。しかし、この見解
は少数説である。わが国では、判例と同じく幇助とするのが通説である。そ
れは、犯罪の実現には直接の作為者の実行行為が行為を支配しているが、母
親の不作為は、規範的障害をもつ正犯者の作為を介在させており、また、母
親は、結果の発生に対する積極的共同の態度をみせていないからであろう。

　次に、母親の作為義務は、**どの程度の作為をする義務なのか**が問題である。第1審釧路地裁（釧路地判平11・2・12判時1675・148）は、Bの暴行を実力により阻止することは著しく困難な状況にあったとし、傷害致死幇助罪につき無罪を言い渡した。「被告人がBの暴行を実力により阻止することは、不可能ではなかった」が、そうしようとした場合には、かえって、Bの反感を買い、「被告人がBから激しい暴行を受けて負傷していた相当の可能性のあったことを否定し難く、場合によっては胎児の健康にまで影響の及んだ可能性もあった上、被告人としては、Bの暴行を実力により阻止することが極めて困難な心理状態にあった」というのである。これに対して、札幌高裁は、「ほぼ確実に阻止し得た」ことは不要であるとし、「暴行を加えないように監視する行為」ないし「暴行を言葉で制止する行為」によって**「暴行を阻止することが可能ないしは相当程度可能」**であればよいとして、本件不作為は「作為による幇助犯の場合と同視できる」と判示し同罪の成立を認めた。「被告人がBに対し、『やめて。』などと言って制止し、あるいは、Xのために弁解したり、Xに代わって謝罪したりするなどの言葉による制止行為をすれば、Bにとっては、右暴行をやめる契機になったと考えられるから、右作為によってBの暴行を阻止することも相当程度可能であったというべき」だというのである。

　なお、判例の中には、「正犯者の行為を通じて結果に寄与するものであれば足りる」のであって、「犯罪の実行をほぼ確実に阻止できた」という要件を必要とするものでないとするものもある（名古屋高判平17・11・7高検速報平17・292）。しかし、この見解は、次に検討する幇助の因果関係において、犯意を強化し、犯行を容易にするという促進関係があれば足りるとする見解を基礎にして、不作為による幇助と正犯とは、作為の容易性によって区別されうるとするものであって不当である。

(4)　幇助の因果関係

　幇助は、因果的共犯論によれば、正犯結果を惹起するがゆえに処罰される。幇助の可罰性は、正犯の実行行為を前提にするのみならず、幇助と正犯結果の発生との間に因果関係が存在するのでなければならない。幇助の因果関係が問題となった事案に次のようなものがある（**板橋宝石商殺し事件**）。

　Aは、Bが強盗の目的で地下室でけん銃を用いて被害者を射殺する意図を認識しながら、Bの犯行の際、外にけん銃の発射音が漏れるのを防ぐために、地下室の換気口などを毛布やガムテープで目張りしたが、Bは、計画を変更し、乗用車の車内においてけん銃で被害者を射殺したという事案である。**判決**は、幇助したといいうるには「被告人の目張り等の行為が、それ自体、Bを精神的に力づけ、その強盗殺人の意図を維持ないし強化することに役立ったことを要する」とし、本件においては、Bが目張り行為を現認したということは認められないから、その行為が、強盗殺人の意図を維持ないし強化することに役立ったことを認めることはできないとした（東京高判平2・2・21東高刑時報41・1＝4・7＝百選 I -88）。ちなみに、本件原審は、「被害者の生命等の**侵害を現実化する危険性を高めたもの**」として因果関係を肯定した。

　幇助の因果関係については、判例や学説の中には、幇助行為は正犯結果にとって必要不可欠であることを要しないとしていたものがあった（大判大2・7・9刑録19・771、大判大11・10・6刑集1・530等）。これは、「必要不可欠」であることが、条件関係を表すとすれば、これを不要とする趣旨に読める。しかし、先の判例が、その行為が「強盗殺人の意図を**維持ないし強化する**ことに役立った」かどうかが重要であるとしているのであれば、結果の発生に対しては条件関係に立たなくても、実行行為を「**維持ないし強化する**」ことに役立ったのであれば、幇助の因果関係としては十分であると解することも不可能ではない。

　幇助の因果関係をめぐる学説には次のようなものがある。まず、因果的共犯論に立たない見解（不法共犯論ないし責任共犯論）からは、実行行為を促進すれば十分であるということになる。また、共犯を**抽象的危険犯**であるとし、幇助行為を行えば、正犯の実行の抽象的危険があると考える立場からは、正犯結果との間の因果関係は不要である。これに対して、因果的共犯論に立ち、正犯と同じように正犯結果との因果関係が必要であるとすれば、結果の具体的把握をどの程度のものにすべきかという問題となる。しかし、因果的共犯論に立ちつつ、幇助行為は、正犯結果に対して「必須関係」に立つのではなくても、「犯意を強化し、犯行を容易にするという促進関係」で十分である（西田）とする立場も有力である。この見解は、幇助の因果関係につい

て、特別に「促進的因果関係」で足りるとするが、因果的共犯論に立つ限り、幇助の因果関係も教唆・正犯の因果関係とは異ならないものであるべきである。逆に、実質的に促進的因果関係があれば直ちに幇助になるわけでもない。例えば、放火の実行行為の終了後、意思の連絡なく焼損の前に油を注いだ場合には、促進的因果関係にすぎないが、単独正犯であり、他方で、意思の連絡をもって油を注ぐことを分担したなら、促進的因果関係が認められるにすぎなくても共同正犯である。

(5)　中立的行為による幇助

　片面的幇助を肯定するのが通説であるが、正犯の知らないうちに、社会生活上の日常行為によって、正犯行為と結果が促進され、容易にされていたとき、その限度で幇助は成立するのであろうか。例えば、たまたま強盗の相談をしているのを聞いてしまったバスの運転手が、日常業務行為としてバスを運転していたところ、その者達が、バスに乗り込んで、計画した強盗の現場に向かおうとしていることを知りつつ、その者達をバスに乗せて運んだときは、強盗に対する可罰的な幇助であろうか。あるいは、強盗の計画を偶然聞いてしまったタクシーの運転手が、それらの者を客として現場まで運んだ場合はどうか。近年、このような**日常行為**による**片面的幇助の可罰性の限界**が論じられるようになっている。これについて詳論はできないが、現代社会においては、このような事態が問題になる事案が増えていることを指摘しておこう。一例を挙げると、著作権法に違反して映画をダビングできるソフトの販売は、実際に著作権法違反が行われたとき、幇助となるのであろうか。ここでは、ウィニーというその種のソフトを提供した「**ウィニー事件**」を採り上げる。片面的幇助における問題は、実行される正犯行為に具体性があるか、幇助者がどの程度具体的な正犯実行の蓋然性を認識・認容することが必要かである。同事件につき、**第1審**は「著作権を侵害する態様で広く利用されていたなどの現実の利用状況の下で行なわれた」として有罪とした（京都地判平18・12・13刑集65・9・1609）。これに対し、**第2審**は、幇助においては、「助力提供者が、正犯がいかにその助力行為を運用するのかを知らない場合、又はその助力行為が犯罪に利用される可能性があると認識しているだけの場合には、その助力行為は、なお刑法に規定する幇助犯であると評価すること

はできない」として無罪とした（大阪高判平21・10・8刑集65・9・1635）。**最高裁**は、当該ソフトを利用して現に行われようとしている具体的な著作権侵害を認識、認容し、あるいは、当該ソフトを入手する者のうち例外的とはいえない範囲の者が同ソフトを著作権侵害に利用する蓋然性が高いことを認識、認容している必要がある」（最決平23・12・19刑集65・9・1380＝百選Ⅰ-89）と解し、幇助の故意を否定した。

（6）　連鎖的共犯

正犯を教唆した者が教唆犯であり、正犯を幇助した者が幇助犯である。しかし、その教唆者や幇助者をさらに教唆・幇助した者は、教唆ないし幇助として処罰されるのであろうか。これが連鎖的共犯の問題である。

「教唆者を教唆した」場合を**間接教唆**という。これについては、**61条2項**において「前項と同様とする」として、教唆と同様に処罰されることが規定されている。これに対して、**間接幇助**については、規定がない。そこで、教唆については、間接教唆者をさらに教唆した者（**再間接教唆**）は処罰されるのか。また、間接幇助は処罰されるのかが問われる（積極＝最決昭44・7・17刑集23・8・1061＝百選Ⅰ-86）。

その結論に関しては、共犯の処罰根拠に関する見解が反映される。**不法共犯論**ないし**責任共犯論**に立てば、教唆とは、「人を教唆して犯罪を実行させた者」、つまり正犯を教唆することをいい、間接教唆とは、「教唆者を教唆した者」をいう。その可罰性は、61条2項の規定があることによって根拠づけられる。したがって、規定のない**再間接教唆**や**間接幇助**は不可罰である。これに対して、**因果的共犯論**によれば、正犯結果を惹起する者が教唆であるから、理論的には、教唆して犯罪を実行させた者はすべて教唆である。したがって、61条2項の規定がなくても、その場合には、間接教唆も、61条1項にあてはまることになる。この見解によれば、不可罰説に立つなら、教唆する際、再間接教唆となるように、共犯の連鎖の中に一人別人を介在させれば不可罰となって不合理であると批判する。

なお、62条2項は、「従犯を教唆した者には、従犯の刑を科する」と規定する。問題は、逆に、**教唆者を幇助した者**は可罰的かどうかである。62条2項の可罰性は、因果的共犯論により、正犯を幇助した者を教唆することは、

帮助者が正犯を教唆したとはいえないが、帮助者を教唆した者も、帮助者に因果的に影響を与えており、教唆は帮助を含むから、結局、正犯を帮助した者といいうるので、可罰的であると説明できる。これに対して、逆の場合には、教唆者を帮助した者は、正犯を教唆した者の「教唆」を介在させることにより、いまだ犯行の決意のない正犯者に犯行を決意させているのであるから、正犯を帮助したとはいえず、不可罰となるであろう。

② 共犯と身分

> 65条1項と2項は、共犯関係にある者の一部が身分者である場合について、身分のない者にどのような犯罪が成立するかについて定め、次のような問題の解決を図ろうとしている。例えば、業務者でない者（単純横領罪＝252条）が、業務者（業務上横領罪＝253条）に横領を教唆した場合、教唆者は、業務上横領罪の教唆なのか、単純横領罪の教唆なのか。また、身分がなければ正犯とはならない犯罪、例えば、収賄罪を教唆した非身分者は、処罰されるのだろうか。その根拠は何か。

　身分犯に共犯がからむ場合については、65条が規定する。**65条1項**は、「犯人の身分によって構成すべき犯罪行為に加功したときは、身分のない者であっても、共犯とする」と規定する。**同条2項**は、「身分によって特に刑の軽重があるときは、身分のない者には通常の刑を科する」とする。この規定の意味は、共犯の基礎理論の理解によって異なる。この1項と2項は、1項が、身分のない者も共犯とするとして、共犯の正犯への**連帯性**を規定するのに対して、2項は、身分のない者には、「通常の刑」を科するとして正犯に対して**個別性**を規定していると読むことができ、別の原理に基礎づけられているように思える点で、いかにして統一的な説明ができるかということが問題となる。

1. 65条1項・2項の解釈

(1) 真正身分・不真正身分

通説・判例は、1項は真正身分犯に関する規定であり、2項は不真正身分犯に関する規定とみる。65条1項は、真正身分犯につき、その成立と科刑を規定し、**身分の連帯作用**を認めるのに対して、2項は、不真正身分犯につきその成立と科刑を規定したものであり、**身分の個別的作用**を認めるものとする。しかし、共犯論的には、修正惹起説によると、共犯の違法性は、正犯の違法性に従属するので、1項についてはその原理に適うが、2項は、個別性を謳っているため、その原理からは説明できない。そうだとすると、2項は、責任身分について個別性を認めたものと解することになる。

(2) 違法身分・責任身分

そこで、1項は違法身分につき「違法の連帯性」を定め、2項は、責任身分につき「責任の個別性」を定めたものとする見解が唱えられる。65条は、**「違法性は連帯的に、責任は個別的に」**という原則にもとづくものと解釈するのである。この見解によれば、**1項**は、真正・不真正違法身分の双方につき**連帯的作用**を認めたもの、**2項**は、双方につき**責任身分の個別性**を認めた規定と解することになる。しかし、本説に対しては、違法身分か責任身分かの区別基準が不明確であると批判される。また、1項では、「犯人の身分によって構成すべき犯罪」と規定するが、本説によると、構成的身分でない犯罪行為についても1項が適用されることになり、文言に反する。例えば、同意殺（202条）は、殺人罪（199条）の軽減類型であるが、「同意を得た者」は、身分の有無により違法性に影響するから、違法身分である。しかし、それは「構成的身分」でないのであるから、65条1項にあてはまらないはずである。また、逆に、構成的身分犯にも責任身分である場合があるが、65条2項の「身分によって特に刑の軽重があるとき」の文言に反するにもかかわらず、65条2項を適用すべきことになる。

(3) 共犯の成立・科刑の分離

65条1項は共犯の成立を、2項は科刑を規定したものとする説は、罪名従属性説ないし完全犯罪共同説に立って唱えられる。**65条1項**は、共犯の従属性の原理を表した規定であり、真正身分犯・不真正身分犯を問わず、共犯

は、正犯の罪名に従属する旨を定めたものである。これに対して、**65条2項**は、不真正身分犯については犯罪の成立については正犯の罪名に従属するが、科刑は、非身分者については「通常の刑」によることを定めた規定である。すなわち、65条2項によれば、犯罪の成立と科刑とは分離されるのであり、例えば、業務者に業務者以外の者が横領を教唆した場合には、非身分者は、65条1項により罪名は業務上横領罪（253条）の教唆であるが、科刑は単純横領罪（252条）の教唆の刑の範囲内で処断される。この見解に対しては、その基礎に置かれた完全犯罪共同説が妥当かどうかが問われ、さらに、不真正身分犯につき、65条1項の「犯人の身分によって構成すべき犯罪」にあてはまるかが疑問である。

2.　65条1項・2項の各要件

(1)　65条1項の「共犯」の意義

65条1項の「共犯」については、「**共同正犯**」を含むという説と、これを含まず**教唆・幇助に限るとする説**がある。前説が通説であり、判例もこの立場に立つ。例えば、事後強盗罪は「窃盗」を身分とする真正身分犯であるとし、すでに他の者が窃盗を終えた後に窃盗犯の身分のない者が暴行・脅迫に加功した場合、65条1項により、事後強盗罪の共同正犯であるとする（大阪高判昭62・7・17判時1253・141＝百選Ⅰ-95）。後説は、真正身分犯は、身分のある者のみが正犯として実行可能な犯罪であり、身分のない者は「共同して実行する」こともできないから、65条1項の「共犯」には「共同正犯」を含まないと解する。

(2)　2項の要件

不真正身分犯における非身分者と身分者が共同正犯の場合、完全犯罪共同説をとるか、部分的犯罪共同説ないし行為共同説をとるかで、解釈が分かれる。**完全犯罪共同説**をとれば、65条1項の適用により、罪名の同じ犯罪が成立し、非身分者については、その「科刑」について65条2項が規定する。その他の説をとれば、罪名は、個別化される。狭義の共犯についても、完全犯罪共同説によれば、65条1項により、加功者である非身分者にも、身分犯の犯罪が成立し、65条2項により、「通常の刑」が科せられる。狭義の共犯の

場合で、非身分者が身分者に加功する場合、**部分的犯罪共同説**ないし**行為共同説**によれば、65条２項の適用により非身分者には、通常の犯罪が成立する。身分者が非身分者に加功する場合、例えば、賭博常習者が非常習者に賭博を教唆・幇助した場合、65条２項の適用を認めて、常習賭博罪の教唆犯・幇助犯が成立するとする説（通説）と、加功者には単純賭博罪の教唆犯・幇助犯が成立するとする説がある。

(3)　身分の意義

　身分とは、「男女の性別、内外国人の別、親族の関係、公務員たるの資格のような関係のみに限らず、総て一定の犯罪行為に関する犯人の人的関係である特殊の地位又は状態を指称するもの」である（最判昭27・9・19刑集6・8・1083参照）。身分概念において問題となるのは、**継続的性質**のものに限るかどうかである。とくに問題は、「**営利の目的**」をもっていることが身分かどうかである。**最高裁**は、営利の目的をもつ者ともたない者が共同して麻薬取締法12条１項の規定に反して麻薬を輸入した事案につき、65条２項により、営利の目的をもつ者に対しては麻薬取締法64条２項の刑を、営利の目的をもたない者に対しては、同条１項の刑を科すべきものとし、営利の目的を65条2項にいう身分にあたるとした（最判昭42・3・7刑集21・2・417＝百選Ⅰ-93）。営利の目的とは、一時的な心理状態であるが、判例はこれを身分としたのである。収賄罪（197条１項）における行為主体としての「公務員」は、65条１項の構成的身分である。例えば、公務員の妻をもつ非公務員である夫が、妻と意思を通じて賄賂を収受した場合、判例・通説によれば、65条１項により非身分者たる夫も収賄罪の共同正犯となる（☞10講3-3(4)）。しかし、65条１項に真正身分犯の共同正犯を含まない見解からは、身分のない非公務員にとって目的物は「賄賂」ではなく、これを受け取っても「賄賂の収受」という実行行為にはならないため、この収受行為は収賄罪の幇助にすぎない。

　なお、非身分者が、業務者と共同して横領行為をしたとき、判例は、65条１項により、業務上横領罪の共同正犯が成立し、65条２項により非身分者については、通常の刑である単純横領の刑が科せられるとする（最判昭32・11・19刑集11・12・3073＝百選Ⅰ-94）。業務上横領罪はいわゆる二重の身分犯であるが、真正身分犯につき非身分者には共同正犯は成立しないという説に立つと

しても、幇助は成立しうるから、非身分者には、単純横領罪の幇助犯が成立するというべきである。

　(4)　消極的身分と共犯

　消極的身分犯とは、一定の身分を有しない者の行為が犯罪とされる類型をいう。すなわち、**一定の身分を有する者につき犯罪性・可罰性が阻却される類型**をいう。例えば、無免許医業（医師法31条1項1号、17条）においては、医師免許をもたない者が犯罪の主体であり、免許をもつ者には可罰性が阻却される。可罰性阻却の理由については、違法阻却、責任阻却、処罰阻却の場合がありうる。医師でない者が、身分のある医師を教唆して医業を行わせたとき、正犯が適法であれば教唆者の行為は犯罪を構成しない。逆に、医師が、身分のない非医師を教唆して無免許医業を行わせたとき、65条1項の適用について説が分かれる。しかし、65条1項の適用を認めず、医師には当然共犯が成立するとするのが判例（東京高判昭47・1・25東高刑時報23・1・9）である。無免許医業は、医師が自ら医業を行う場合にのみ処罰が除外されている。したがって、自ら医業という行為をするのではなく、他人に行わせることは、共犯となる。

③　共犯と錯誤

　　錯誤論においては、正犯の場合を念頭において議論されたが、原則的に同様のことは共犯論においても妥当する。しかし、共犯論においては、共同正犯の間で、AとBとが異なった犯罪や客体を意図している場合があり、また、教唆者と正犯者で、異なった犯罪が意図されている場合などがある。さらに、背後者は、共同正犯の意図であったが、実行者は、教唆されていると思っていた場合などにはどのような犯罪形式が成立するのか。

　ある共犯者と他の共犯者、共犯者と正犯者ないし共同正犯者間に錯誤が生じた場合、その錯誤はどのように考慮されるか。このような広い意味の共犯者相互間の錯誤を取り扱うのが、「共犯と錯誤」である。これは、**同一共犯形式内の錯誤と異なる共犯形式間の錯誤**に分けられる。いずれの場合にも、故意の有無に関する問題の前提として、まったく新たな決意にもとづいて正

犯行為が行われたのではなく、発生した結果が客観的に帰属できなければならない。

(1) 同一共犯形式内の錯誤

(a) 共同正犯者間の錯誤　まず、共同正犯の間の錯誤は、**具体的事実の錯誤**は、その解決方法に従って処理され、**抽象的事実の錯誤**については、行為共同説によれば、それぞれの行為者の故意に応じた犯罪が成立するから、錯誤の問題は重要ではない。部分的犯罪共同説によれば、それぞれの構成要件が重なり合う限度で、共同正犯の故意が肯定される。Xは、殺人の故意をもっていたが、Yは傷害の故意しかもっておらず、それぞれ相手の故意の射程については誤解があった場合には、傷害の限度で共同正犯が成立し、Xは殺人未遂の罪責を負う（最決昭54・4・13刑集33・3・179＝百選Ⅰ-92）。

(b) 教唆犯の錯誤　教唆者と被教唆者との間に事実の認識に関して錯誤がある場合をいう。例えば、教唆者は、A宅に侵入し強盗を働くよう唆したが、被教唆者が隣のB宅に侵入目的を変更したとき、教唆者はB宅での侵入強盗について故意責任を負うかが問題である。**具体的符合説**によると、方法の錯誤か客体の錯誤かに応じて結論が異なる。先の例では、方法の錯誤だとすると、隣家での強盗につき、教唆者の故意が阻却され、客体の錯誤であるとすると、教唆者の故意は阻却されない。**抽象的事実の錯誤**については、構成要件が**形式的・実質的に重なり合う範囲内で**故意の教唆犯が成立する。A宅での窃盗を教唆したところ、被教唆者がB宅で強盗を行った場合、侵入窃盗の範囲で責任を負う（最判昭25・7・11刑集4・7・1261＝百選Ⅰ-91）。

(c) 従犯の錯誤　教唆の錯誤と基本的に同様である。

(2) 異なる共犯形式間の錯誤

(a) 共犯者相互間の錯誤　例えば、共同正犯の意思で見張りをしたが、客観的には幇助にとどまった場合、幇助の故意が認められる。

(b) 共犯と間接正犯との錯誤　教唆・従犯の故意で、間接正犯の事実を生じさせた場合と、間接正犯の故意で教唆犯・従犯を生じさせた場合とがある。**間接正犯の故意によって教唆行為を実行した場合**、例えば、医師が、看護師がまったく情を知らないと思って、看護師に、患者に毒物を投与するよう指示した（通説によると、間接正犯）ところ、実際には、看護師は、それが薬

ではなく毒物であることを知っていた（教唆）という事案では、主観説（間接
正犯説）と折衷説（教唆犯説）とがある。**間接正犯説**は、被利用者が情を知っ
ていたとしても、指示者の行為は殺人の実行行為にあたるから、被利用者と
競合的に殺人の正犯になるとする。殺人の教唆は、間接正犯に吸収される。
情を知った上でなお行為に出るのは相当因果関係に欠けるから、間接正犯の
未遂であるとする見解もあるが、相当因果関係は存在するから、不当であ
る。これに対して、重い間接正犯の故意には軽い教唆の故意を包摂するとし
て、軽い教唆の故意を認める**教唆犯説**が、通説であろう。軽い共犯形式と重
い正犯との重なり合いを認め、重なり合う限度で故意を阻却しないからであ
る。

　逆に**教唆犯の故意で間接正犯を実行した場合**、例えば、医師が、看護師が
情を知っていると思って毒薬を患者に飲ませるよう指示したところ、看護師
は情をまったく知らなかったといった場合も、38条2項によって、軽い共犯
形式の故意の限度で故意を肯定し、教唆犯の故意を認めるのが通説である。
間接正犯の経過中に教唆犯に転換した場合についても、教唆犯が成立すると
するのが通説である。例えば、情を知らない者を利用して毒入りの饅頭を届
けさせようとしたが、たまたま被利用者がその事実に気づいたにもかかわら
ず、そのまま毒入り饅頭を被害者宅に届け、それを食べた被害者が死亡した
という場合には、教唆犯が成立する。

４　共犯の未遂・共犯関係からの離脱

　共犯の未遂とは、例えば、殺人罪を教唆したが正犯が未遂に終わった場
合をいう。共犯の中止未遂は、中止犯が（可罰的）責任減少事由だとする
と、一身専属的であり、共犯者間で共通ではない。また、共犯関係からの
離脱については、例えば、AとBとが、共同して犯罪の実行に出たが、途中
で、Aが離脱しようとした場合、どのような要件のもとで、結果に対して
責任を負わず、未遂にとどまるのかを問題とする。因果的共犯論を前提に
すると、因果的影響を解消したときだろうか。

1. 共犯の未遂・中止未遂

　共犯の未遂とは、共同正犯については実行行為に出た後に結果を生じさせなかった場合をいい、狭義の共犯については、正犯が未遂に終わった場合をいう。共犯の障害未遂の問題と中止未遂の問題とがある。

(1)　共犯の障害未遂

　狭義の共犯の未遂は、共犯従属性説を前提にする限り、正犯が未遂に終わった場合をいう。共同正犯の未遂は、犯罪共同説からは、当該の共同された犯罪の未遂をいうが、行為共同説からは、理論的には、各行為者によって未遂となるものと既遂となるものが分かれうる。しかし、行為共同説からも因果関係の共同があるのが通例であり、未遂は共通するのが通常である。

(2)　共犯の中止未遂

　共同正犯の中止未遂と教唆犯・従犯の中止未遂の場合とがある。**共同正犯の中止未遂**は、共同行為者全員が任意に中止した場合には全員に成立するが、そのうちの一人が、任意に結果に対する因果的寄与を解消し、または、結果の発生を防止した場合、その者にのみ中止犯が成立し、その他の者には障害未遂が成立し、中止の効果は及ばない。共同正犯の中止未遂が成立するためには、任意の中止によって他の共同行為者の犯罪の完成をも防止し、全体としての既遂の成立を阻止し、または中止者の結果に対する因果的寄与を解消することが重要である。例えば、強盗を共謀し、共同して暴行を加えた後、一人の者が自分だけ翻意してその場から立ち去っても、他の者が計画を続行して強取に至った場合には、翻意者は、中止犯とはならない（最判昭24・12・17刑集3・12・2028）。**教唆犯・従犯の中止未遂**は、正犯の実行の後その犯罪が既遂に至ることを任意に阻止したときに成立する。その中止が、正犯が任意に中止したことによるのか、正犯は障害未遂にすぎないのかは、教唆者・幇助者の中止には関係がない。教唆者・従犯の中止減免の根拠については、43条但し書の準用による。

2. 共犯関係からの離脱

　共犯関係からの離脱には、共謀関係からの離脱と共犯関係からの離脱の二つの場合がある。共犯関係からの離脱は、離脱者には既遂ではなく、(障害)

未遂の責任のみが問われるという効果を生じる。

(1)　共謀関係からの離脱

犯罪の実行を共謀した者の一部が、他の共謀者が実行に着手する以前に共謀関係から離脱したとき、実行された犯罪につき共同正犯の責任を負わないことをいう。この共謀関係からの離脱は、共謀共同正犯を肯定する見解からは重要であるが、共謀共同正犯否定説からは、実行前の離脱はもともと少なくとも共同正犯にはならない。判例は、**離脱の要件**として、離脱しようとする者がたんに離脱の意思を抱くだけでは十分でなく、他の共謀者に**表明**し、それが**了承**されなければならないとする。離脱の意思表示は明示的なものであることを要せず、**黙示的**なものであってもよい。離脱というためには、自己と他の共謀者との**共謀関係を完全に解消する**ことが必要であり、他の共謀者を統制支配しうる立場にある者であれば、離脱は、共謀関係がなかった状態に復元させなければ共謀関係の解消がなされたとはいえないとする (松江地判昭51・11・2刑月8・11＝12・495)。

(2)　共犯関係からの離脱

実行の着手後に一部の者が犯意を放棄し、以後の関与行為を中止した場合、未遂の責任のみを負う。共同正犯からの離脱と教唆犯・従犯からの離脱の場合がある。

(a)　**共同正犯からの離脱**　共同正犯からの離脱は、実行行為に出た一部の者が、犯意を放棄し、実行行為を中止することをいう。この場合に、「自己の意思により」中止したのであれば中止犯になるが、共犯関係からの離脱は、自己の意思によらなくとも、「離脱」すれば障害未遂となるというものである。それによって、他の実行者も既遂に至らなかった場合と、残りの者のみで既遂に至った場合とがある。後者の場合でも、離脱者が、自らの**因果的寄与を完全に解消**し、結果発生に対して因果的影響を及ぼしていなければ、離脱者は障害未遂となる。

この共犯関係からの離脱の概念は、もともと、共同正犯の一部の者の中止が奏功せず、共同正犯が既遂に至ったときに、中止犯にはならないが、**障害未遂に準じて任意的減軽をなしうる**場合をいうとする見解 (大塚) として提唱された。この理論は、結果が発生してしまった以上、決して未遂とはなら

ないという考え方に立って、離脱があれば、にもかかわらず障害未遂に準じて減軽できるとすべきだというのである。しかし、この見解は、**犯罪共同説**に立って、共同実行者が関与した「犯罪」は、他の者によって続行されても、全体として既遂に達したという見解を基礎としている。その点で、共同者各人の個別の「犯罪」が共同して実現されたと考える行為共同説とは出発点が異なる。行為共同説に立ち、因果的共犯論によるなら、行為者ごとに犯罪の成否を考えるから、結果に対して因果的寄与をしなかった関与者は、もともと未遂にすぎない。したがって、犯罪自体は既遂に達しているので、障害未遂に「準じる」ほかないと考える必要がない。離脱は、特別な意味をもつものではなく、結果に対する因果的寄与を遮断すれば、その者の寄与は未遂にとどまるという当然のことを意味しているにすぎない。

　最高裁の判例は、XとYとが意思を通じてAに対して暴行を加えたが、その途中、Xは「おれ帰る」と言っただけで現場を立ち去った後、Aの言動に再び激昂したYは、Aを竹刀で突くなどして暴行を加え死亡させたという事案に対して、YがさらにAに対して制裁を加えるおそれが消滅していなかったのに、格別それを防止する措置を講ずることなく現場を立ち去ったにすぎないとして、共犯関係の解消を認めなかった（最決平元・6・26刑集43・6・567＝百選Ⅰ-96）。この事案では、たしかに、Yのさらなる暴行の危険を解消することなく現場を立ち去っているので、結果発生の危険に対する帰属は否定できない。しかし、事実的観点からは、いったん設定した因果的寄与を完全に解消することは不可能に近いので、例えばXがYに「お前もいい加減にしろよ」と言ったところ、Yが激昂してXを殴り倒した場合ないしYが「分かったから、お前は帰れ」とXに言った後、さらに暴行を加えた場合などは、規範的な観点からXの結果発生に対する客観的帰属は否定されるので、既遂責任を負わないと解すべきであろう。

　共犯関係の解消が認められず、離脱した者に強盗致傷の共同正犯を認めた事例として、共犯者数名と住居に侵入して強盗に及ぶことを共謀した被告人が、共犯者の一部が住居に侵入した後、見張り役の共犯者が電話で「犯行をやめた方がよい、先に帰る」などと一方的に伝えただけで、それ以後の犯行を防止する措置を講ずることなく待機していた場所から見張り役らと共に離

脱したところ、その他の共犯者らがそのまま強盗に及んで被害者を負傷させた強盗致傷事案（最決平21・6・30刑集63・5・475＝百選 I -97）がある。しかし、被告人らが、「帰る」と伝えて離脱後、それを知った残った者達は、離脱者達の共同支配を脱した上で強盗行為を続行しているといえるので、離脱者達の強盗致傷に対する因果関係は否定されなくても、正犯としての関与からは離脱しており、残っているのは、強盗致傷の幇助のみと解すべきである。その他に、複数人が共同して防衛行為としての暴行に及び、相手方からの侵害終了後になおも一部の者が暴行を続けた場合において、侵害終了後の暴行を加えていない者について、最初の反撃行為については正当防衛が成立するとし、追撃行為については新たに暴行の共謀が成立したとは認められないのであるから「反撃行為と追撃行為とを一連一体のものとして総合評価する余地はな」いとした事例（最決平6・12・6刑集48・8・509＝百選 I -98）がある。

　(b) 教唆・従犯関係からの離脱　教唆者が正犯者の実行行為の途中ないしその終了後に、結果発生防止のために努力を払ったにもかかわらず、結果が発生してしまった場合にも、教唆とその結果発生との客観的帰属が否定される場合には、教唆は、正犯の未遂に対する教唆にとどまる。この場合に、「教唆犯関係からの離脱」として教唆犯の「障害未遂に準じる」という犯罪共同説にもとづく見解（大塚）は、不当である。帰属が否定される場合には障害未遂なのであって、否定されるにもかかわらず「準じる」必要はない。従犯関係からの離脱についても同様の主張があるが、同様に不当である。

3. 共犯の競合

　教唆者が、教唆の後、共同実行に出た場合や、その後、さらに教唆にかかる犯罪を幇助した場合など、共犯が競合する場合には、法条競合であり、軽い共犯形式は重い犯罪形式に吸収される。それが、包括一罪か補充関係かは学説が分かれている。

第13講

罪 数 論

第13講へのアクセス

【Q1】 一人の行為者が複数の犯罪を成立させているようにみえる場合、い
くつの罪が成立し、どのように刑が科せられるのだろうか。何を基
準として犯罪の個数を数えるべきだろうか。

【Q2】 包括一罪と併合罪の違いについて考えてみよう。被告人が、一連の
暴行によって反復累行して被害者に傷害を負わせた事件において、
どのような事情があれば、全体を一体のもの評価して包括一罪とす
ることができるだろうか（最決平26・3・17刑集 68・3・368＝百選 I －
101参照）。

【Q3】 観念的競合と併合罪の違いについて考えてみよう。無免許運転罪
（道路交通法117条の2の2第1号、64条1項）と酒酔運転罪（道路交通
法117条の2第1号、65条1項）の罪数関係は、観念的競合と併合罪
のどちらだろうか（最大判昭49・5・29刑集28・4・151参照）。また、
酒酔運転罪（道路交通法117条の2第1号、65条1項）と過失運転致死
罪（自動車運転処罰法5条）の罪数関係は、どうだろうか（最大判昭
49・5・29刑集28・4・114＝百選 I －104参照）。

【Q4】 牽連犯と併合罪の違いについて考えてみよう。被告人が、被害者を
監禁して金品を喝取しようと企て、約5時間30分にわたって被害者
を監禁して暴行を加えた上、さらに脅迫して現金等を喝取した場
合、両罪は、恐喝の手段として監禁を行なったとして牽連犯の関係
になるだろうか（最判平17・4・14刑集59・3・283＝百選 I －103参照）。

1　罪数論の意義

> 　人をけん銃で一発撃って殺害したとき、殺人の構成要件が一回充足される。犯罪がいくつ実現されたかは、行為者の行為が何回行われたかによって定まると考えるのが分かりやすい。したがって、この場合には、一個の殺人罪が成立していることは疑いない。ところが、けん銃で二人の者を殺害するつもりで連続して二発発砲し、二名を殺害したときには、二回の殺人構成要件の実現があり、殺人罪は二罪成立する。二回の殺人罪は、別々の殺人構成要件を実現しているから、刑を科するときには、それぞれ「死刑又は無期若しくは５年以上の懲役」の法定刑から処断されるのであろうか。この場合、刑法は、両者を併合罪とし、45条以下の規定に従って処断する。先の事例で、行為者が、一回だけ発砲して一発の銃弾で二人を殺害した場合には、法益侵害の結果は二個発生しているが、意思活動としての行為は一回である。このような場合、二人を殺害するため、犯罪的意思を二度外部に表明した先の事例の行為者と比べると、反規範的な意思活動は一回にすぎないので、その場合よりも軽く扱ってよいのではないか。また、行為者が、一人の被害者に対して二発連続して発砲し、一発は逸れたが、一発が命中して被害者が死亡した場合、殺人未遂と殺人既遂の二罪が成立するのだろうか。

　罪数論とは、その行為がいくつの犯罪を実現したのか、その際、刑はどのように科せられるのかを合理的に説明するための理論であって、一人の行為者が、複数の犯罪を成立させるようにみえる場合に、その**犯罪の個数**をどのように判断し、また、科刑の際に刑はどのように計算されるのかを論じるものである。すなわち、罪数論は、犯罪の成立にも関係し、刑罰論にも関係するのであり、両者の間に位置づけられるものである。

2　犯罪の個数

> 　犯罪の個数を決定するのは、行為の数であろうか。それとも構成要件実現の数であろうか。そもそも行為の個数はどのように決めるのだろうか。

1. 犯罪の個数の決定基準に関する諸学説

犯罪の個数を決定する基準については、①犯意を基準とする説、②行為を基準とする説、③法益ないし結果を基準とする説、④構成要件を基準とする説、⑤個別事例に対応した多元的な基準を用いるべきであるとする説がある。

(a) 犯意基準説　行為者の「意思」を基準とする。これによれば、犯罪的意思が一個であれば、犯罪は一個である。いわゆる観念的競合の場合も、犯罪的意思は一個の意思により、また、牽連犯の場合も、意思が一個であれば、犯罪成立上一罪となってしまう。

(b) 行為基準説　ここでいう行為とは、身体的挙動としての行為である。この説によると、法益侵害が複数あったとしても、身体的挙動が一個であれば犯罪は一個である。したがって、一発のけん銃で二人を殺害した場合には、一罪となる。

(c) 法益（結果）基準説　侵害された法益、とくに発生した結果の数を基準にして犯罪の個数を決定する。この説によると、飴玉を盗もうとした窃盗犯が、一度に30個の飴玉を掴んで逃走した場合、30個の法益侵害があるから、30個の窃盗罪が成立することになるのだろうか。

(d) 構成要件基準説　構成要件を一回充足する事実があれば一罪であり、二回充足する事実があれば二罪である。罪数は構成要件的評価の回数によって定まるとするのである。

2. 可罰類型的不法評価

このように、犯罪の個数を定めるためのさまざまな基準が提唱されているが、どの見解も、一長一短がある。明確なのは、一個の身体的挙動で一個の法益のみを一回侵害すれば、一罪であるということ（単純一罪）のみである。しかし、罪数論を論じる意味は、行為ないし意思の個数と法益侵害（結果）の個数、構成要件該当回数が一致しないような場合にどのように犯罪の個数を確定するかを明確に決定することができるようにすることにある。学説は、ここで、構成要件基準説が基本的に正当であるとし、しかも、犯罪意思、犯罪行為、法益の意味などを総合的に考慮して構成要件的評価を行おう

とする。その構成要件的評価とは、当該構成要件が予定する**実質的な可罰類型的不法評価**を意味する。例えば、AがBを腹立ちまぎれに連続して何度も殴った場合、暴行罪（208条）の形式的な構成要件は何度も充足されているから、認識上は、何度にもわたる暴行罪が成立している。しかし、この行為に制裁を課すために全体的な可罰的不法評価を行うなら、暴行罪はそもそも一回限りの有形力の行使をもって一回構成要件を充足するのが典型だと考えているわけではない。10発連続して殴っても一個の暴行罪と評価しているとみなすのが合理的である。このような実質的な可罰類型的不法評価によって、「一罪性」は判断されるべきである。もちろん、これは、後述するように、「評価上一罪」の基準である。

③　本来的一罪

　　一罪とされる場合にも、本来的一罪と科刑上一罪とがある。単純一罪は、他人を一発殴った場合に、一個の暴行罪が成立するといった場合であり、構成要件が一回実現されたことが明白な場合であるのに対して、評価上一罪の場合には、数個の犯罪が成立するようにみえて一罪しか成立しない場合である。これには、「包括一罪」とされる場合と法条競合の場合がある。ここで、包括一罪の概念は、かなり広く解されている。

1. 単純一罪・包括一罪・法条競合

　本来的一罪とは、犯罪成立上の一罪、つまり、単純一罪の場合および複数の犯罪が成立するようにみえても、一個の犯罪のみが成立する場合をいう。本来的一罪は、認識上一罪と評価上一罪とに分けられる。**認識上一罪**とは、規範的評価を加えることなく、一般的な認識上、一罪であることが明白な場合をいう。一個の意思・一行為・一法益侵害・一結果の発生により構成要件が一回実現される場合であり、**単純一罪**がそれである。**評価上一罪**は、数個の行為、数個の法益侵害、結果の発生により、数個の構成要件が実現されているようにみえるが、一個の犯罪しか成立しない場合をいう。これには、基本的に二つの場合がある。第1は、行為・法益侵害に対する可罰類型的不法

評価から、個々の身体的挙動や法益侵害が包括して一罪と評価される場合である。先に掲げたような、同一の被害者に対する接続した数回の殴打行為は、一罪と評価されるのである。これを**包括一罪**という。これに対して、認識上一個または数個の行為に対する規範的評価が、規範の競合のゆえに一方の評価が他方の評価を排斥する場合も、評価上一罪として、犯罪成立上の一罪とされる。これを**法条競合**という。包括一罪と法条競合との概念上の用法には異なった考え方があり、とくに法条競合における補充関係・吸収関係については、これを包括一罪の一種と位置づける見解も有力である。

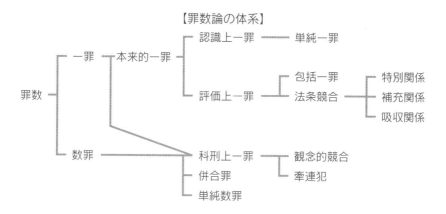

【罪数論の体系】

2.　包括一罪の意義

　包括一罪とは、認識上、構成要件に数回該当するようにみえるが、可罰類型的不法評価上一回の構成要件的評価に包括される場合をいう。包括一罪の性質をめぐっては、これを犯罪成立上の一罪とする見解に対して、黙示的な科刑上一罪であるとする見解もあるが、法律上明文で認められていないにもかかわらず、科刑上一罪を認めることは許されないから、前説が妥当である。包括一罪とされる場合については、それを類型化しなければならない。

（1）　同一行為の接続的反復

　認識上複数の構成要件行為が、社会的・規範的意味において単一のものと評価される場合である。例えば、同一の犯意にもとづき、時間的・場所的に接着して反復される同一構成要件に該当する同種の行為が行われたとき、包

括して一罪とされる。かつてのいわゆる**接続犯の事例**である。同一場所で同一機会に三回にわたって同一人が倉庫に保管する米俵を計9俵盗んだとき（最判昭24・7・23刑集3・8・1373＝百選Ⅰ-100）は、包括一罪である。

(2) 規定上の複数行為・同質的部分的行為

　構成要件的行為としては、①数個の同種のまたは異種の行為複合の反復が予定されている場合（**構成要件上の行為複合類型**）、ないし、②異なる罪名にあたりうる行為が時間的・場所的に接続して実現された場合（**構成要件上の並列行為類型**）、③同質的な部分行為を含む異なった構成要件を接続して実現した場合（**同質的構成要件の接続的実現類型**）、包括して一罪とされる。①の例としては、**職業犯**や**営業犯**の例が挙げられる。業として行われる行為は、一連の行為が集合としてとらえられる。無免許医業罪（医師法31条1項1号・17条）がその例である。また、同一被害者に対し一定の期間内に反復累行された一連の暴行によって種々の傷害を負わせたとき（最決平26・3・17刑集68・3・368＝百選Ⅰ-101）、包括一罪である。街頭募金詐欺についても、募金箱に投入された現金は直ちに他の被害者が投入したものと混和して特定性を失うものであり、その受領行為を一体のものと評価して包括一罪とされる（最決平22・3・17刑集64・2・111＝百選Ⅰ-102）。②の例としては、同一構成要件に異なる行為態様が並列的に規定されている場合が挙げられる。例えば、同一人物の蔵匿と隠避が引き続いてなされた場合、公務員が、賄賂を要求し、約束し、収受したとき、包括一罪である。③の例としては、居直り強盗の事例が挙げられる。また、暴行・脅迫の後、強盗の意図を生じ、強盗を行ったとき、包括して強盗一罪が成立する。罪名が異なる犯罪間の包括一罪は、**混合的包括一罪**と呼ばれている。

(3) 包括一罪か？

　いわゆる連続犯の場合が、包括一罪となりうるかが争われている。**連続犯**とは、行為者が、接続犯ほど行為の間隔に密着性はないが、同一構成要件にあたる数個の行為を連続して行った場合をいう。戦前は、これを科刑上一罪としていた（55条）。この戦前の規定における「同一罪名に触れる行為」の意義については緩やかに解釈された。これが昭和22年に削除されたので、解釈上、これを残そうとして、連続犯の場合には包括一罪とすると解釈されたの

である。しかし、接続犯とは異なり、時間的・場所的近接性の要件が緩やかであり、これを肯定するのは問題である。

　なお、有力な見解によれば、包括一罪の考え方は、ほかにも、法条競合の補充関係や吸収関係に代えて、用いるべきであるとされている。しかし、包括一罪観念の合理的理由なき拡大は、不毛である。

3.　法条競合

　法条競合とは、数個の罰条が適用可能にみえるが、規範的評価が競合しているため、一つの罰条が他を排斥し、一つの罰条のみが適用されるべき場合をいう。本来的一罪である。科刑上一罪である観念的競合・牽連犯とは異なり、排除された犯罪の成立は妨げられる。

　法条競合には、**特別関係**、**補充関係**、**吸収関係**、それに**択一関係**も加えられる。しかし、択一関係については、窃盗罪と横領罪、横領罪と背任罪がその例とされるが、どちらが優先するかについて原則があるわけではなく、この類型を認めることに実益はない。

（1）　特別関係

　競合する複数の構成要件が、一般法と特別法の関係にある場合をいう。論理的には、特別法にある構成要件は、すべて一般法にあたる構成要件に包含される。特別関係は、基本・派生ないし加重・減軽の関係にある構成要件間に認められる。例えば、業務上横領罪（253条）と単純横領罪（252条）がその例である。このほか、暴行・脅迫と窃盗の結合犯である強盗罪が成立するとき、暴行罪・脅迫罪ないし窃盗罪が成立しないのはそれらが特別関係にあるからである。この場合、「**特別法は一般法を排除する**」という原則が成り立つ。したがって、業務上横領罪にあたる場合には単純横領罪は排除され、業務上横領罪のみが適用される。

（2）　補充関係

　同一の法益侵害につき、基本的な構成要件と補充的な構成要件がある場合に、前者が適用されない場合にのみ後者が適用されるという関係をいう。補充関係には、法文上その関係が明らかな「明示的補充関係」と解釈によってその関係にあるとされる「黙示的補充関係」がある。前者の例に属するの

は、現住建造物等放火（108条）および非現住建造物等放火（109条）に対する建造物等以外放火（110条）である。後者の例としては、幇助者が引き続いて実行行為に出て共同正犯となった場合、幇助を排除することが挙げられる。また、同じ法益に向けられた犯罪が段階的に発展していくいわゆる「**発展犯**」の場合が挙げられる。例えば、予備罪が成立し、未遂、既遂に発展した場合には、既遂罪がその前段階の予備・未遂を排除する。このように、補充関係においては、「**基本法は補充法を排除する**」という原則が成り立つ。補充関係については、予備・未遂・既遂は補充関係ではなく、包括一罪における吸収一罪の場合とすべきだという見解が有力に主張されている。

(3)　吸収関係

　一つの構成要件が他の構成要件を吸収する場合をいう。吸収関係に立つのは、論理的な包含関係にある場合ではなく、**刑事学的な近接関係**に立つ場合である。吸収関係が認められる場合に、付随犯の場合と不可罰的事後行為の場合があるが、付随犯においては、侵害される法益が異なる場合であり、**不可罰的事後行為**は、状態犯の構成要件が成立したときであって、新たな法益侵害が認められない場合である。これを「**共罰的事後行為**」とも呼ぶ。付随犯の事例としては、例えば、眼鏡の上から顔面を殴打したとき、軽い器物損壊罪が重い傷害罪に吸収されるのは、これを意味するものとされる。ただし、判例は、これを包括一罪とし（東京地判平7・1・31判時1559・152）、これを支持する見解も有力である。窃盗の後、窃取した物を損壊するのは、不可罰的事後行為である。しかし、窃取した通帳を銀行の窓口で呈示して現金を引

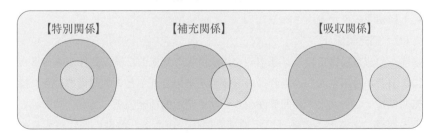

法条競合の論理

【特別関係】　　　　　【補充関係】　　　　　【吸収関係】

き出したときは、窃盗罪のほか、詐欺罪も成立する。

4　科刑上一罪

> 犯罪としては数個成立しているが、科刑上一罪として扱われる場合がある。これには、「一個の行為が二個以上の罪名に触れ」る観念的競合の場合と、「犯罪の手段若しくは結果である行為が他の罪名に触れる」牽連犯の場合とがある。

1. 科刑上一罪の意義と根拠

　科刑上一罪とは、一人に数罪が成立するが、刑罰の適用上、一罪として扱う場合をいう。そのうち、「一個の行為が二個以上の罪名に触れ」る場合を**観念的競合**といい（54条1項前段）、「犯罪の手段若しくは結果である行為が他の罪名に触れる」場合を**牽連犯**という（同項後段）。前者の例としては、一発の銃弾で二人を殺害する場合があり、後者の例としては、住居に侵入の上、窃盗を行う場合がある。科刑上一罪は、「最も重い刑」で処断される（54条1項）。

　科刑上一罪として取り扱われる根拠は何であろうか。観念的競合にあっては一個の行為であり、また、牽連犯においては、数個の行為が目的・手段ないし原因・結果の関係で密接に結びついた一個に準ずる行為であり、法益侵害も規範違反も一回に準ずる意思にもとづくのであるから、可罰的責任は、一回の処罰に対応するものといえる。数個の法益侵害があり、違法評価は減少しないが、犯罪的意思の反規範性が弱いがゆえに、責任の可罰性が減少しているといえるであろう（可罰的責任減少説）。

　共犯の罪数については、**正犯行為基準説**と**共犯行為基準説**が対立している。しかし、成立する犯罪の個数、すなわち、犯罪の個数の問題と、科刑上一罪の成否、すなわち、科刑上の罪数の問題とは区別すべきである。判例は、共犯の罪数は正犯のそれに従うが、一個の行為の基準については、共犯行為基準説に従うものとする（最決昭57・2・17刑集36・2・206＝百選Ⅰ-107）。したがって、正犯が二回にわたって覚醒剤を密輸入した（二個の覚醒剤取締法違

反）が、幇助者が、覚醒剤の仕入れ資金として一回、現金を銀行保証小切手
に替えて正犯者に交付したという事案においては、幇助者には、二個の覚醒
剤取締法違反が成立するが、幇助行為は一つであるから観念的競合となる。

2. 観念的競合

　観念的競合の要件は、**①行為が一個であること**、および**②一個の行為が数
個の罪名に触れること**である。行為の一個性の判断は、自然的社会的判断を
基礎に、構成要件の見地からする規範的判断を加えた総合的な判断である。
判例によれば、「一個の行為とは、法的評価をはなれ構成要件的観点を捨象
した自然的観察のもとで、行為者の動態が社会的見解上一個のものとの評価
をうける場合をいう」（最大判昭49・5・29刑集28・4・114＝百選Ⅰ-104）。判例は、
構成要件的観点を捨象するというが、少数意見がいうように、「構成要件的
な面からする法的評価を加味する」ことが必要であると思われる。

(1)　一個の行為であること

　一個の行為といえるかどうかが問題となるのは、継続犯、状態犯における
「行為の一個性」である。例えば、酒酔い運転中の業務上過失致死傷罪、あ
るいは、銃砲の不法所持中の殺人罪は、一個の行為によって行われたものと
いえるのだろうか。これに関しては、①主要部分合致説、②一部合致説、③
着手一体説、④分割不能説等がある。継続的行為が重なる場合と継続的行為
と一発的行為とが重なる場合とで分けて考える必要があろう。無免許運転と
酒酔運転は、観念的競合である（最大判昭49・5・29刑集28・4・151）。しかし、
酒酔運転と業務上過失致死罪とは一個の行為ではなく、併合罪である（前掲
百選Ⅰ-104）。過失行為は、運転行為の過程で一時点一場所で行われる事象で
あり、社会的見解上別個のものと評価すべきだからである。この意味で、銃
砲刀剣類不法所持中に行われた殺人または強盗は、併合罪である（最判昭
26・3・15刑集5・4・521、最判昭24・12・8刑集3・12・1915）。

　不作為犯における観念的競合は、複数の作為義務に違反する場合に生じ
る。例えば、交通事故に際して、負傷者に対する救護義務も、事故に対する
報告義務も果たさなかった場合、一個の行為が二つの罪名に触れる場合であ
り、観念的競合といえるのであろうか。それとも併合罪であろうか。最高裁

の判例は、昭和38年には、独立の義務を定めたものであり、併合罪とした（最大判昭38・4・17刑集17・3・229）。しかし、昭和51年には、各義務違反の不作為は、社会的見解上一個の動態と評価すべきものであり、観念的競合であるとした（最大判昭51・9・22刑集30・8・1640＝百選Ⅰ-105）。この場合、不作為的態度は、一個であり、作為義務が複数にわたるのであるから、一個の行為により二つ以上の罪名に触れる場合であるということができ、観念的競合である。

(2)　二個以上の罪名に触れること

　数個の構成要件該当性・不法・責任が存在することを意味する。これには、一個の行為で異なった構成要件を実現する**異種類の観念的競合**の場合と、一個の行為で同じ種類の構成要件を実現する**同種類の観念的競合**の場合とがある。前者の例としては、殺人の目的で住居に侵入した場合の、殺人予備罪と住居侵入罪、一個の虚偽の事実を流布し、被害者の名誉と信用を毀損した場合の名誉毀損罪と信用棄損罪とがある。後者の例としては、一回の発砲行為によって二人を殺害した場合、同一場所で数人を監禁した場合などがある。

(3)　処　分

　「その最も重い刑により処断する」（54条1項）。「最も重い刑」とは、数個の罪名中最も重い法定刑を規定した罰条の意味である（大判大3・11・10刑録20・2079）。ただし、「共に、他の法条の最下限の刑よりも軽く処断することはできない」（最判昭28・4・14刑集7・4・850）。また、重い刑種のみが比較対照される（重点的対照主義）ので、例えば、A罪の刑が「3年以下の懲役若しくは禁錮」、B罪の刑が「15年以下の懲役又は50万円以下の罰金」であるとすると、それぞれ重い刑罰である3年以下の懲役と15年以下の懲役のみが比較され、重いB罪において規定された15年以下の懲役刑が選択される（☞14講2-1 (1)）。54条1項は、主刑に関する規定であるから、付加刑である没収・追徴には適用されない。付加刑は、観念的競合の場合にも、他の刑と併科される。

3. 牽連犯

(1) 牽連犯の意義

牽連犯とは、「犯罪の手段若しくは結果である行為が他の罪名に触れるとき」(54条1項後段)をいう。この場合、科刑上、一罪として取り扱われ、「**その最も重い刑により処断される**」。例えば、窃盗を行おうとして他人の住居に侵入し、財物を窃取した場合、窃盗罪と住居侵入罪は、目的・手段関係が認められるので、牽連犯である。牽連犯が科刑上一罪として取り扱われる根拠は、社会通念上類型的に一体の事実であることが挙げられる。

牽連犯の判断基準としては、客観的観察により数個の行為の間に手段・目的ないし原因・結果関係がある場合とする**客観的牽連性**か、行為者のそのような意思を基準とする**主観的牽連性**かにつき争いがある。「経験上の類型性」を要件とする客観説が通説である。

(2) 要 件

牽連犯は、「犯罪の手段若しくは結果である行為」であり、「他の罪名に触れる」ことという二つの要件からなる。

牽連関係は、判例によれば、身の代金目的拐取罪と身の代金要求罪 (最決昭58・9・27刑集37・7・1078)、住居侵入罪と窃盗罪、住居侵入罪と殺人罪、住居侵入罪と強盗罪、逮捕と恐喝罪、公文書偽造罪と同行使罪、公正証書原本不実記載罪・同行使罪と詐欺罪、私文書変造罪と同行使罪等の間に認められる。判例上、牽連関係が認められなかったものとして、業務上過失傷害罪とその後の殺人罪、監禁罪と恐喝罪 (最判平17・4・14刑集59・3・283＝百選Ⅰ-103)、監禁罪と強制性交等致傷罪 (旧・強姦致傷罪)、監禁罪と傷害罪、殺人罪と死体損壊罪、放火罪と保険金詐欺罪、不正アクセス行為 (不正アクセス行為の禁止等に関する法律旧8条1号＝現11条) と私電磁的記録不正作出罪がある。

「他の罪名に触れる」とは、数個の行為がそれぞれ独立の構成要件に該当し、犯罪を構成することを意味する。この数個の行為は、異なる構成要件に該当するもの (異種類の牽連犯) であるか、同じ構成要件に該当するもの (同種類の索連犯) であるかを問わない。

4.　かすがい現象

　かすがい現象ないしかすがい作用とは、本来、併合罪となるべき数罪が、それぞれある犯罪と観念的競合または牽連犯の関係にあることにより、数罪全体が科刑上一罪として処断されることをいう。例えば、住居に侵入して順次三人の家人を殺害したとき、三つの殺人罪は、本来、併合罪である。しかし、住居侵入を手段として行われているので、それをかすがいとして、三つの殺人罪が結びつけられ、住居侵入罪と殺人罪がそれぞれ科刑上一罪として取り扱われる（最決昭29・5・27刑集8・5・741＝百選Ⅰ-106）。さらに、住居侵入、恐喝、殺人は、騒乱罪をかすがいとして、観念的競合として取り扱われる

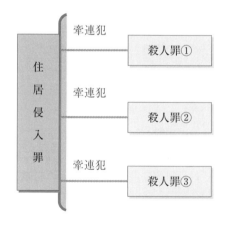

　しかし、かすがい作用を認めると、あまりにも刑が軽くなり、不均衡になるという批判がある。先の事例で、三つの殺人がもし屋外で行われていたら、それらは併合罪であるのに、それに住居侵入罪が付け加わっただけで牽連犯として一個の殺人罪で処断されるのは権衡を失するというのである。

　そこで、これを是正するため、一定の場合には、かすがい作用を認めないことが提唱されている。これをかすがい外しという。例えば、甲罪、乙罪、丙罪が牽連し、甲罪が最も重く、次いで乙罪、丙罪と続くときは、甲・丙のみを科刑上一罪とし、これと乙罪の併合罪とするという見解（内田）等が唱えられている。

5 併合罪

> 確定裁判を経ていない二個以上の犯罪を併合罪という。併合罪の処分には、最も重い刑で処断する吸収主義、最も重い刑に一定の加重をする加重主義、各罪に一定の刑を定めて併科する併科主義がある。わが国の刑法は、加重主義を原則とし、刑の種類によって吸収主義、併科主義を併用する制限加重主義をとっている。

1. 意 義

併合罪とは、確定裁判を経ていない二個以上の罪をいう（45条）。実在的競合とも呼ばれることがある。併合罪は、同じ手続により審判されうる場合には、各罪が一括して処理され、単一の刑で処断される。併合罪には、**同時的併合**（45条前段）と**事後的併合**（45条後段）とがある。

2. 併合罪の要件

併合罪の成立要件としては、①数個の犯罪がいまだ確定裁判を経ていないこと（同時的併合）、または、②数個の犯罪事実のうち禁錮以上の刑に処する確定裁判を経た罪があるときは、その裁判確定以前に犯した他の犯罪があること（事後的併合）を要する。

(1) 同時的併合

確定裁判を経ていない併合罪のグループである。確定裁判とは、通常の訴訟手続によっては不服申立により争うことのできない状態に至った裁判をいう。

(2) 事後的併合

成立した数個の犯罪の間に禁錮以上の刑に処する確定裁判を経た犯罪があるときには、その確定裁判に至った犯罪とその裁判確定のとき以前に犯した犯罪とに限り、一つのグループとする併合罪のグループである。「禁錮以上の刑に処する確定裁判」とは、死刑、懲役、禁錮のどれかに処する確定裁判をいう。確定裁判があれば足り、その刑の執行を終了しているかどうかを問わない。

　継続犯・集合犯・牽連犯・包括一罪などのような場合につき、数個の犯罪の中間に別罪に関する禁錮以上の刑に処する裁判が確定した場合については、45条の適用はないとする見解が有力である。例えば、継続犯につき、刀剣不法所持の継続中に他の罪につき確定裁判があった場合でも、その罪と刑法45条後段の併合罪となるものではない（最決昭35・2・9刑集14・1・82）。

3.　併合罪の処分

　併合罪の処断の形式には、吸収主義、加重主義、および併科主義の三つの主義がある。**吸収主義**とは、併合罪にあたる各罪の最も重い罪の法定刑によって処断する主義をいう。**加重主義**とは、その最も重い罪に対する法定刑に一定の加重を施して処断する主義をいう。**併科主義**とは、各罪につきそれぞれ刑を定めて科し、これを併せて執行する主義をいう。刑法は、加重主義を原則とし、刑の種類によって吸収主義、併科主義を併用する**制限加重主義**をとっている。加重主義の中でも、単一刑主義をとり、ドイツのような総合刑主義をとらない。

(1)　同時的併合罪の処理

　(a)　吸収主義　併合罪のうち一個の罪について死刑に処するときは、他の刑を科さない（46条1項本文）。併合罪のうち一個の罪について無期の懲役または禁錮に処するときも、他の刑を科さない（46条2項本文）。判例によると、「併合罪関係にある複数の罪のうちの1個の罪について死刑又は無期刑を選択する際には、その結果科されないことになる刑に係る罪を、これをも含めて処罰する趣旨で、考慮できるというべきであり、当該1個の罪のみで死刑又は無期刑が相当とされる場合でなければそれらの刑を選択できないというものではない」（最決平19・3・22刑集61・2・81）。死刑に処するときも、没収は併科しうる。また、無期の懲役・禁錮に処するときでも、罰金、科料および没収は併科される（46条1項但し書・2項但し書）。

　(b)　加重主義　併合罪のうち二個以上の罪について有期の懲役または禁錮に処するときは、その最も重い罪について定めた刑の長期にその2分の1を加えたものを**長期**とする。ただし、それぞれの罪について定めた刑の長期の合計を超えることはできない（47条）。「最も重い罪について定めた刑」は、

併合罪を構成する各罪につき、①法定刑に選択刑があるときは、刑種の選択をし、②加重減軽すべき事由のあるときはこれに再犯加重・法律上の減軽を施し、③このようにして得られた二個以上の有期の懲役・禁錮を対照して、10条所定の基準によって判断することによって得られる（最判昭24・8・18刑集3・9・1455）。**短期**については規定がない。併合罪を構成する罪の刑の短期のうち最も重いものに従うべきである。加重された長期は、30年を超えることはできない。いわゆる**新潟少女監禁事件**につき、併合罪を構成する個別の罪についてそれぞれその法定刑を超えることができないと解すべきか（控訴審の判断）、それとも、形成された処断刑の範囲内で、法律上特段の制約はないのかが問題となった。最高裁は、刑法47条は、「併合罪を構成する各罪全体に対する統一刑を処断刑として形成し、修正された法定刑ともいうべきこの処断刑の範囲内で、併合罪を構成する各罪全体に対する具体的な刑を決することとした規定であり」、「併合罪の構成単位である各罪についてあらかじめ個別的な量刑判断を行った上これを合算するようなことは、法律上予定されていない」とする（最判平15・7・10刑集57・7・903）。

　併合罪のうち二個以上の罪について罰金に処するときは、それぞれの罪について定めた罰金の多額の合計以下で処断する（48条2項）。

　(c) 併科主義　罰金と他の刑は併科する（48条1項）。ただし、併合罪中その一罪について死刑に処する場合には、この限りでない。拘留または科料と他の刑とは、併科する（53条1項）。ただし、併合罪中の一罪について死刑に処すべき場合、無期の懲役または禁錮に処する場合も、この限りではない。二個以上の拘留または科料は併科する（53条2項）。

　(2)　事後的併合罪の処理

　併合罪のうちにすでに確定裁判を経た罪とまだ確定裁判を経ていない罪とがある場合には、確定裁判を経ていない余罪についてさらに処断する（50条）。

　(3)　一部に大赦があった場合の措置

　併合罪について処断された者が、その一部の罪につき大赦を受けたときは、他の罪について改めて刑を定める（52条）。

6 単純数罪

　単純数罪とは、実在的競合において併合罪とならない数罪をいう。単純数罪の場合には、各犯罪ごとにそれぞれの法定刑によって処断される。

第14講

刑罰の種類・適用・執行

【Q1】 刑罰にはどのような種類のものがあるだろうか。各刑罰の軽重についても条文を調べてみよう。

【Q2】 死刑について、その合憲性、近年言い渡された件数、世論調査の結果、執行方法などについて調べてみよう。また、死刑存置論、廃止論のそれぞれの立場から、死刑に賛成あるいは反対する理由は何かについて調べてみよう。

【Q3】 法律上の加重減軽事由にはどのようなものがあるのだろうか。また、法律上、加重減軽の方法と順序はどのように規定されているかについて調べてみよう。

【Q4】 刑の全部執行猶予と刑の一部執行猶予の異同を考えてみよう。

【Q5】 刑の一部執行猶予の目的は何だろうか。一部執行猶予を言い渡された者は、執行猶予期間中、どのような処遇を受けるのだろうか。

【Q6】 再度の執行猶予はどういう場合に認められるのだろうか。刑罰を科すにあたり、再犯や常習犯を量刑上どのように考慮すべきか、刑罰の目的に立ち返って考えてみよう。

① 刑罰の意義と種類

> どのような刑罰があるかについては、刑法9条に規定がある。主刑とし
> ての「死刑、懲役、禁錮、罰金、拘留及び科料」、付加刑としての「没収」
> ないし没収ができない場合の追徴の意義を明らかにする。

1. 刑罰の意義

現行刑法は、「死刑、懲役、禁錮、罰金、拘留及び科料」を主刑とし、「没収を付加刑」とする（9条）。**主刑**とは、それ自体を独立して科することができる刑罰であり、**付加刑**とは、主刑に付加して科することができる刑罰である。9条に掲げられた以外の制裁は、刑罰ではない。したがって、過料（会社法976条以下）、刑罰の言渡しに伴う選挙権・被選挙権の喪失などの資格制限（公職選挙法11条など）、または課徴金（独占禁止法7条の2）は、刑罰ではなく、また、諸外国で刑事制裁の一種として導入されている**保安処分**（改正刑法草案97条以下参照）も、刑罰ではない。

2. 刑罰の種類

上記の刑罰は、生命刑（死刑）、自由刑（懲役・禁錮・拘留）および財産刑（罰金・科料）からなる。

(1) 死 刑

生命刑とは、受刑者の生命を奪う刑である。刑法においては、死刑は、内乱罪の首謀者（77条1項1号）、現住建造物等放火（108条）、殺人罪（199条）、強盗致死罪（240条）等の重大な犯罪につき規定されている。**死刑の執行方法**については、死刑は、「刑事施設内において、絞首して執行する」（11条）ものとする。死刑を廃止している国と地域は約6割であるとされ、先進国で死刑を存置している国として日本はむしろ例外に属する。わが国では、**死刑廃止論**も有力に主張されているが、国民へのアンケート調査では、死刑を容認する見解が多数である（令和2年1月「基本的法制度に関する世論調査」の概要・内閣府政府広報室参照）。

【死刑存廃をめぐる意見】

年	廃止	存置	その他
1956 年	18.0%	65.5%	17.0%
1967 年	16.6%	70.5%	13.0%
1975 年	20.7%	56.9%	22.4%
1980 年	14.3%	62.3%	23.4%
1989 年	15.7%	66.5%	17.8%
1994 年	13.6%	73.8%	12.6%
1999 年	8.8%	79.3%	11.9%
2004 年	6.0%	81.4%	12.6%
2009 年	5.7%	85.6%	8.6%
2014 年	9.7%	80.3%	9.9%
2019 年	9.0%	80.8%	10.2%

内閣府の世論調査

(2)　死刑の合憲性

　死刑が憲法 (36条) で禁止する**「残虐な刑罰」**にあたるかどうかについては、これを合憲とする最高裁の判例がある (最大判昭23・3・12刑集2・3・191)。

【通常第 1 審における死刑言渡人員および全事件中死刑確定人員】

年次	総数	殺人	強盗致死	死刑確定人員
2010 (平成 22) 年	4	3	1	9
2011 (平成 23) 年	10	3	7	22
2012 (平成 24) 年	3	2	1	10
2013 (平成 25) 年	5	2	3	8
2014 (平成 26) 年	2	-	2	7
2015 (平成 27) 年	4	2	2	2
2016 (平成 28) 年	3	1	2	7
2017 (平成 29) 年	3	3	-	2
2018 (平成 30) 年	4	2	2	2
2019 (令和元) 年	2	2	-	5

(令和 2 年 (2020 年) 版 犯罪白書 (2-3-2-1 表・2-3-3-2 表))

しかし、判例は、死刑の選択が許される条件は、その罪責が重大で、罪刑均衡や一般予防の見地からもやむを得ないと認められる場合に限られるものとする（最判昭58・7・8刑集37・6・609）。

(3)　懲役・禁錮・拘留

懲役・禁錮・拘留は、いずれも自由刑である。懲役は、刑事施設に拘置して所定の作業を行わせる（12条2項）点で、刑事施設に拘置するだけの禁錮（13条2項）と区別される。懲役・禁錮ともに、有期と無期に分かれ、有期は、「1月以上20年以下」である（12条1項・13条1項）。拘留も刑事施設に拘置される自由刑であるが、短期自由刑であり、その期間は、「1日以上30日未満」である（16条）。懲役刑は、所定の作業を行わなければならないので、その他の再社会化のための適正な矯正処遇との調和が課題である。禁錮受刑者・拘留受刑者も、申出をした場合には、作業を行うことが許される（刑事収容施設法93条）が、単純作業のみで、適正な矯正処遇の観点からの意義が没却されてはならないであろう。平成17年成立の「**刑事収容施設及び被収容者等の処遇に関する法律**」（刑事収容施設法・旧「刑事施設及び受刑者の処遇に関する法律」から平成18年改称）が、自由刑の執行の詳細につき規定する（☞3-1(2)）。

(4)　罰金・科料

罰金・科料は、財産刑である。罰金は、「1万円以上」である（15条）。科料は、「千円以上1万円未満」である。財産刑は、軽微な犯罪に対する刑罰として有効であり、短期の自由刑が、施設収容によって従来の社会生活から切り離され、スティグマを貼られる恐れがあるのを回避する意味がある。他方で、金持ちとそうでない者に対する同額の財産の剥奪は、その感銘力に差があり、実質的に不平等であるという問題点がある。そこで、最近の立法例では、収入に応じて1日あたりの額を決め、それに日数をかけて総額を決める**日数罰金制**が採用されることが多い。わが国では、日数罰金制は採用されていない。

(5)　労役場留置

罰金または科料を完納することができない者は、1日以上2年以下の期間、労役場に留置する（18条1項）。一種の換刑処分である。労役場は、法務

大臣が指定する刑事施設に附置する（刑事収容施設法287条1項）。

(6)　没収・追徴

　没収は、特定の物の所有権を剥脱する処分である。没収することができるのは、以下の物である（19条1項）。①犯罪を組成した物（＝**組成物件**・1号）。賄賂罪における賄賂の目的物や偽造文書行使罪における偽造文書などがその例である。②犯罪の用に供し、または供しようとした物（＝**供用物件**・2号）。例えば、侵入窃盗の際、住居侵入の手段として用いた鉄棒がそうである。③犯罪行為によって生じ、もしくはこれによって得た物または犯罪行為の報酬として得た物（＝**産出物件・取得物件・報酬物件**・3号）。犯罪産出物件をなすのは、例えば、文書偽造罪における偽造文書である。犯罪取得物件をなすのは、恐喝によって得た金銭である。殺人の依頼に応じたことによって得た報酬金は、「犯罪行為の報酬として得た物」にあたる。④前号に掲げる物の対価として得た物（＝**対価物件**・4号）。盗品等の売却金がその例である。

　没収の対象物が、犯人以外の者に属しないときに限る。ただし、犯人以外の者に属する物であっても、犯罪の後にその者が情を知って取得した物であるときは、これを没収することができる（19条2項）。没収された物の所有権は国庫に帰属する。

　追徴とは、没収ができない場合にそれに代えてその価額を国庫に納付するよう命じる処分をいう。没収の対象となるべき物を、犯人が費消し、紛失し、毀損し、または善意の第三者に譲渡した場合がそうである。犯人に不当な利得を保持させない趣旨で設けられた制度である。没収の換刑処分的な意義をもつ。**追徴の価額の算定時期**については、犯行のときとする説と没収不能になったときとする説、それに、裁判の言渡しのときとする説が対立している。

② 刑罰の適用

> 一つの犯罪につき、同一の期間を定めた「懲役」と「禁錮」の二つの刑種の法定刑が付されている場合に、どちらの刑が重いのだろうか。それを定めるのが、刑法10条である。刑を比較する必要があるのは、例えば、6条の刑の変更の場合、47条の併合罪の加重の場合、54条の観念的競合・牽連犯の場合などである。法定刑の比較が原則であるが、47条における比較は、判例によると、処断刑による。

1. 法定刑と刑の加重減軽

(1) 法定刑とその軽重の基準

法定刑とは、各本条で構成要件に対応して規定された刑をいう。法定刑は、刑の種類を限定し、刑の上限と下限を定めて規定されている。したがって、裁判官は、法定刑のうち異なった刑種から選択し、その刑の上限（長期・多額）と下限（短期・寡額）の間から刑を量定する。

加重・減軽の限度は次の通りである。すなわち、死刑または無期の懲役もしくは禁錮を減軽して有期の懲役または禁錮とする場合においてはその長期を30年とする（14条1項）。有期の懲役または禁錮を加重する場合においては30年にまで上げることができ、これを減軽する場合においては1月未満に下げることができる（同条2項）。

二つ以上の法定刑を比較し、その重い刑ないし軽いものを選択する必要がある場合、その軽重を何を基準として決定するかが重要となる。**刑法10条**がその**基準**につき定めている。

① 刑の種類が異なるときは、主刑の軽重は、死刑、懲役、禁錮、罰金、拘留および科料の順序による。ただし、無期の禁錮と有期の懲役とでは、禁錮を重い刑とし、また、有期の禁錮の長期が有期の懲役の長期の二倍を超えるときも、禁錮を重い刑とする（1項）。

② 同種の刑は、長期の長いもの、または多額の多いものを重い刑とし、長期または多額が同じものは、その短期の長いもの、またはその寡額の多いものを重い刑とする（2項）。

③ 二個以上の死刑、または長期もしくは多額および短期もしくは寡額が

同じである同種の刑は、犯情によってその軽重を決める（3項）。

④ 異種類の刑が選択刑または併科刑として規定されている場合における他の刑との軽重の比較の方法については、刑法に直接の規定はない。その場合、各刑種の全体を対照すべきであるとする**全体的対照主義**と、重い刑のみを対照すべきであるとする**重点的対照主義**とが対立している。刑法施行法3条3項が重い刑の対照を定めていることなどから、後者の見解が妥当である。

例えば、公務執行妨害罪には、「3年以下の懲役若しくは禁錮又は50万円以下の罰金」の法定刑が付されている（95条1項）。これに対して、器物損壊罪は、「3年以下の懲役又は30万円以下の罰金若しくは科料」の法定刑が付されている（261条）。この両者の法定刑の軽重を決定するには、全体的対照主義によると、30万円以下の罰金の付いている器物損壊罪の方が軽い。重点的対照主義によると、懲役刑の長期が同じであるから、3項により「犯情」によって決まる。

(2) 法定刑の加重・減軽

法定刑は、その適用にあたり、刑の加重・減軽事由が存在する場合には修正される。その修正された枠内で刑を処断すべきであるから、これを**処断刑**と呼ぶ。選択刑がある場合には、裁判官は、まず、適用すべき刑の種類を選択する。刑の加重・減軽事由には、**法律上の事由と裁判上の事由**がある。前者は、法律によってあらかじめ加重・減軽をなすべきこと、なしうることが定められている場合であり、後者は、裁判官が、具体的な場合に情状によってなすものである。

法律上の加重事由には併合加重と累犯加重とがある。**併合加重**とは、併合罪のうち、二個以上の罪について有期の懲役または禁錮に処するときは、その最も重い罪につき定めた刑の長期にその2分の1を加えたものを長期とする（47条）というように、加重される場合をいう。**累犯加重**については、次に詳述する。法律上の減軽事由には必要的減軽事由（例えば、心神耗弱）と任意的減軽事由（例えば、自首）とがある。

累犯の概念には、広狭二義がある。**広義**においては、確定裁判を経た犯罪に対して、その後に犯された犯罪をいう。**狭義**では、広い意味の累犯のう

ち、一定の要件を具備することによって刑を加重されるものをいう。刑法上の累犯はこの意味である。一定の要件とは、①懲役に処せられた者またはこれに準ずべき者が、②その執行を終わった日またはその執行の免除を得た日から5年以内にさらに罪を犯した場合であって、③その者を有期懲役に処するとき（56条1項）である。この要件を充たす者を再犯というが、**三犯以上の者**についても同様（59条）である。再犯の刑は、その罪について定めた懲役の長期の二倍以下とする（57条）。三犯以上の者についても再犯の例による（59条）。ただし、30年を超えることはできない（14条2項）。

　法律上の刑の減軽事由には、必要的減軽事由と任意的減軽事由とがある。任意的減軽事由のうち、とくに「自首」（42条）について述べておこう。

　自首とは、罪を犯した者が捜査機関に発覚する前に、自発的に自らの犯罪事実を申告し、その処罰を求める意思表示をいう。任意的減軽事由とされるのは、それによって犯罪の捜査が容易になるという政策的理由のほかに、改悛によって罰するに値する責任が軽くなることによる。「発覚する前」とは、犯罪が捜査機関にまったく認知されていない場合のみならず、犯罪事実は認知されていても犯人が誰であるかが知られていない場合をも含む。しかし、犯罪事実および犯人が誰かは発覚しているが、犯人の所在が捜査機関に認知されていない場合は、すでに発覚したことになる。**判例**には、被告人が犯人であることが捜査機関に発覚する前に、警察署に出頭し、警察官に対し事務所に自ら発砲した旨述べたが、その際、これらの犯行に使用したものとは異なるけん銃の発射を装う**偽装工作**を施して持参し、そのけん銃を使用したと虚偽の供述をした事案につき、自首の成立を妨げるものではないとしたもの（最決平13・2・9刑集55・1・76）がある。その他、自首につき必要的に刑を免除する趣旨の規定もある（80条・93条但し書）。親告罪につき、告訴ができる者に対して自己の犯罪事実を告げ、その措置に委ねたときも、任意的に減軽できる（42条2項）。この場合を、従来、「首服」と呼んだ。

(3)　裁判上の減軽事由

　裁判官が「犯罪の情状に酌量すべきものがあるとき」その刑を減軽することができる（66条）。これを**酌量減軽**という。犯罪の具体的情状に照らして法律上の科刑が重すぎるときに、減軽できるという趣旨である。法律上刑を加

重し、または減軽する場合であっても、酌量減軽をすることができる（67条）。酌量減軽の方法についても、68条および70条に規定する（71条）。

（4）加重減軽の方法

刑の加重・減軽の方法と順序は以下の通りである（68条）。

法律上刑を減軽すべき一個または数個の事由があるときは、次の例による。

① 死刑を減軽するときは、無期または10年以上の懲役・禁錮とする（1号）。懲役か禁錮のいずれにするかは、犯罪の性質による。

② 無期の懲役・禁錮を減軽するときは、7年以上の有期の懲役または禁錮とする（2号）。

③ 有期の懲役・禁錮を減軽するときは、その長期および短期の2分の1を減ずる（3号）。

④ 罰金を減軽するときは、多額・寡額ともにその金額の2分の1を減ずる（4号）。

⑤ 拘留を減軽するときは、その長期の2分の1を減ずる（5号）。短期は減じない。

⑥ 科料を減軽するときは、その多額の2分の1を減ずる（6号）。寡額は減じない。

二個以上の刑名が選択刑とされているときは、まず、適用すべき刑を定めてからその刑を減軽する（69条）。懲役・禁錮または拘留を減軽することによって、1日に満たない端数が生じたときはこれを切り捨てる（70条）。

（5）加減の順序

同時に刑を加重・減軽すべきときは、①再犯加重、②法律上の減軽、③併合罪の加重、④酌量減軽の順序による（72条）。

2. 刑の量定・言渡し・免除

（1）宣告刑

法定刑に加重減軽を施した処断刑の枠内で具体的に言い渡す刑を**宣告刑**という。具体的に言い渡すべき刑の種類と量を決めることを**量刑**という。量刑は、処断刑の範囲内で裁判官の裁量に委ねられているが、量刑は恣意的に行

われるものであってはならない。量刑基準は、客観的で合理的に明確化されなければならない。

(2) 量刑基準

現行法には、刑の量定の基準を定めた規定はない。改正刑法草案では、刑の適用の一般基準として、「刑は、犯人の責任に応じて量定しなければならない」(48条1項)。「刑の適用にあたっては、犯人の年齢、性格、経歴及び環境、犯罪の動機、方法、結果及び社会的影響、犯罪後における犯人の態度その他の事情を考慮し、犯罪の抑制及び犯人の改善更生に役立つことを目的としなければならない」(2項)、「死刑の適用は、特に慎重でなければならない」(3項) と規定している。

(3) 量刑の資料

裁判所が量刑に際して具体的に考慮すべき情状を量刑の資料という。検察官から提出されたものとして、例えば、被告人の経歴、資産、家族の状況、生活状態、交友関係、前科調書、逮捕歴に関する諮問照会回答書などがあり、被告人・弁護人から提出されるものとして、示談書、嘆願書、上申書、情状証人などがある。

(4) 刑の言渡し

宣告刑は、裁判官がその内容を確定して行う**確定宣告刑主義**と、その全部または一部を確定することなく、執行の際に確定する**不確定宣告刑主義**とがある。自由刑について言うと、前者が定期刑であり、後者が不定期刑である。定期刑主義が原則である。わが国では、**少年法**52条で、**不定期刑**を採用し、「少年に対して有期の懲役又は禁錮をもって処断すべきときは、処断すべき刑の範囲内において、長期を定めるとともに、長期の二分の一」を「下回らない範囲内において短期を定めて、これを言い渡す」(1項) と規定している。

(5) 刑の免除

刑の免除事由があるとき、刑の免除の判決が言い渡される。刑の免除は、有罪判決である。刑の免除事由には、**必要的免除事由**と**任意的免除事由**とがある。前者の例として、例えば、内乱罪における自首 (80条)、後者の例として、親族間の犯人蔵匿・証拠隠滅 (105条)、放火予備罪 (113条) がある。

③　刑罰の執行とその猶予

> 　刑罰の執行は、死刑の執行および自由刑の執行は刑事施設において行う。財産刑は、検察官の命令によって執行する。刑の執行猶予とは、刑の言渡しの際に、情状によってその執行を一定の期間猶予し、その期間を無事経過したとき、刑の言渡しはその効力を失うとする制度である（27条）。刑の全部の執行猶予の要件については25条に規定があり、刑の一部の執行猶予の要件については27条の2に規定がある。刑の執行等の経過については、1講3-1【犯罪の処理過程とディヴァージョン】参照。

1.　刑の執行

　刑の執行の内容は、刑の種類によって異なる。自由刑の執行については、刑事収容施設法および同施行規則、刑事訴訟法471条以下に定められている。

（1）　死刑の執行

　死刑は、刑事施設内において、絞首して執行する（11条1項）。死刑の言渡しを受けた者は、その執行に至るまで刑事施設に拘置する（同条2項）。死刑の執行は、法務大臣の命令による（刑訴法475条1項）。この命令は、判決確定の日から6か月以内にしなければならない（同条2項）。法務大臣が死刑の執行を命じたときは、5日以内にその執行をしなければならない（同法476条）。一定の事由があるときは、法務大臣の命令によって死刑の執行は停止される（同法479条1項・2項）。

（2）　自由刑の執行

　懲役・禁錮・拘留の執行は、刑事施設において行われる（12条・13条・16条）。刑事訴訟法には、自由刑の執行の停止の規定がある（480条以下）。刑事施設における自由刑の執行については、前述の刑事収容施設法が、そこでの受刑者の処遇について規定する。従来の監獄法に代わるものである。この法律は、その第1条で、「適切な処遇」を行うことをその目的の一つとして掲げているが、受刑者にとって適切な処遇とは、矯正処遇であり（刑事収容施設法84条1項）、それには、作業のほか、改善指導（同法103条）や教科指導（同法104条）がある。矯正処遇の実施の要領にもとづいて行われるが、処遇要領は、必要に応じ、受刑者の希望を参酌して定められる（同法84条4項）。

(3)　刑期の計算

刑期は、裁判が確定した日から起算する (23条１項)。拘禁されていない日数は、裁判が確定した後であっても、刑期に算入しない (同条２項)。

(4)　未決勾留日数の本刑通算

未決勾留の日数は、その全部または一部を本刑に算入することができる (21条)。算入するかどうかは、裁判所の裁量に委ねられている。これを裁定通算 (任意的通算) という。上訴期間中の未決勾留の日数は、上訴申立後の未決勾留の日数を除いて、全部これを本刑に通算する (刑訴法495条１項)。これは、当然、通算すべき場合であり、法定通算 (必要的通算) という。

(5)　財産刑の執行

罰金、科料、没収、追徴の裁判は、検察官の命令によって執行する (刑訴法490条１項)。

2.　刑の執行猶予

(1)　意　義

刑の執行猶予には、「**刑の全部執行猶予**」と「**刑の一部の執行猶予**」がある。刑の全部執行猶予とは、刑の言渡しの際に、情状によってその執行を一定期間猶予し、その期間を無事経過したとき、その刑の言渡しは効力を失うとする制度である (27条)。刑の執行には、それが短期の懲役・禁錮刑であっても、施設収容によって職を失い、受刑者を家族から引き離して生活基盤を奪い、かえって社会復帰や再就職を困難にするなどの弊害が伴う。執行猶予の制度は、この弊害を避けることを目的とする。**刑の全部執行猶予**は、懲役刑・禁錮刑だけではなく、罰金刑にも認められる (25条１項)。拘留・科料については認められない。**刑の一部執行猶予**の制度は、平成25年 (2013年) の刑法改正によって導入され、平成28年 (2016年) から施行された。これは、刑期の一部を実行とするとともに、その残りの刑期の執行を猶予する旨の判決を宣告する制度である (27条の２)。例えば、２年の懲役を言い渡し、その執行が１年６か月を過ぎれば、残りの６か月の執行を猶予するといったものである。猶予の期間中**保護観察**に付することができる (27条の３)。刑の宣告に際し、施設内処遇に加えて保護観察を付することができる社会内処遇を連

携させ、社会内においてその者の特性に応じた処遇を実施することにより、例えば、規制薬物等に対する依存を改善するなど、再犯防止と社会復帰を図るのがその目的である。

(2) 刑の全部執行猶予の言渡しの要件

全部執行猶予を受けうる場合には、それまでに執行猶予に付されたことがない者の場合と再度の執行猶予を受ける者の場合との二つの場合がある。

(a) 初度の執行猶予の要件　執行猶予を受けることができるのは、①「前に禁錮以上の刑に処せられたことがない者」(25条1項1号)、②「前に禁錮以上の刑に処せられたことがあっても、その執行を終わった日又はその執行の免除を得た日から5年以内に禁錮以上の刑に処せられたことがない者」(同2号) である。これらの者が「3年以下の懲役若しくは禁錮又は50万円以下の罰金の言渡しを受けた」ときに「情状により」「裁判が確定した日から1年以上5年以下の期間」刑の執行が猶予されるのである。猶予の期間中、保護観察に付することができる (25条の2第1項)。

(b) 再度の執行猶予の要件　前に禁錮以上の刑につき、その執行を猶予され、または執行猶予中の者が、①1年以下の懲役または禁錮の言渡しを受けたときであって、②情状にとくに酌量すべきものがある場合には、その執行を猶予することができる (25条2項)。ただし、③25条の2第1項の規定により保護観察に付され、その期間内にさらに罪を犯した者についてはこの限りではない (同2項但し書)。猶予の期間中、必ず保護観察に付さなければならない (25条の2第1項)。

(3) 刑の全部執行猶予の取消し

必要的取消しの場合と裁量的取消しの場合とがある。

(a) 必要的取消し　①猶予の期間内にさらに罪を犯して禁錮以上の刑に処せられ、その刑の全部について執行猶予の言渡しがないとき (26条1号)、②猶予の言渡し前に犯した他の罪について禁錮以上の刑に処せられ、その刑について執行猶予の言渡しがないとき (同2号)、③猶予の言渡し前に他の罪について禁錮以上の刑に処せられたことが発覚したとき (同3号)。ただし、猶予の言渡しを受けた者が、25条1項2号に掲げる者であるとき、または26条の2第3号に該当するときを除く (26条但し書)。

(b) 裁量的取消し ①猶予の期間内にさらに罪を犯し、罰金に処せられたとき (26条の2第1号)、②25条の2第1項の規定により保護観察に付せられた者が遵守すべき事項を遵守せず、その情状が重いとき (同2号)、猶予の言渡し前に他の罪について禁錮以上の刑に処せられ、その刑の全部執行を猶予されたことが発覚したとき (同3号)。

(c) 競合した執行猶予の取消し 禁錮以上の刑の執行猶予が競合した場合、26条および26条の2の規定によって禁錮以上の刑の全部の執行猶予の言渡しを取り消したときは、執行猶予中の他の禁錮以上の刑についても、その猶予の言渡しを取り消さなければならない (26条の3)。

(d) 執行猶予取消しの手続 刑の執行猶予の取消しは、検察官の請求により、裁判所の決定によって行われる (刑訴法349条・349条の2)。保護観察に付された者に対する遵守事項違反を理由とする取消し (26条の2第2号) については、検察官は、保護観察所長の申出がなければ、この請求をすることができない (刑訴法349条2項)。

(4) 刑の全部の執行猶予の猶予期間経過の効果

刑の全部の執行猶予とは、刑の執行が一定期間行われないことをいう。執行が猶予された場合にも、「刑に処せられた」ことになる。したがって、刑の言渡し自体による法的不利益を免れるものではない。例えば、資格制限、刑の執行猶予の制限 (25条2項) 等の事由となる。しかし、刑の執行猶予の言渡しを取り消されることなく猶予の期間を経過したときは、刑の言渡しは効力を失う (27条)。すなわち、その刑に処せられなかったことになる。これは、刑の言渡しの効果が将来に向かってすべて消滅するという意味である。

(5) 刑の一部執行猶予の言渡しの要件

一部執行猶予の言渡しの要件は、「3年以下の懲役又は禁錮の言渡しを受けた場合」で、「再び犯罪をすることを防ぐために必要であり、かつ相当であると認められること」であり、その場合、「1年以上5年以下の期間、その刑の一部の執行を猶予することができる」(27条の2第1項)。その対象となる者は、①前に禁錮以上の刑に処せられたことがない者、②前に禁錮以上の刑に処せられたことがあっても、その刑の全部の執行を猶予された者、③前に禁錮以上の刑に処せられたことがあっても、その執行を終わった日又はそ

の執行の免除を得た日から5年以内に禁錮以上の刑に処せられたことがない者である（同項各号）。猶予の期間中、保護観察に付することができる（27条の3第1項）。

(6)　刑の一部執行猶予の取消し

必要的取消しの場合と**裁量的取消し**の場合とがある。前者の取消しの要件は、①猶予の言渡し後にさらに罪を犯し、禁錮以上の刑に処せられたとき（27条の4第1号）、②猶予の言渡し前に犯した他の罪について禁錮以上の刑に処せられたとき（同2号）、③猶予の言渡し前に他の罪について禁錮以上の刑に処せられ、その刑の全部について執行猶予の言渡しがないことが発覚したとき（同3号）である。後者の取消しの要件は、①猶予の言渡し後にさらに罪を犯し、罰金に処せられたとき（27条の5第1号）、②27条の3第1項の規定により保護観察に付せられた者が遵守すべき事項を遵守しなかったとき（同2号）である。

(7)　刑の一部執行猶予の猶予期間経過の効果

「刑の一部の執行猶予の言渡しを取り消されることなくその猶予の期間を経過したとき」の効果は、「その懲役又は禁錮を執行が猶予されなかった部分の期間を刑期とする懲役又は禁錮に減軽する」ことである。この場合には、減軽後の刑期の「執行を終わった日又はその執行を受けることがなくなった日」に、「刑の執行を受け終わったもの」とされる（27条の7）。

④　仮釈放

> 　仮釈放とは、刑期満了以前の条件付きの釈放をいう。仮釈放が許されるには、刑期の一定期間を経過した後でなければならない。仮釈放の後、一定期間を無事経過したときは、その執行を免除する。仮釈放を許された者には保護観察が付される。

1.　意　義

仮釈放とは、刑期満了前に条件付きで釈放することをいう。従来は、仮出獄と仮出場との総称を意味したが、「仮出獄」の語が用いられなくなったの

で、ここでいう仮釈放には、この総称としての**広義**の仮釈放と、従来の仮出獄を指す**狭義**の仮釈放とがあることになる。広義における仮釈放は、刑の執行を続行する必要がないと認められる場合に、受刑者を仮に釈放し、その後、一定期間を無事に経過したときは、その執行を免除する制度である。

2.　仮釈放の要件・取消し・効果

　狭義における**仮釈放**については、「懲役又は禁錮に処せられた者に改悛の状があるとき」に、「有期刑についてはその刑期の３分の１を、無期刑については10年を経過した後、行政官庁の処分によって仮に釈放することができる」(28条) ものとされる。「改悛の状があるとき」とは、実質的には、①悔悟の情が認められること、②更生の意欲が認められること、③再犯のおそれがないと認められること、④社会の感情が仮釈放を是認すると認められること、といった事由を総合的に判断して保護観察に付することが本人の改善更生のため相当であると認められることである。行政官庁とは、地方更生保護委員会を指す。

　仮釈放を許された者は、保護観察に付される (更生保護法40条)。**保護観察**とは、遵守事項の遵守を条件として社会内での生活を許可し、保護観察所の指導監督・補導援助によって改善更生を図ることを目的とする制度である。

　次の場合には仮釈放の処分を**取り消す**ことができる (29条１項)。①仮釈放中さらに罪を犯し、罰金以上の刑に処せられたとき、②仮釈放前に犯した他の罪につき罰金以上の刑に処せられたとき、③仮釈放前に他の罪について罰金以上の刑に処せられた者に対し、その刑を執行すべきとき、④仮釈放中に遵守すべき事項を遵守しなかったとき。取消しは、地方更生保護委員会の決定による (更生保護法75条１項)。仮釈放後、取り消されることなく残刑期間を経過したときは、刑の執行は終了したものとして、その執行を免除される。

3.　仮出場

　拘留に処せられた者は、情状により、いつでも行政官庁の処分によって仮に出場を許すことができる (30条１項)。罰金または科料を完納することができないため留置された者も同様である (同条２項)。

事項索引

き

判例索引

著者紹介
山中敬一（やまなか けいいち）
　　1985年　関西大学法学部教授
　　2004年　関西大学法科大学院教授
　　2015年　関西大学名誉教授
　　2017年　関西大学退職
　　博士（法学）京都大学
　　名誉博士（ゲッティンゲン大学ほか）

山中純子（やまなか じゅんこ）
　　2006年　早稲田大学卒業
　　2009年　東京大学法学政治学研究科法曹養成専攻
　　　　　　（法科大学院）修了
　　2011年　検事任官
　　2014年　人事院行政官長期在外研究（〜2016年）
　　2016年　ミュンヘン大学 LL.M（法学修士）
　　　　　　ベルリン・フンボルト大学 LL.M（法学修士）
　　2018年　弁護士（〜2020年）
　　2020年　東海大学法学部講師

刑法概説 Ⅰ［総論］［第2版］
2008年10月20日　初　版第1刷発行
2022年4月1日　第2版第1刷発行

　　　著　者　　山　中　敬　一
　　　　　　　　山　中　純　子
　　　発行者　　阿　部　成　一

〒162-0041　東京都新宿区早稲田鶴巻町514番地
発行所　　株式会社　成文堂
電話 03（3203）9201　FAX 03（3203）9206
http://www.seibundoh.co.jp

製版・印刷　シナノ印刷　　　　　　製本　弘伸製本
©2022 K. Yamanaka, J. Yamanaka　　Printed in Japan
☆落丁・乱丁本はおとりかえいたします☆
ISBN978-4-7923-5358-2 C3032　　　検印省略
定価（本体2700円＋税）